吴小如文集·散文编

师友回忆录

吴小如 著

中国书籍出版社

图书在版编目（CIP）数据

吴小如文集.散文编／吴小如著.— 北京：中国书籍出版社，2022.3
ISBN 978-7-5068-8908-7

Ⅰ.①吴… Ⅱ.①吴… Ⅲ.①吴小如—文集②散文集—中国—当代 Ⅳ.①C53②I267

中国版本图书馆CIP数据核字（2022）第022697号

吴小如文集・散文编

吴小如 著

图书策划	武 斌 崔付建
责任编辑	武 斌
特约编辑	罗路晗
责任印制	孙马飞 马 芝
装帧设计	鸿儒文轩・书心瞬意
出版发行	中国书籍出版社
地　　址	北京市丰台区三路居路97号（邮编：100073）
电　　话	（010）52257143（总编室） （010）52257140（发行部）
电子邮箱	eo@chinabp.com.cn
经　　销	全国新华书店
印　　刷	三河市华东印刷有限公司
开　　本	710毫米×1000毫米　1/16
字　　数	235千字
印　　张	19.5
版　　次	2022年3月第1版
印　　次	2022年3月第1次印刷
书　　号	ISBN 978-7-5068-8908-7
定　　价	58.00元

版权所有　翻印必究

出版说明

吴小如先生在中国文学史、古文献学、俗文学、戏曲学、书法艺术等方面都有很高的成就和造诣，被认为是"多面统一的大家"。吴小如先生以各种方式著述并出版的著作有几十种，多为单册或少量结集，本着尽可能全方位、多角度呈现吴小如先生毕生学养的出版目的，此次编纂、出版《吴小如文集》主要兼顾体量和质量的统一性，共选择吴小如先生代表性著述二十余种，分别是：《吴小如讲〈孟子〉》《吴小如讲杜诗》《古文精读举隅》《古典诗文述略》《古典小说漫稿》《小说论稿合集》《中国文史工具资料书举要》《今昔文存》《旧时月色——吴小如早年书评集》《莎斋笔记》《莎斋闲览——吴小如八十后随笔》《吴小如学术丛札》《心影萍踪》《书廊信步》《常谈一束》《霞绮随笔》《红楼梦影——吴小如师友回忆录》《诗词札丛》《莎斋诗剩》《台下人语》《鸟瞰富连成》《京剧老生流派综说》《吴小如戏曲随笔》等，基本涵盖了吴小如先生广博而精深的学术成就与多元造诣。

文集在编辑体例上以文体和内容分卷，分为讲稿编（3卷）、笔记编（3卷）、诗词编（1卷）、散文编（1卷）、戏曲编（2卷），共十卷。每卷中所收著作，有的保持原貌，有的进行了一定调整，大体情况如下：

讲稿编一收入《吴小如讲〈孟子〉》《吴小如讲杜诗》《古典诗文述略》。

讲稿编二收入《古文精读举隅》《古典小说漫稿》《小说论稿合集》。

讲稿编三收入《中国文史工具资料书举要》。

以上三卷所收著作，有的文章是吴小如先生多年来从事教学工作的讲稿，如《吴小如讲杜诗》；有的文章是在讲稿基础上整理成文的，如《古典诗文述略》等；有的是以讲稿的形式写成的，如《吴小如讲〈孟子〉》，故编为讲稿编。

笔记编一收入《吴小如读书笔记》《莎斋笔记》。

笔记编二收入《莎斋闲览——吴小如八十后随笔》。

笔记编三收入《吴小如学术丛札》。

笔记编收入的是吴小如先生读书、治学的札记、笔记。其中,《吴小如读书笔记》选自《今昔文存》《心影萍踪》《书廊信步》《旧时月色——吴小如早年书评集》中的相关篇目。《吴小如学术丛札》初版时名为《读书丛札》,书名由吴玉如先生题写。此次出版在笔记编三卷前影印了吴玉如先生的题签。

诗词编收入《诗词札丛》《莎斋诗剩》。其中,《诗词札丛》为吴小如先生学诗、读诗的心得,《莎斋诗剩》为吴先生的诗词作品。

散文编所收篇目选自《心影萍踪》《莎斋笔记》《红楼梦影——吴小如师友回忆录》中怀人、记事的篇章,以《红楼梦影——吴小如师友回忆录》为主,故以《师友回忆录》为书名。

戏曲编一收入《台下人语》《鸟瞰富连成》。

戏曲编二收入《京剧老生流派综说》《吴小如戏曲随笔》。

吴小如先生与人合著的著作,有的保留原署名,如《中国文史工具资料书举要》;有的整理时只收入吴小如先生所著篇目,如《小说论稿合集》。

部分文章曾被收入不同的集子中,为避免重复,整理时择一保留。

原著的序言(或者前言等),一律保留。

除了篇目调整外,此次编辑,更多的是按出版规范要求进行技术处理,尤其是涉及诸多方面的全书规范的统一;当然,也改正了原书存在的极个别的误植或失误。

此次文集的整理、出版,得到了吴小如先生哲嗣吴煜先生的大力支持和帮助,他在著作选择和稿件编排上均提出了宝贵意见,在此表示衷心的感谢!

鉴于水平所限,编辑中难免有偏颇或挂漏之处,审校也会存在疏忽不审,敬请专家和读者批评指正。

中国书籍出版社

2022 年 1 月

目 录

玉泉掇忆 …………………………………………………… 001
毕基初及其作品 …………………………………………… 004
启功先生的幽默 …………………………………………… 009
外交官·诗人·鉴赏家
　　——记老友周南兄 ………………………………… 011
关于周南的报道 …………………………………………… 014
坚贞执着的林庚先生 ……………………………………… 016
张醉丐先生二三事 ………………………………………… 020
魏建功先生的三部遗墨 …………………………………… 024
我与常风先生的过从
　　——《文人旧话》读后之一 ……………………… 027
忆金岳霖先生
　　——《文人旧话》读后之二 ……………………… 030
金克木先生的谈锋和笔锋
　　——《文人旧话》读后之三 ……………………… 034
忆邓以蛰先生
　　——《文人旧话》读后之四 ……………………… 037
陈寅恪先生后继有人
　　——《文人旧话》读后之五 ……………………… 040

越墙采访俞平老
    ——《文人旧话》读后之六 ················· 043
张东荪的"消失"
    ——《文人旧话》读后之七 ················· 046
周叔弢先生和他的子婿
    ——《文人旧话》读后之八 ················· 049
俞平伯先生"历险"记
    ——《文人旧话》读后之九 ················· 052
俞平老对我的批评
    ——《文人旧话》读后之十 ················· 054
"红学家"周汝昌先生 ························· 057
柳存仁先生印象记 ··························· 060
邵燕祥与我的交谊 ··························· 062
读邵燕祥《读吴小如》感怀 ····················· 064
笑待来年绿满枝
    ——记厉以宁教授和我的文字因缘 ············· 068
哭晓铃先生 ······························· 071
哭程之兄 ································· 073
忍见书签冷旧芸
    ——重读《许政扬文存》 ··················· 075
先父吴玉如的教学法 ·························· 080
《巴尔扎克传》译后记
    ——纪念几位逝者 ······················· 082
朱佩弦先生二三事 ··························· 087
怀念游国恩先生 ····························· 089
师友怀想录（三篇）·························· 097

师友怀想录（又四篇）……104
学林漫忆……113
悼念张伯驹先生……119
回忆顾随先生……121
绛帐依依四十年
　　——庆贺俞平伯老师从事学术活动六十五周年……124
听赵树理同志讲课……131
梁漱溟先生的高风亮节……133
俞平伯先生和夫人……135
师恩没齿寸心知
　　——悼念沈从文师逝世二周年……139
哭平伯师……143
缅怀老友华粹深先生……145
追忆俞平伯先生的治学作文之道
　　——为悼念平伯师而作……147
怀念朱经畲老师……153
听父亲讲唐诗……155
听父亲讲《孟子》……157
怀念朱德熙先生……159
"一代孤高百世师"
　　——忆林宰平先生……162
我和废名师的最后一面……166
吴组缃先生二三事……169
教授与烟斗……173
严几道先生二三事……176
五十一年前的一张名片……179
吴玉如先生二三事……184

哭萧乾先生 ·· 187
师门琐忆
　　——纪念俞平伯先生百年诞辰 ·················· 191
诗人周汝昌 ·· 194
回忆安寿颐先生 ·· 196
王昭琛先生二三事 ·· 199
悼念杨向奎先生 ·· 202
金克木先生千古 ·· 205
忆萧离 ·· 210
读王水照兄近作有感
　　——兼怀赵齐平兄 ································ 214
芝兰玉树谢家风 ·· 218
六十年前的"红楼"梦影 ································ 221
我所知道的中关园 ·· 224
卖书大有学问 ··· 226
《项羽拿破轮论》及其他 ································ 228
天津小说家刘云若 ·· 230
高宝寿先生的遗物 ·· 232
关于袁寒云 ·· 235
我的父亲吴玉如 ·· 236
学诗忆旧 ··· 238
吴玉如先生课徒法的补充 ······························· 241
手校先君吴玉如先生诗词钞题后 ······················ 243
母亲的家世（上） ·· 245
母亲的家世（下） ·· 248
跋叶国威藏俞平老手书诗笺 ···························· 251
题重刊本《古槐书屋词》 ······························· 253

跋顾羡季先生手临智永千字文复制本	256
缅怀顾羡季（随）先生	257
我所认识的沈从文	261
沈从文先生的章草	263
伉俪情笃的见证	
——为纪念从文师百年冥诞和悼念兆和师母而作	265
祝林庚先生健康长寿	268
忆吴组缃先生口述二事	271
回忆浦江清先生	273
读其书而知其人	
——周绍良先生印象	276
宁静地永生	279
怀念张岱年先生	282
哭林左田兄	285
怀念吕德申先生	290
远逝的风铃	293
怀念王永兴先生	296
邵燕祥及其旧诗	301

玉泉掇忆

前年的事了,同庆琮在香山碰了钉子,归途无赖,顺便逛了一遭玉泉山。

园里静得爱人。更惹人爱的,是那老柏浓阴,和回旋的山路。

直造其巅,坐了好久。望着这是田,那是山,家在哪儿,心在哪儿,都漾在眼梢里。秋半的罡风,已带来了薄暮的衰飒,却还掩不住一颗犹有余曛的半竿斜阳,供我们挥汗。上衣搭在肘弯儿里,头发横在汗脸上;忘掉了胸际的尘氛,耳畔的嚣叫,只有一种特立独行的心情:"献一时之笑,起千古之悲!"

未能免俗,坐在泉上品了半天茶,一面静听泉心的絮语。梦在我们心里萦回,我们在梦的心里赞美。

匆匆地走了,又来了,整一年后的秋天。

叶子不等红就有凋谢的了,天晴多风,不像宁谧的秋容,而有点早春的狼狈。

妻到燕郊来,说不曾游过玉泉山,当然要陪她。于是在成府一家小饭铺,尽兴地吃了午餐,直扑向玉泉山去。

路线同前一次故意相反,为了温习一下畴昔的行踪。妻泰然地跟了我走,天地于她若无挂碍。

我们也坐在泉上看泉，坐的时间真久，忘了我身边还有一个她。她却真实地感到熨帖，因为身边有我！

泉比去年活泼而充沛，轻盈的水珠对着妻傻笑，妻便对了我笑，我也不由得笑了。

然后我又领她跑到这土阜的巅顶，坐在迎风处望田，望山，望我们的家。终于爱不忍释地踏向归途。

我们的心在我们的心里呢！

今宵，月在澄如练静如渊的天宇，向我凝眸延伫。妻在家里咒诅着久客不归的良人。隔了官路，那积雪深处，不就是玉泉山么？

天寒泉咽，大约她也早遏抑住她那可掬的笑靥，而偷偷祈祷着春的覆盖了吧！

当时甜甜的滋味，怎么如今觉得带点酸辛了呢？

1947年岁次丁亥立春前一夕燕园漫作

附记：这是五十年前旧作，1947年2月17日发表在天津一家报纸的文艺副刊上。我早已忘掉曾经写过这样一篇文字，只是在不久前拜求京津两地的熟人为我搜求四十年代所写书评文章的过程中，无意间得到了它。这真正是"心影留痕"了。文章不长，更无足观，却使人回忆起不少旧事。1945年秋，我和高庆琮兄（他就是今天的新华社香港分社社长周南）同时考入燕京大学文学院。利用余暇，各骑一辆破旧自行车漫游西郊名胜所在。我们到过圆明园和卧佛寺。彼时香山正驻扎着国民党军队，禁止游人入内，我和庆琮不仅碰了钉子，还险遭扣留盘问。但游兴不减，乃有玉泉山之行。后若干年，我有诗赠之，曰："记访郊山兴未赊，圆明荆棘玉泉茶；未名湖畔当时月，几许沧桑浸素华。"1946年我和妻结婚不久，我又到京西读书。我们曾偕游玉泉山，至今记忆犹新。此文所写，就是当时"到此一游"所留下的一点文字痕迹。而岁月流逝,去年已是我们结婚五十周年,西俗所谓"金婚"是也。妻自"十年浩劫"以来,身体日益衰惫,众病缠身,已难根治。我则皓首而竟未穷经,只能唱一句京剧戏词,曰"一事无成两鬓斑"而已。重披旧作,自不免感慨系之。幸喜妻目力虽衰,犹能再读此文,然后相视莞尔一笑,则少年新婚往事又历历过眼,亦人生难得的回忆也。旧有句云:"蒿目时艰今老矣,安贫知命复奚求!"又有两句:"就老燕郊聊半隐,名山事业付书空。"姑以此旧文聊自娱悦耳。1997年3月小如记于京郊。

毕基初及其作品

毕基初是威海卫人，有着颀长的身材，宽阔的肩膀，看上去与其说是作家，毋宁说是体魄雄健的斗士。

我和基初并不熟，而相闻知却甚早。说也奇怪，中学同学三年，我们只谈过一次话。1941年毕业之后，我们也只见过一次面。我曾数度拜访过他的家，恰巧都不是他住在当地的时候。今年在北平，我曾去拜访他，在他居室中逗留将近一小时，但仅能见到他玻璃板下压着的照片，和几行不相干的攲斜的笔迹。

基初读高中一年级时在乙组，我在丙组。到高三，我却归并到甲组，而他仍在乙组。三年中因之已少有打头碰脸耳鬓厮磨的机会。而下课以后尤其隔阂。他年纪较长（恐怕主要还是由于个子高），交的都是大朋友；我则应该归入"弱小民族"的行列。他喜欢运动，我则是工愁善病文弱的典型。最使我们感到疏远的（不，毋宁说是感到水火的），乃是他弄"新文艺"，我治"旧辞章"，他写他的新诗，我作我的"桐城派"。不独情不能亲，连意见也相当对立。何况"文人（我那时是自命为文人的）相轻"，自古而然。记得闹大水的第二年（按：指1940年），我渐渐学起时髦来，写了一篇小说，题曰《观礼记》，下面署名"莎生"。其实这篇所谓小说本是我十五岁时"未完成的杰作"，那一年我忽然心血来潮，增首益尾一番，钞出来想送到报上去发表。而基初的文章,彼时已颇受人们欢迎,俨然是一时宗匠了。记得我曾把那篇"杰作"呈献给一位老师,而他竟把这篇小说转交给基初处理。于是它竟成为我们之间那一次——是第一次,也可以说最后一次——谈话的桥梁。

下午放学,太阳还很高,我虔诚地到宿舍中拜访基初,那篇小说稿子文雅地放在桌子上。基初延我坐定,谈话就开始。第一句话,他好像是说,"你这篇东西写得太差了。"跟着,他问我看过当代什么人的作品。我回答:"我看老舍的小说最多。""难怪!所以你笔底下才有这么多的油腔滑调!"

像训育主任申斥小学生一样,基初对我足足布了半点多钟的"道"。怎样用功,怎样学习,怎样这,怎样那,一番热诚,却以傲岸口吻说了出来,使我一想起来至今还不禁昏眩无状。记得比较清楚的一句,是他说的:"我投稿从来没有给编辑老爷写过信,登就登,不登拉倒。"然后我默然把那篇"杰作"收起,脸上懒懒的露出一丝强笑,心里不免悻悻然地辞了出来。从此,我不但写小说的勇气已被完全打消,甚至连基初的脸都不敢正视,怕触及他那炯炯有神的眼光。我怕,我恨,我羡慕,我也嫉妒,无可奈何中我又以阿 Q 精神瞧他不起。

又是一年春草绿,毕业就在眼前。等考完之后,各自东西,阒无消息。成绩发表,我和基初并列第二十七名,也算一件巧事。然后各人只顾考大学,又复"别是一番滋味在心头"了。

就在这一年(1941)挥汗如雨的盛暑中,有一天我顶着当午烈日,乘一辆人力车去看一个同学(这位同学和基初原是同乡,且有亲戚关系,住处也与基初相毗邻,毕业后就立即成为一家什么企业公司的经理),沿了腥臭狼藉的小河边向南行,迎面也来了一辆人力车,乘客恰好是基初。我们好像都受了"世故老人"的洗礼,为人世的洪炉所锤炼,彼此竟谦逊而礼貌地笑着点头招呼,一句话也没有说就匆匆而过。从那时到今天,我一直没有见过基初。

那时我心里很舒服。多少积累于心底的不愉快,都已随着这和蔼而饱满的一笑而消失。一种茫然的离绪纷杂在心间,觉得自己未免太意气用事,竟交臂失去这么一位好朋友。对基初的那点歉疚之怀,至今也没有消融尽净。后来我夤缘认识基初的两位介弟(午初、平初),都很谈得来。遇到同基初相熟的人,我就打听"老毕"的消息(基初一向是为人呼作"老毕"的)。一想到当年宿舍里那幕喜剧,不由得便生出一层朦胧的内疚,至少那种悻悻然的心理,实在是太不应该了。尽管都是年轻人,而往事的萦绕胸臆,已使我体察到人生的惶恐和短暂,像已失去十年来所自负的那一点"英姿飒爽""睥睨不群"的习性。基初不久考入了北平辅仁大学,不知为什么,竟惹得日本宪兵队的狗子狂吠起来,他竟被捕入狱;出狱后又几乎失了学。抗战胜利后,并不像那些发了财的同学们春风得意,基初只在一个中学里教书。他家境虽不贫寒,但他却断绝了与家庭的关系,只靠自己努力挣扎。这些年他饱受折磨,迄今仍在过着羁旅生涯,尝着苜蓿滋味。我想,他大约也不似当年有着"迈往不屑"的气韵了吧?

基初的作品,第一次崭露头角而脍炙人口的,要算 1939 年发表的那篇《青龙剑》。曾有一位同学(大约姓赵,曾到内地去,现在已不知生死存亡了)还为它写过一篇评介文章,揄扬为一篇"不可多得"的作品。而我却由于那一点点悻悻然的缘故,竟向人指摘过那篇小说:"他说我的小说作得太差,他这篇也不怎么样。简直是学张天翼而只学会了撒村!"又说基初的散文是中了何其芳《画梦录》的毒,其实我自己也是《画梦录》的崇拜者。平心而论,《青龙剑》诚然不是他的杰构,而我到今天也还是写不出来,根本就不配谴责基初。那种不负责的鲁莽真使我赧然久之。

几年来基初一直在努力从事创作,他的名字已渐渐警觉了多少老牌作家和新生读者。同时,他的兴趣也是多方面的,写散文,写新诗,写文艺批评（我读过他一篇评论刘荣恩先生新诗的文章），甚且写诗剧。然而着力处似仍在于他写的小说。作品一篇篇加多，力量也随着加深，加厚，加强。每当我虔诚地读到他一篇文章，由于文字表现力量的震撼，使我悚惧地想到往年的唐突，从心底掀起一阵阵侘傺恍惚的狼狈。同时我更相信学与年俱进的话真是一点不错，实在惭愧（当然更后悔）当初竟没有在中学时抓到他做个朋友。

记忆中印象最深的，要算在天津《益世报》上发表过的几篇散文——那是写北京城的——和最近《文学杂志》上发表的散文与小说。他已能客观地对"生命"有所认识，对"人生"有所觉悟和理解，对"世相"有所析赏和批评。在小说里，用他一支重如椽然而轻如羽的笔，写出了民族的仇怨与悲哀，给后人留一个借鉴和多一番惕厉。从创作上讲，他已能运用更成熟的艺术技巧，还有着足够充沛的才思和畅茂的文藻供他挥洒。他勇敢而含蓄，放肆而谨严，矜重而清新，坚实而疏宕，已脱去了浮泛肤浅的躯壳而呈现给人以深刻老练的姿态。

我谨向我的老同学举手致歉，并希望他不念前嫌，予我以真挚的援助和无私的鼓励。

附记：如果不是一个偶然的机会发现半个世纪前的报纸，我早把这篇短文忘得一干二净。"文革"后期我重晤基初，他曾告知，我写过这样一篇有关他的文章，使他很受感动，而且一直珍藏着作为我们友谊的见证，可惜失落于红卫兵抄家之际。我听了很诧异，完全不记得写的什么内容。今日重读，如对故人，而基初已于二十一年前逝去了。这里需要补充的有如下几点：一、基初很早就是地下党员，曾两次被捕（我只知道被日寇抓走的一次），故两次入党。因之"文革"中乃妄加之以"叛徒"罪名。后虽查无其事，但至1967年他病逝时仍未做结论。二、他在中学教书和后来在报刊上发表文章，十之七八是通过常风先生的帮助。三、我在1980年3月曾写过一篇纪念基初的小文，收在拙著《书廊信步》中，那已是我们后期交往的经历了。读者如有兴趣，不妨比照而观。1997年3月小如补记于北京。

启功先生的幽默

北京师大中文系启功教授，姓爱新觉罗，字元白，早岁曾自署元白居士。五十年代初，我到北京不久，便同他一见如故。他是我的良师益友。

元白先生以秀劲的书法蜚声艺苑，其实他的道德文章也有口皆碑；特别是绘画和诗词，都臻于高妙境界，甚至比他的书法造诣有过之无不及，特为其书名所掩而已。容当另为文详述之。这里只想略谈他谈吐的幽默。

元白极健谈。对来访者无论少长生熟，皆一视同仁，从无轩轾。他记忆力很强，于前人滑稽打油之作，更是如数家珍。他尝为我诵陈颂洛先生嘲周某诗一联云："一帽戴成猪八戒，双靴穿出贾波林。""贾波林"即卓别林之旧译，而"穿出"的"出"字，纯自宋诗化出，尤见工力。七十年代初，元白承担《清史稿》的标点工作，每天挤公共电汽车上班，或鹄立站台而车久不至，或登车后车上拥挤不堪，喘息维艰。这时元白便填打油词以自遣，顿忘路途辛苦。他曾为我吟诵多阕，我已早都忘光。只记得一首〔鹧鸪天〕末句云："愿作驴皮影戏人。"盖谓车中乘客太多，无立锥之地，不如化为驴皮戏的剪影，可以不占空间也。

元白家中经常高朋满座。一天，他谈及近年作字，题款多用名而舍其字。他说："以前我落款也用'元白'，有一次我题了'元白署'三字。题完一读，竟发现与'圆白薯'同音（小如按，'圆白薯'即马铃薯，北京俗呼为土豆），我岂不成了土豆了吗？从此我就不再用'元白'落款了。"

元白书法驰名中外，许多单位争邀他作字展销。某宾馆落成不久，请元白挥毫书条幅对联若干件，在预展时请他出席提意见。他看完说"很好很好"，只提出一条：希望把标价改一改。当事者有点茫然，他说："这个数目不大好听。"盖元白所书每件都标着售价人民币二百五十元。而方言中"二百五"乃极为不敬的贬义词，故元白云尔。

前年杨伯峻先生召饮，在座多知名之士，我亦忝列其间，席上与元白相遇。当时有人谈起京剧，说自梅兰芳之后，传其衣钵者只有张君秋、梅葆玖几个人了。我因谓《穆桂英挂帅》一剧，谁也不如梅先生。元白乃正襟危坐，严肃地说："梅兰芳也不行。"众皆惊诧问故，元白答曰："我看梅兰芳比真穆桂英还稍逊一筹。"一座大笑。其逸趣横生，多类于此。

1981 年作

外交官·诗人·鉴赏家

——记老友周南兄

周南这个名字，近一年来在香港各界人士心目中已不陌生了。但真正了解他的恐怕并不很多。港岛报纸曾发表过一些知识界朋友的文章，有人认为周南劝港报记者先生们写文章要讲求文采，提倡读古典诗词，是开口"训"人。其实这原是他一番好心，即被某些人误解了。

我同周南订交至今整四十年。他同胞兄弟五人，我都很熟识，尤其同他亡兄庆琳和他本人的交谊更为深厚。1945年秋，我和周南同在燕京大学读书，每于课余各骑自行车，结伴同行，遍览京西郊山之胜，真有"少年不识愁滋味"之概。新中国成立以后，周南当了外交官，经常旅居国外，我们见面少了，但彼此仍常通消息。我曾有一诗志昔年之游以寄之，诗云："记访郊山兴未赊，圆明荆棘玉泉茶。未名湖畔当时月，几许沧桑浸素华。"成为我们最初相知的雪泥鸿爪。

自我国在联合国恢复席位开始，周南常驻纽约，一晃就是十年。八十年代初周南归国，曾以诗代柬，招我小饮。诗云：

燕山旧梦等轻云，
微子谁分劫后樽；

> 会见梳翎辽海鹤，
> 凌霄长唳舞朝暾。

后两句实是同我开玩笑。盖气功有鹤翔桩，当时周南正在努力练功，也劝我"盍一试之"，故诗中云云。我乃却答二首，其一云："尖风棱月梦常温，语辟心扉手自樽。辽鹤东归春正茂，款舒健翮驻灵暾。"下有注云："周南兄辽宁法库人，客联合国者十年，故有辽鹤东归之句。"其二末两句云："不贤识小吾衰矣，借子新醅述旧闻。"缘拙著《读书丛札》，人或议其琐碎，故以"不贤识小"自我解嘲耳。

人们都知道周南是外交官，仿佛是靠舌剑唇枪吃饭的，其实他是个朴实无华的读书人，有时还不免书生气十足。而往往于百忙中偷闲写诗自遣，说他是个诗人也完全正确。读者从上引赠我的七绝中便可窥见一斑。他平时连自己的儿女都不大申斥批评，与友好清谈更使人如坐春风。说他是"官"，他做的确是代表政府的严肃工作；但根本没有官气和官架子。所以认为他竟对香港新闻界朋友用"训"人口吻说话，倘非港报有此记载，我是绝对不相信的。为此我曾亲自向他质询，经他介绍，始知那位写文章的朋友不过借题发挥而已。而周南对此更是一笑置之。我不久前还写了一首五古送给他，其后半云："古今同一辙，谤议何足伤！天地有正气，浩然盈四方；为君赋小诗，篇终接混茫。"我自信还是了解周南的，姑以此作为佐证吧。

周南还酷嗜书法，惜工作太忙，只有短暂读帖之时，却无端坐临池之暇。因此他乃成为一位很有造诣的鉴赏家。然而月旦古今书家，心中自有权衡，却不妄议他人长短。这又可看出他是一位宅心忠厚的艺术爱好者，决非一般不懂装懂，任意品头论足的哗众取宠之辈。在这方面，我是自愧弗如的。

中英谈判终于取得圆满成功，而周南则从来不伐善施劳，自矜贡献。他对我说，等退休后希望"时还读我书"，以期不失当年书生本色。我谨祝他健康无恙。

1984 年作

关于周南的报道

最近拜读了香港记者曾慧燕女士的新著《在北京的日日夜夜——中英谈判我见我闻》一书,发现其中援引了我写的有关周南兄的拙文,不胜欣幸。但曾女士此书所记不无小误,如说北京大学附近有一处农贸市场,名"海滨农贸自由市场"(页二十八),实为"海淀"之误。在北京西郊,无论如何是不会以"海滨"命名的。

书中最明显的错误是作者本人的"独家报道",把周南兄的真实姓名写为"高庆琛",并说"这是他的一位燕京大学的校友亲口对笔者披露的"。看来这位校友也是道听途说。在拙文《外交官·诗人·鉴赏家》中,因未征得周南兄同意,所以有意没有透露他的本名。现在既已公开,我就爽性把具体情况作详尽的补充吧。

周南兄同母昆仲五人,上面还有两位兄长,是周南兄尊翁的第一位夫人所生,而周南的生母是续弦。周南最小,故排行第七,其侄辈皆以"七叔"称之。在他同母的五位弟兄中,有三位都上过燕京大学,第一位即高庆琛,乃是周南三哥的名字。庆琛早于六十年代患心脏病逝世,同我也很熟。另一位也上过燕大的即我的已故挚友高庆琳兄,是周南的五哥。他不幸在"十年浩劫"中含冤逝去。周南初名高庆琎,因"琳""琎"二字读音相近,未几即改名庆琮。周南在燕大读书的几年中,一直是用的"高庆琮"

这个名字。曾女士书中所记，显然是"兄冠弟戴"了。至于他何以改名"周南"，则与1948年白色恐怖"黑名单事件"有关。当时"高庆琮"三字已出现在黑名单上，他不得不改名换姓潜离燕大，去了老区根据地。当时燕大有我不少很熟的好朋友都赫然列名于单上，我彼时已转学到北大，见报后还借故跑出城去一次，得知凡我的熟人均已离校，我才一块石头落地。

曾女士说1984年周南兄五十六岁，也少算了一岁。我记得周南是1927年出生的，因此1984年中英谈判时他应是五十七岁。最近我还当面问过周南，这已是1985年了，他说今年他五十八岁。看来我的记忆还是不错的。

另外，拙文是发表在香港《文汇报》上的，而曾女士却说成了《大公报》，这也得说是一个笔误吧。

坚贞执着的林庚先生

北大中文系老教授林庚先生，字静希，福州人。去年是他八十整寿。1946年静希先生自厦门大学回到北京，我在先生的尊翁宰平老先生寓中与他相识。1948年静希师在北大兼课，我选修了他讲授的《中国文学批评史》，从此便成为静希师名副其实的学生。

1951年我到燕大教书，一度当过静希师的助手（同他合开一门课）。次年院系调整，我和静希师都留在北大。算来我们师生情谊已超过四十年。在那风风雨雨的岁月里，静老对我的奖掖帮助是不遗余力的。除了业务、工作上的指导和鞭策外，自五十年代以来在我的近三十年窘困生活中，静老从经济上给我的支援使我全家毕生难忘。到目前为止，在静老的弟子行列中，我已成为年龄最老的一个，尽管在学术上我并未能继承他的衣钵。

"十年浩劫"中我同静老共过患难。但使我最敬佩的却是他在"四人帮"当权时期所表现的铮铮傲骨，充分体现出一位坚贞而执着的老知识分子的正义感和威武不能屈的高尚品德。那正是七十年代中期，一位从外校调到北大来的女教员，不知凭借什么机缘被江青选中，给毛主席做了几个月的"侍读"。有一次江青同这位女教员谈话，把静老也请了去。这位女教员大约认为静老开始受到当局器重，怀着迎合的心理自称是静老的学生，表示愿追随静老向他学习请教。可是静老未等她把话说完，立即当众宣称：

"某某同志并不是我的学生,我也从来未教过她。"这使得那位女同胞简直下不了台。事情刚过去,静老马上公开提出:"自己身体不好,希望今后不要再找我;我也不想再参加这种'接见'。"在当时那种不正常的气候之下,某些人正扁着脑袋往里钻或踩着他人往上爬,而静老这种坚贞而执着的表现真足以使某些人咋舌愧死。

静老一生主要是教中国文学史。当年在厦大出版了一本厚厚的《中国文学史》。新中国成立后他新著的《中国文学史》,由于种种原因至今仍只有上半部。他治《楚辞》,迥异时贤众说;晚年笺译《天问》,几乎全是创见。五十年代,北大专治《楚辞》的专家教授有好几位,而在社会上,郭沫若先生一派的说法尤具权威性。然而静老独行特立,坚执己说,一任众说纷纭和批判的矛头不断指向他的《诗人屈原及其作品之研究》,他始终岿然不动。他治唐诗,强调"盛唐气象";在《诗人李白》的专著中,突出地提出诗人的"布衣感"。这些论点,在当时都曾受到相当尖锐的批判。

几十年过去了,那些批判文章早已被人忘掉;而静老的这几个鲜明而执着的论点,却历久而长新。这几年"脑体倒挂"现象已明显严重。记得有一天,我同静老的另外几位老门生陪他闲谈,话题自然而然扯到大学教授日益清苦这上面来。静老却冷静地对大家说:"知识分子处困境而仍能不断做出奉献,正由于具有一定的'布衣感',才不致为社会上歪风邪气所动摇。"寥寥数语,又体现出静老"贫贱不能移"的坚贞而执着的精神。在祝贺静老八十大庆时,我曾手写一联为祝,联曰:

  胸有盛唐气象,
  寿登百岁期颐。

大家看了都说:"林庚老师确是一位胸有盛唐气象而永葆青春的老

学者。"

　　静老对伉俪之情同样是坚贞而执着的。师母王希庆教授,由于多病,很早就从北京农业大学退休了。提起师母的病,真是一言难尽。她很早就患心脏病,接着由糖尿病发展为青光眼、白内障,终于双目失明。又曾跌了一跤,因骨折致残,只能扶杖而行。最后心、肾、胃、脑诸般病情都发展到失控程度。而静老服侍师母,真做到夜以继日,全身心以赴,自饮食汤药,无不由静老亲自操持,竟达十二年之久。最令人伤心的一次是静老自己因疲劳过度而病倒。当时师母在寝室倚枕,静老则在外间小屋卧床呻吟。我闻讯后赶去探视,看过静老之后,便进里间问候师母。师母因视力已失,并未发觉我已走到她面前,却隔着房间叮嘱静老:"跟小如少谈几句吧,不要累着!"我只得含泪低声对师母说:"您放心,我就站在您跟前呢!"

　　1990年2月21日,北大中文系决定于下午三时开会,为静老祝贺八十整寿,并向静老在外地工作的老学生发了请柬。不幸的是,师母竟于21日凌晨六时半病逝了。本来为老师祝寿而从远道赶来的弟子们竟成了协同为师母治丧的人手。这对静老的打击实在太大了。又过了两个月,几个老门生在静老寓中补行了小型祝寿仪式,静老才破涕为笑。

　　师母逝世已经年余,静老在两位师妹的关注照料下,体力也逐渐恢复。精神也一点点从悲恸中解脱出来。不久前我去看望他,他把新著《西游记漫话》赠给我,并说:"至今我订购的书还未买到。这是几本样书中的一本,我拿到后就写上了你的名字。不然早被别人拿走,不能尽先送你了。"从这件小事看出静老对我的挚情笃谊。他还告诉我,正准备找个帮手把下半部《中国文学史》写完。从言谈中我又察觉到他对学问的坚贞执着,依然不减当年。而这正是我应该认真学习的地方。

1991年4月写于上海旅次

附记：此文作于1991年，发表后曾收到匿名恫吓电报。终因邪不压正，不了了之。林庚先生的文学史著作已于1995年由北大出版社出版，题为《中国文学简史》，且荣获北大1996年优秀文化著作奖。1997年3月小如校后记。

张醉丐先生二三事

张醉丐老先生是先母的六姨父,我称他为姨老爷(即姨外祖的北京说法)。1935年,我侍先母居北平,就读于育英中学。先母曾携我谒她的七姨、八姨;得知六姨住处,遂偕至六姨外祖处。言谈之顷,我才知道这位姨老爷就是在当时《小实报》上每天发表一首《时事打油诗》的张醉丐先生。老先生有句口头禅,每逢他同谁讲话,必先说一句"跟×××您提"。比如他对先母说一件事,必先说"跟姑奶奶您提",甚至对我这晚两辈的孩子说话,也说"跟外孙少爷您提"。后来我几乎每星期日都到他家去玩,同老人关系十分融洽,他也还说"跟孩子你提"。六姨外祖母是位慈祥和蔼的老人,膝下无子女,文化素养极高却沉默寡言,我到醉老家中,她总是给我弄好吃的,然后听姨老爷一个人海阔天空地神聊,我对很多人情世故就是听老人闲谈才懂得的。

我见到醉老时,他已家道中落(姨外祖母娘家原是满族中富贵人家,醉老则是汉族人),只靠卖文糊口。除给《小实报》写打油诗外,还主编几家报纸,如《全民报》等的副刊,同时也写连载的长篇小说。他写小说每天有定额,用粗劣的片艳纸裁成便笺式纸条,以毛笔写比芝麻粒还小的楷书,纸满为限。而这一页纸上的内容恰够次日报上刊出的版面。他每天要写三至四段不同的长篇小说,从午饭后直到夜间九十点钟,陆续有不同报社的专人准时取稿。我问醉老："您同时写几部小说，不会弄错么？"醉老说："这是职业习惯，怎么会错？"醉老还告诉我：当时采用这种方式来写长篇小说的人，如北京的张恨水、陈慎言、李薰风等，无不如此。后来我才知道，在《小实报》副刊上撰稿的徐凌霄、王柱宇，以及在《立言画刊》上写文章的金受申等，也都各有专人到家定时取稿。及至我定居天津，知道刘云若、李寿民（还珠楼主）也都是这样。这应该说是当时的一种普遍现象。

记得有一次，我在醉老家吃过晚饭，眼看《小实报》派人来取《时事打油诗》的时间就要到了，而醉老纸上还没有一个字。这时我对醉老说："您写诗一定要根据时事新闻，就难办了。"醉老说："说是'时事'，有时也羼假；每天的新闻哪有那么多'打油'的材料！"我说："我听过一个笑话：一个人爱吹牛，又是戏迷，总说他给谭鑫培配过戏。可是认识他的人从没见过他跟谭老板同过台。他说：'我陪谭老板唱的都是他的看家戏，一次《捉放》，一次《碰碑》，还有一次是《洪羊洞》。演《洪羊洞》那次，可把我累坏了。'别人问他：'你在戏里都演什么角色呀？'他说：'《捉放曹》我演那口挨宰的猪，《碰碑》我演苏武神牧放的羊，《洪羊洞》我演杨六郎的本命星（白虎星），扮老虎，被八贤王射了一箭，还得拿着箭站起来跑进后台，①可吃力了。'三出戏他都装扮兽形，所以台下看不出扮演人是谁了。"醉老听罢哈哈大笑，立即命笔，题为"三出好戏'虎''猪''羊'"。很快就完了卷。等我下一次去看醉老，醉老给了我五元钱，说："孩子，拿去听戏吧。"

醉老也是一位戏迷，也捧角儿。但他很少捧"坤伶"（女演员）。有

---

① 小如按：旧本《洪羊洞》有此一场，今早已删去。有了这一场，六郎见八贤王时所唱"方才郊外闲游散闷"一段散板才有着落。

一次新艳秋送来一帧照片,并附一信,求醉老为她捧场。醉老因情面难却,在报上刊出了她的照片,同时撰文评论。但醉老不称她艺名,而是郑重地写上"王玉华女士"(这是新艳秋的姓名)。他对我说:"'坤角儿'也是人嘛!张口闭口直呼艺名,太不合适了。"而醉老最爱提携的却是青少年演员。当时高派老生龙怀瑜才十几岁,醉老为看他的戏却牺牲了杨小楼的《长坂坡》,把票给了我。并且说:"杨小楼这出戏我闭着眼都知道他怎么唱,孩子,你替我去吧!"

大约是 1936 年,北京的国画界曾出现一次轩然大波。事情起因是由于张大千先生说了句"奴视一切"的话,引起了美术界同仁的不平,纷纷向大千先生挑战。记得醉老对徐燕荪先生一句还击的话最感兴趣,徐先生说:"我只奴视一人。"而他所奴视的正是"奴视一切"的那一个人。醉老说:"平心而论,张大千画得不错,可是人总要给旁人留有余地。"显然,醉老是站在徐燕荪等人一边的。

我同醉老接触的时间只有一年左右,但有两件事对我影响至关重大。一是醉老教我看戏,说:"看戏不能只看科班儿小孩子演戏,要看杨小楼。"二是我之能够写戏曲评论文章,是同醉老的鼓励诱导分不开的。1935 年我虚龄十四岁,便学着写剧评和随笔,经醉老润色,有机会即在报上发表。没想到我写这类文章一下子延续到半个世纪以上。1936 年暑期以后我回到天津,从此再没有见到这位慈祥幽默的老人。只是在新中国成立后,我赶上参加六姨外祖母(醉老的夫人)的葬礼。

醉老后半生一直靠卖文糊口,似乎不算什么"奇人"。但他为人有两大特点,一是敢于不买名人如张大千的账,二是对青少年人总是无限关怀并十分体贴地加以爱护。在当时报界文人中,醉老是非常受人尊敬的,尽管比他年辈低的人也爱同他开玩笑。记得景孤血先生当年在一篇文章里提到醉老的形象和性格,曾以京剧名丑贾多才与醉老相比,说只要你见过贾多才，就体会出张醉丐先生是怎样一个人了。不久以前我同翁偶虹先生谈起醉老，翁老肃然起敬地说："那是我的长辈。"

醉老还有个笔名曰："慵僧"，《小实报》上发表的"新韵语"专栏，也出自醉老手笔。可见醉老对于诗歌音韵与格律，包括对对联，都是行家里手。尤其是摇笔即来，不假思索便一挥而就。这固然是功力深，恐怕也同天赋高有关。从这一点说，醉老也算得上一位"奇人"了。

1991年岁次辛未霜降节写完

魏建功先生的三部遗墨

魏建功先生（1901至1980）字天行，江苏如皋人（今属江苏海安），已故北大教授，是我国著名语言文字学家。1925年毕业于北大中文系，以成绩优异，号称"乙丑科状元"。大学毕业后，曾为刘半农先生做过助手，且为钱玄同先生入室弟子，于文字、音韵之学有独到见解。新中国成立后长期在北大中文系执教，为文献专业创办人。我虽以教中国文学史为本职工作，却嗜文字训诂之学，故于先生晚年时时登门问业。拙著《字义丛札》，曾呈先生批改。先生于病中犹在审读，没有审阅完即入医院，直到先生病逝后我才从先生案头将拙稿取回。其诲人不倦之心使我至今铭记不忘。可惜先生逝世已十五年，遗著仍在整理中。而青年人早已不大知道这样一位爱党、爱国、爱青年的老一辈专家了。

这里要谈的是魏老的书法。他不仅做学问师事钱玄同先生，书法也宗钱派而遒劲苍老过之。最近，我竟获观先生手写诗稿遗墨三种，有两种即将由江苏教育出版社影印出版。闻讯之余，欣喜与感喟交并，故撰此小文，略志其传世始末。

第一种是1937年天行师手书鲁迅旧体诗三十九首。它的可珍贵处是：一、这三十九首诗是由许广平先生手辑，并略加批注，写成的时间是在《鲁迅全集》出版之前；二、1948年11月天行师自台湾返回大陆，途经上海，曾丢失了一个箱子；先生乃误以为这份手迹已经遗失。1957 年，天行师撰文记其事，题为《关于鲁迅先生旧体诗木刻事及其他》，刊载在这一年的第二十九期《文艺报》上。实则这件文物性的手迹是天行师离台前存在他老友夏德仪（字卓如，与魏老同年同月同日生，今犹健在）先生处，不久前才由夏先生寄回的。三、此次付印，除许广平先生《题记》外，还收入了许寿裳、李霁野、夏德仪几位先生的序和跋，使这件手迹真的具有文物价值，或者说它本身已成为珍贵文物了。江苏教育出版社决定把它出版，是很有卓识远见的。

天行师在"十年浩劫"中被揪斗的主要原因，即由于先生在北大读书时写过一篇讽刺爱罗先珂的文章而被鲁迅先生撰文批评过。可是当时那些"小将"并不了解后来天行师与鲁迅先生的友谊以及他们师生间的感情。李霁野先生在《序》中结尾处说："鲁迅先生两次来北京，都给景宋写信说：'建功来谈，至快'，可见师生之情是很浓厚的。"足以证明天行师手写鲁迅诗稿是怀着何等崇敬与怀念的心情了。

第二种遗墨是天行师自 1937 年卢沟桥事变后至 1948 年 10 月自作的诗稿，写成的时间当在 1948 年 10 月之后，先生自台返回大陆之前，因为用的是当时国立编译馆的宣纸稿纸。先生一生写旧体诗甚少，但这十年中的遗作确称得上是韵文中的精品。今录其第一首与最末一首以见一斑。第一首题为《廿六年八月八日敌兵入北平，时北大方针未决；十月中始召同人赴长沙，将去北平有作》，诗云："敌未受俘俘已献，缁衣墨面等轻尘。边城亘古销忠骨，腹地从来窜懦民。千里久游鱼在镬，一山新聚鹿相亲。可怜落照红楼影，愁绝沙滩泣马神。"自注："北大在沙滩。文学院楼红色砖。旁有马神庙。末二句故云。"沙滩的红楼今犹矗立，已成为重点保护的文物。北大理学院及西斋学生宿舍皆在马神庙，我四十年代在北大肄业时经常往来其间。现在亦应以文物视之了。

这首诗后还附有老舍先生在长沙的和章，今亦照录如下："北望家山归不得，忍看衣袖满征尘。将军诱敌频抛甲，仕贵称降俱爱民。幸有新都何碍远，纵非与国亦相亲。此中自有真消息，莫说兴亡浪费神。"称得起嬉笑怒骂，皆是文章，亦以见两老风格之不同也。

诗稿的最末一首是《哀许季茀先生》，多用险韵："人间无义剑，海上哭先生。御寇疑非窃，祖龙竟敢坑。声容如未去，德业有难赓。雪涕苍茫里，寻明抉眦瞠。"许寿裳先生在台湾被国民党特务暗杀，闻者无不愤慨。先生此诗，可以概括当时爱国知识分子对蒋帮的憎恨，是一首难得的好诗。

天行师的哲嗣魏至兄已将这部诗稿遗墨装裱成帙，并请李霁野、谢冰心诸先生题跋。其中转录了一首台静农先生十余年前闻天行师病逝时的遗作，十分感人，今转录如下："每思不死终相聚，故国河山日月新。碧海燕云空怅望，劳生总总已成尘。"

门人吴永坤君，是1959年入学的北大中文系文献专业第一届毕业生，他对天行师的感情十分深厚。天行师曾手写毛主席诗词一通赠永坤，永坤已交江苏教育出版社影印，不日即可正式发行面世。这就是我所见到的天行师第三部遗墨。我曾为永坤影印此手迹写过短序一篇，已提前发表在去年的北京《团结报》副刊上，这里不再重复。天行师晚年有些事每被人误解，至今犹不免有人喋喋私议。我在为永坤所写序文及为天行师诗稿手迹所题《跋文》中皆略申己见。夫君子之过，如日月之蚀，非营营青蝇辈之谗谤所能骂倒。远者如孔丘，近者如鲁迅，皆于生前身后屡遭讥谤，况天行师乎？

1995年7月

我与常风先生的过从

——《文人旧话》读后之一

文汇出版社出版的《文人旧话》收了韩石山先生一篇题为《常风先生》的长文,转述了常老畅谈往事的详细内容。我和常风先生自1946年即有往来,算来已近半个世纪。读此文深多感喟,有不能已于言者。

常风先生本名凤瑑,字镂青,并非单名一个"风"字。1957年被错划为"右派",常老确有轻生之念,而且一度精神错乱。这是常老在1979年亲口对我说的。这对常老打击实在太大,他搁笔数十年,直到八十年代才又撰写一些回忆录性质的文章,可以说是与1957年的事件有直接关系的。这一点,确令人感到十分遗憾。

我和常风先生开始相识,是在《文学杂志》复刊以后。《文学杂志》创办于1937年,因抗日战争爆发停刊,胜利后北大复员,乃正式复刊。朱光潜先生任主编,而常老则是朱先生忠实而得力的助手。其详细过程请参阅常老本人近年撰写的回忆朱光潜先生的长文。当时我正在北京读书,作为一名投稿者,由沈从文先生介绍,亲自登门拜谒常老,从此一见如故,无话不谈。我在《文学杂志》上发表的几篇书评,都是经常老审读的。1948年,我受从文师之嘱于业余编《华北日报》文学副刊,经常与常老在稿件方面互通有无。未几朱光潜先生又接手主编天津《民国日报》文艺副刊,实际仍由常老主持笔政,我在那个副刊上也发表过几篇书评。常老的提携后进,从处理我的稿件来看,可以说是奖掖有加,不遗余力的。故我虽未上过常老的课,却始终执弟子礼。而常老则至今仍以忘年交相待。老辈挹谦之怀,于兹可见,使我不胜惭惶。

常老于四十年代在北大西语系执教时,是住在所谓"东斋"。当时学生宿舍称西斋,而东斋则是在迎街的红楼后面由日本人修建起来的一片平房。室中一直保留着用木板装制的日本式的"他他密"。改为教工宿舍后,"他他密"成了半层木阁,上置桌椅床榻,完全成为中国式的格局了。直到1949年我离开北大时,常老的家还是那个不中不日的样子。听说北大迁出城后,那片平房已被拆除,改建为楼房了。

我离开北大便回到天津教书,1951年又应陆志韦、高名凯两位先生之召到燕京大学任教。不久"三反"运动高潮迭起,我根本没有进城看望北大师友的余闲。1952年院系调整前夕,城内高校教师曾到原燕大办公楼礼堂听蒋南翔同志做了一天的报告。我因陪着俞平伯、废名两位老师共进午餐,其他熟人均未遑招呼。等黄昏散会,我在校园里瞥见常风先生,手拿一件风衣,正在同熟人分头告别。我把平伯、废名两师送上汽车,急回身想去同常老打招呼,不料他已上车,随即启动,终于失之交臂。从那次一别,直至1979年我到兰州大学讲学,才又同常风先生见面。如从1949年算起,中间整整隔了三十年。

在兰大与常老晤面真是事有凑巧。我应门人齐裕焜同志(他当时是兰大中文系副主任)之召为兰大中文系讲课,常老则应兰大原老校长辛安亭同志之召为兰大西语系讲课,同住一栋招待所,且彼此对门而居,朝夕可见。常老当时有一位女公子在兰州工作,经常送些家常美肴为常老改善伙食,我也叨光分享。三十年风风雨雨,彼此都有些不寻常的遭遇,有时促膝谈心,动辄深夜忘倦。可惜中间我去了张掖、嘉峪关和敦煌莫高窟,归来又小病一场，而常老讲课任务已完，便先我离开兰州，到西安小住。我们盘桓了近两个月，虽时光苦短，却毕竟取得了联系，所以这十多年来，我同常老一直有鱼雁往还，彼此都感到欣慰。

八十年代初，常老为参加清华校庆，曾到北京小住。我邀常老到寒斋便饭，并约定时间去协和医院探望住院的沈从文先生。因非探视时间，我们只在楼下见到沈师母，然后我又护送常老到东城干面胡同去看望罗念生先生。这在常老回忆沈老的纪念文章中有详细叙述。今罗、沈两位先生皆归道山，"俯仰之间，已为陈迹"矣。1986 年我到太原短期开会，抽空去访常老，又欢聚了一个下午。常老留我晚饭，饭后还陪我在山大校园漫步。当时常老还住在旧居，房屋湫隘，因是底层，光线也不大好。这时常老已分到新居（即现在的住所），唯尚未迁入，大部分书籍都已搬过去了，常老还领我去看了摆在他新居中的藏书。常老说，他所以要迁居，是因为他有个老姐姐长期由他奉养，为了让这位老姑奶奶住得舒服些，才决定乔迁的。从这件事也可看出常老宅心仁厚，笃于手足恩谊，听了使人感动。自此以后，转瞬又近十年没有见到常老了。

进入九十年代，常老体力日衰，先是前列腺出了毛病，住了一段医院，病愈后却不良于行。1995 年又因心脏病长期住院，年底才回家。至今仍卧床休养。常老在病中与我通信，都由他女儿们代笔。出院后坚持要亲笔给我写信，第一次的笔迹几乎无法辨认，看了心里难过。最近听说我准备把旧作整理出版，竟由他女儿常立同志找出我 1984 年写的一篇书评（是评常老本人的书评集《弃馀集》的）剪报寄给我，并附亲笔来信。这次写的字迹十分清楚，足见老人体力精神正在康复。我衷心祝愿常老健康长寿！

1995 年立春日写于北京

忆金岳霖先生

——《文人旧话》读后之二

《文人旧话》中收了汪曾祺先生题为《金岳霖先生》的一篇忆旧之作，主要是回忆西南联大阶段金先生的逸闻琐事。但我以为应与同一本书中所收文洁若先生的《林徽因印象》对照着读，才更有意思，也更容易了解金老为人的全貌。本文只想谈谈金老复员北返在清华任教时以及新中国成立后院系调整前后的情况。当然，也只能就记忆所及说一点个人印象。

说来有幸，原来我还与文洁若先生在清华读书时是同学。我是1946年至1947年考入清华中文系三年级做插班生的。由于要补读的必修课太多，实际上所选多属文科一二年级的公共必修课。"逻辑"即其一。当时开逻辑课的教授有两位，一位是金先生，另一位是新从美国归来的王宪钧先生。"十年浩劫"中，我和王先生也成了熟人。如今宪钧先生也已作古，有些事等以后再谈；文洁若先生文章里所说的教逻辑姓王的教授即宪钧先生。由于我很早就读过金先生的《论道》，又从林宰平先生处知道一些金先生道德文章的梗概，他又是名教授，因此我就听了金先生一学年的"逻辑"，并且到后来金先生也认得我了。

先说金先生的眼睛，那确是有毛病。听说症状有二：一是怕光，二是两眼视物焦距不一，因此金先生在课堂上遇到光线暗时看书十分艰难。平时上课，总是戴一顶打网球者习用的太阳帽，帽檐是深绿色塑料的，直到1952年大专院校调整后合并到北大哲学系时，他仍戴着这样一顶小帽。不过要仔细看人的面目时他已摘掉眼镜，凝神端相对方了。后来金先生调到中国社科院哲学所，大约那是1954年，我就没有再正式见到金先生了（详后）。

听了金先生一年的课，几乎无法做笔记，他的逻辑课可以说真不讲逻辑，想到哪里讲到哪里。当时的教材就是金老自己写的"大学丛书"本《逻辑》（商务精装本，我是在"十年浩劫"中被抄家后才丢失的），可是书上写的跟他堂上讲的也很难对上号。尽管如此，到学年终结时我一面读着他的那本书（因为他说了，考试的内容不出那本书的范围）一面回顾他一年来课堂所讲的具体章节，我才发现我听到的是金老讲了一年的诗，是诗的意境和诗的结构。乍听去仿佛"语无伦次"，其实他是把逻辑的道理用诗的手法表达给听众了。这使我由衷感到心悦诚服，甚至五体投地。

金老的"逻辑"课可以使人一生受用不尽，如果你真的掌握了逻辑的规律并能应用到具体事例中来。记得金老有一次出测验题进行小考，题目是：洪承畴降清的理由曾由他本人归纳为两句话："杀我君者我仇也，杀我仇者我君也。"于是降清。金先生问，这两句话合不合逻辑，应怎样去分析它？我当时瞠目不知所对，后来从逻辑上的 $A \neq B$ 和 $C \neq D$ 的道理论证明白，这两句话中的四个名词是互不相干的，因此他降清的理由也是站不住脚的。盖以"杀我君者"为 A，它并不等于"我仇"即 B；而"杀我仇者"为 C，当然也不等于"我君"即 D。这就是用代数来代入彼此也互不相关。可见形式逻辑毕竟还是一门科学，如果一个人做学问不懂逻辑，真有可能写文章也会露破绽，无法说服别人的。

1951年我到燕京大学任教。学校工会结合学习斯大林的"论语言学问题"，从清华把金岳霖先生请来做了一次报告。听者满坑满谷，连立足之地都没有，而金先生又没有用扩音器，我坐得又远，几乎无法听出要领。但只记得两点。一是金先生讲了近两个小时，一个字未提斯大林；二是解释什么是辩证法和形而上学。他仅举了一个例。西式住房往往饭厅连着厨房，两室之间只隔着一道能推来推去的木板小窗口。厨房里往饭厅中运送东西，便把窗口的木门扇推开，送完东西又把窗口关闭。金先生说，用时推开不用时关上就是辩证法，永远关着不用或该用小窗口时也不打开它便是形而上学。事隔四十四年，金先生的声音笑貌以及他所阐释的深入浅出的道理，只要瞑目一想，便活灵活现地展露在眼前。

　　我同金先生个人有过几次接触。都是在清华听课期间。有一次我负责代班上同学交作业，于一天清晨送到金先生住宅，先生正坐在厅里吃早点，记得是面包、牛奶、煎鸡蛋。先生让我吃，我说已吃过，先生便留我小坐，问我听课有什么意见，是哪一系的学生，平时爱读什么书。我说读过先生写的《论道》，他一听，便看了看表，说"改一天你再来，我跟你谈谈"。

　　又过了一段时间，路上遇到金先生，他便嘱我一道走，到他家小坐。我说："《论道》虽看过，并不全懂，因此也不能说真懂；不过我曾为林宰平先生从图书馆借过这本书，林老为此书写过文章，不知您读过否？"先生一听，极感兴趣，说几时去向林老先生请教，并嘱我见到林老时代他问候。还有一次，在进城的校车中遇到金先生，他见我坐在车上看书，嘱我不要看，要保护眼睛。自我离开清华，便同金先生没有联系了。

　　院系调整后在一次联欢会上又遇到金先生，我问他还记得我否（中间已隔了五六年），他摘下眼镜，凝视我半晌，说："认得，你是认得林宰老的。"

"文革"期间,我在王府井路上见过一次金先生,却不像曾祺兄想象中的"情景":"非常有趣"。他坐在平板车上,龙钟老态,很凄凉的样子。我没有同老人打招呼,所以前文说不算"正式"见到金先生。

1995年三八妇女节写讫

金克木先生的谈锋和笔锋
——《文人旧话》读后之三

我是1952年高校院系调整后才认识金克木先生的。但对金先生的钦慕景仰却始于四十年代，那时金先生还在武汉。北大于1946年复员后，我经常见到沈从文先生，从文师对金先生是赞不绝口的。我读到金先生的第一篇文章是关于《古诗十九首》中"玉衡指孟冬"一句的解释的，认为他能从天文学的角度抉千古之秘，真是似奇而实正。至于先生的为人，则从舍弟同宾处听到。大约在1947年，舍弟在北方混不下去了，想到江南去碰碰运气。临行前，从文师给同宾写了若干封介绍信，让他到沪、汉两地去试试。记忆所及，他在上海曾拜访过李健吾、萧乾、邵洵美诸先生，在武汉则求助于金老。后来他铩羽归来，谈及他见到的这几位前辈，金先生最热情，最诚挚，也最坦率。所以在我认识金老以前，早就心仪已久了。

院系调整后，金老和我都当选为九三学社北大支委会委员，定期在游国恩先生（游老是当时支委会主席）家开会，这一届约有三年时间，故有缘饫聆金老纵谈天下大势。盖每次开完支委会，大家都要求金老分析国际形势。尽管大家所知的新闻都是从报纸上看来的，但金老分析力极强，目光尤为犀利，就好像看人下棋一样，金老不仅比别人多看出若干步棋，甚至能预测终局的输赢。金老话说得极快，然而珠走玉盘，字字清晰入耳，再加上解颐妙语层出不穷，庄谐互见，使听者忘倦，有时竟不愿散会。所以我从五十年代初，对金老的谈锋即已心悦诚服了。

"文革"以后，又有同金老一道开会的机会。有时进出城还与金老同乘一车。1985年至1987年，我指导过一位日本早稻田大学戏剧系毕业的女硕士。她当时想攻博士学位，专诚向我问业，学习中国戏曲。有一次开完会，与金老同车返校，金老问起我的近况，我据实以告。金老慨然叹道："好极了，你把你会的本领一定要全部教给她。将来等中国戏曲失传了，甚至绝了种，我们就派人到日本去跟她学，还可以学到一点真东西。"我听了心里半晌不是滋味。果然，自从这个女孩子回日本后，我就再没有教过戏曲了。

一晃又是几年。还是同金老一道开一个什么座谈会，会前他在闲谈中忽然说到了《千字文》。他说："'殆辱近耻，林皋幸即。两疏（指西汉的疏广疏受叔侄俩）见机，解组谁逼。'这几句写得很有意思，从表面看，他们告老还乡确非被逼。但他们自己心里有数，知道官已做不下去，还不如及早抽身引退。实际上还是被当时形势所逼，不过他们比较聪明自觉罢了。"我不禁茅塞顿开。古人说："读书能得间"，若金老者可谓"得间"矣。

金老近几年写了不少文章，并汇集成书。可惜我只读过一本金老自选的《金克木小品》和最近出版的一本《蜗角古今谈》。金老运用符号学方法治古书，确有新见，令人叹服。《周易》《老子》，自古即号称难读，而金老采用自创新法剖析之，不但深入浅出，化艰险为平易，而且使人豁然开朗，有耳聪目明之感。陶渊明《桃花源记》云："山有小口，仿佛若有光。便舍船从口入。初极狭，才通人，复行数十步，豁然开朗。"读金老书，亦如从羊肠小径走进一个新的桃花源，于获得丰富知识之外，还感到矜平躁释，心旷神怡。尽管金老本人虚怀若谷，不以多才识自炫；却使读者沾溉膏馥，受用无穷。有时文章奇峰突起，引人入胜，不禁使人赞叹：真神来之笔也。

不闻金老之谈锋久矣，而从其笔锋却得到无限启迪。读其书如见其人，如闻其声，服其思想敏锐，析理入微。夫流水不腐，户枢不蠹，谨祝金老身心长健而睿智日新，续有佳篇，以嘉惠后学，则其功在国家和社会，又岂独言筌而已哉！

1995 年

小如按：1997 年春，金克木先生八十五岁诞辰，我和启功先生造府致贺，又一次听到金老妙语连珠，广饫见闻。尤其是他和启老彼此对话，真令人耳不暇接。启老与金老同庚，而两老皆耳聪目明，神清思睿，在座者无不称美，容当另为文记之。1998 年 2 月校后补记。

忆邓以蛰先生
——《文人旧话》读后之四

我国的美学专家本来就少得可怜，可是有那么很长一段时间治美学的前辈学者几乎都被人忘却，邓以蛰先生就是其中之一。朱光潜先生的治美学确享盛名，但那是由于受批判才给批得妇孺皆知的。当然，朱先生早年的《给青年的十二封信》和《谈美》在青年中影响极大；一本《文艺心理学》，若干年来一直成为大学里的美学教材；后来朱先生研究克罗齐美学，不少人一面从朱先生的著作中学习美学知识，一面更用所谓马克思主义观点方法通过写文章或课堂讲授去批评朱先生；偏偏朱先生——那么一位温文尔雅、温柔敦厚的学者——在做学问方面却带了那么一股韧劲儿，一面孜孜不倦地学习马克思主义，一面著书立说去回敬那些似是而非地批他的人：朱先生于是名满天下了。而这一切，邓以蛰先生没有做过，于是邓老便鲜为人知。更令人遗憾的是，邓老未及亲见"四人帮"垮台便与世长辞，因此还不及宗白华先生在身后受到人们的追思。而上述的三位师长，都是我国老一辈的治美学的"国宝"。最近拜读了《文人旧话》中所收录的黄裳先生大作《张奚若与邓叔存》，邓老的名字竟然重见天日。但黄裳先生的文章里主角是张奚老，邓以蛰先生（叔存是他的表字）所占篇幅不多，看来他与黄裳先生也不是很熟。这就使我更加怀念叔存先生了。

正如黄裳先生文中所言，邓老是吾皖一代书法大师邓石如的后裔，长期在清华大学任教。1937年抗日战争爆发，清华南迁，邓老滞留北平，乃执教于当时的私立中国大学，保持了坚贞的民族气节。及1946年西南联大复员，邓老乃重返清华执教。亡友刘叶秋先生和老同学王维贤兄，都是在中国大学毕业的，皆曾受邓老亲炙，而叶秋与邓老师友之谊尤重。邓老是当时唯一能从西方美学角度讲授中国书画史的专家，于书法篆刻尤能绳完白山人（邓石如号完白，也署顽伯）祖武。我见过邓老为亲自编选的《邓石如墨迹选》题签，字写得好极了。可惜我没有黄裳先生的好运气，未及求得邓老一幅墨宝。

我拜识邓老已在六十年代初。当时有友人藏邓石如手迹数幅，其中一幅隶书写得很精，嘱我面求邓老鉴定。手迹留邓老处数日，原说我去走取，不料邓老竟亲临寒斋，使我十分惶恐。从此有一段时间，我便常去趋访，每次辄快谈半日。我原认为那幅写得很精的邓石如隶书条幅一定是真迹，不料邓老却认为乃赝品。而在《邓石如书法选》中，收录了周培源先生所藏的邓石如隶书册页若干幅，看上去写得很平常，却是真正出自完白山人之手。于是邓老乃教我以鉴别手迹真伪之道。那幅我认为是精品的隶书，原来在行款上露出破绽。从而我懂得一个道理：真迹未必皆精品；而字迹可乱真者却掩盖不了作伪的马脚。这仿佛辨认真假钞票，不是行家里手是无法说得一清二楚的。

邓老家藏的全部珍贵字画手迹，在"十年浩劫"前即捐献给国家，这使邓老本人幸免于劫难。我去拜访邓老时，只看到一些他所藏的手迹照片，但那已十分过瘾了。其中有一帧何绍基手书的横幅，我看了非常羡慕。邓老告知：真迹在安徽邓石如纪念馆，他答应代我向彼馆索一张照片留供欣赏。未几"文革"开始，此事亦无法如愿以偿。

邓老晚景不算很好。师母于"文革"前即患癌症逝世，座上置师母遗像，上有他的弟子题词，有"幸见邓老本人身体康强差堪告慰"（大意）之语。从邓老的体质看，确也很结实。及"十年浩劫"猝发，我自顾不暇，当然不知邓老处境。只知他于七十年代亦以癌症住北大校医院，临终前受尽折磨，病魔使他昼夜痛苦呻吟，乃至嚎叫。我听当时同住院中的病友谈，如果能够"安乐死"，还不如让邓老少受点罪。

我参加了邓老的追悼会。追悼会由周培源先生主持，悼词只有一句："邓以蛰先生把所有家藏的文物都捐献给了国家。"至于邓老的为人慈祥和善，扬谦诚朴，他的学问渊博精深，他鉴赏文物的眼力和功底，他的艺术造诣已臻炉火纯青境界，周老均一字未提。我对叔存先生确知之不深，衷心希望有人能原原本本把这位美学大师的道德文章做一详尽介绍，使拙文起到抛砖引玉的作用，则幸甚矣。

乙亥夏作

陈寅恪先生后继有人
——《文人旧话》读后之五

《文人旧话》收了毕树棠先生一篇《忆陈寅恪先生》，多述寅老早年清华旧事（毕先生是清华大学图书馆资深馆员，故与陈寅老、俞平老有旧谊。亡友刘叶秋先生亦与毕先生相熟。毕先生通西文，译有《贼及其他》等书），兼及王国维。而吴宓先生日记则多记寅老抗日战争及"十年浩劫"中事。读后皆怃然久之。我于1946年至1947年从寅老问业仅一年，不敢妄攀门墙，更不愿以此自我吹嘘。读寅老遗著及晚近所刊印诗稿，深感先生之学不以博大自炫，而于精深中见出恢宏渊博。此与以博恣示人而读其书每感精深不足者盖属殊途异趣。寅老治学，虽兼文与史，然多以文证史，如《元白诗笺证稿》即为显例。晚年治《再生缘》与柳如是生平，皆自一人一书起步，对读者进行诱导启发，使人随之逐步深入史之渊海，以见世之隆替。后之人循先生所引述之史料研索愈深，然后愈见先生史识之迥异凡愚、高瞻远瞩。盖同一文献资料，在他人或视为无足轻重，而先生控驭之，则有蹊径独辟、生面别开之新异感。然细按之，则又无一处非脚踏实地者。自我个人体会言之，初读时每疑其说似流于臆断；及读书稍多，再加上自己潜心思考，久而始体认先生之卓识远见真不可及。此即前文所谓于精深中见出恢宏渊博之意也。

溯忆当年清华园诸老，王国维开一代学术风气，惜早卒。梁启超博有余而精不足，然亦鲜有能承衣钵者。独陈寅老教龄最长，桃李最多，故代有传人。窃以为实应称陈寅恪学派。然北之汪篯先生、南之蒋天枢先生已归道山，今健在者如周一良、王永兴、卞僧慧诸先生，皆年逾八十。即以不佞言之，得于五十年前一亲陈寅老之謦欬，今亦七十余矣。近以审读《燕京学报》稿件，得拜读石泉先生（武汉大学教授）五十年前在寅老指导下所撰硕士论文，亦深得陈门法乳。惜石泉先生近年已专治考古之学，自成体段了。

值得庆幸的是，能以陈寅老之方法治学问，并沿着他所走的治学道路而有一定的开创精神，在青年人中并非无后起之秀。北大出版社新面世的李锦绣著《唐代财政史稿》（上卷），以鄙意度之，即为属于陈寅恪学派的一部力作。1992年我曾为此书谋求出版机缘而审读其稿本，并写了推荐书。只是由于人微言轻，我的推荐书并未起什么作用。但我自信还是"持之有故"而"言之成理"的。今摘出拙撰推荐书开头两段，以求教于世之曾读或拟读李书者：

> 李锦绣同学是北大历史系王永兴教授的硕士研究生，用了五六年时间写成一部八十万字的《唐代财政史稿》。此书主要谈了唐王朝前期官府财政机构与职权、唐朝财政预算、唐朝财政收入和支出详细情况等几方面的问题。其突出特点在于大量利用敦煌吐鲁番文书及其他传统史学文献资料（如《旧唐书》《新唐书》《通典》《唐六典》等，不列举）而赋予有关唐代财政以新的阐述和解释，具有相当大的开创性和十分缜密的科学性。这对一位不满三十岁的青年学者来说，确是难能可贵的。
>
> 王永兴先生是陈寅恪先生的弟子和助手，他在指导研究生做

学问时，确实把陈寅老治学方法传授给青年一代。这从李著《唐代财政史稿》的撰述内容中可以完全得到证实。因此这部史学著作很鲜明地体现了陈寅恪学派的学术特点和治学途径，并有一定程度的发展和突破。我为陈寅老的学风和治学方法得以流传而深感庆幸。(下略)

记得当年游泽承师（国恩）生前曾对我慨叹说："荒田无人耕，耕了有人争。"而我们传统的陋习还有"气人有，笑人无"的一面。李书问世不久，即有不少流言蜚语，甚至有人进行人身攻击，干涉起作者的"内政"来。我同这位李女士并无私人交往，与王永兴先生则谊在师友之间（我从寅老受业时，我的考卷大约就是王先生批阅的，记得我得了八十七分。后来永兴先生曾对我说，陈先生给分数超过八十分，就是好学生了），平时也不常过从。今写此文，一则庆陈寅恪学派后继有人，二则也带有"路见不平，拔刀相助"的味道。知我罪我，自有公认。

1995年秋写讫

越墙采访俞平老

——《文人旧话》读后之六

那是1985年暮春时节。中华书局出版的《文史知识》杂志,早就想请俞平伯先生写一篇谈他本人治学之道的文章。由于俞平老年事已高,自七十年代患脑血栓后,已很难撰写篇幅较完整的文章;加上1982年俞师母病逝,平老心绪一直不太好,杂志编辑部的同志不敢贸然造谒,便来同我商量。经我先容,平老答应接受采访,同来人随便闲谈,然后组织成文字。我对两位编辑说:"你们尽管采访作记录,文字加工和负责看校样都归我来做,只要不再让平老费心吃力,他看在我的面上,是会有问必答的。"两位编辑是胡友鸣、马欣来(都是我的学生,后来结为夫妇),听了很高兴,也很放心,便先期约定时间,届时由我陪同前往。

平老晚年生活是很寂寞的。自师母病逝,虽说与大女儿及外孙同住,却经常独自在家,默默坐在里间书桌旁看书,有时则卧床小憩。女儿俞成怕平老劳累,多数来访者总被"挡驾";倒是俞成不在家时,熟人还容易见到平老。但也要有条件,即必须那位老保姆在家应门时才有这机会。中华书局两位同志偕我到平老府上的那次,是一个阳光明媚、惠风和畅的下午。我们知道平老极少出门,又是事先约好了的,便兴冲冲地直奔三里河南沙沟俞宅。偏偏事不凑巧,俞成固然不在家,老保姆也出去了。平时俞宅的大门是不上锁的，这说明家中有人；一旦锁了门，即使俞老本人坐在客厅里，他因耳聋也根本听不见。我们到门，屡叫不开，便知遇到麻烦。俞宅住在一层，从窗户是可以看到室内的，张望一下客厅，阒无一人。于是我便想了一条"妙计"，让小胡驮着我，我登在小胡肩上去窥探俞老的卧室，结果发现俞老正拥被午睡。我说，等等再说吧，时间还早，等俞老睡醒再说。于是我便鹄立窗下晒太阳；小胡趁此活动一下腰脚；小马有点着急，但她毕竟是女孩子，只低着头徘徊不语。又过了不到一小时，我再度爬上小胡肩头，隔窗内望，见俞老已起床，正坐在桌前凝神看书。我明知隔窗呼叫也无益，只好让小胡抓紧我两下肢，我大力敲玻璃窗。这才惊动了俞老。始而他有点惊奇，且不耐烦，以为不知邻家什么顽童在向他捣乱，及闻敲窗声既剧且急，始抬头外觑，发现了是我，这才站起身形，扶着桌边、椅背和床架一步步挪到外间客室。我们随即也迎了过去。窗户是开着的，但距地面太高，又有纱窗阻挡，无法进入。平老说："所有的门全上了锁，只有厨房的门开着，但必须跳过后院矮墙才能走进厨房。"并向我们表示歉意。小胡说："只要有一线希望，我们也要完成使命。"于是三人绕到后面墙根，先由小胡攀缘墙头，一跃而过，然后再由我扶掖小马也翻过墙头，最后我在墙外用尽吃奶的力量勉强用双手抠紧墙头，再由两个青年人从里面捏紧我两臂，硬把我身体先提到墙上，再像抱小孩似的两人协力把我接了下来，这样三个人总算进了门，却都已气喘不止。而小胡还悄悄对我说："吴先生，您已面无人色了，是不是略事休息？"我说："反正已经进来了，快去看俞老吧。"

两个青年开始了采访工作。俞平老除了依照惯例，不希望他们录音之外，一切进行得都很顺利。俞老越谈兴致越高，在我和两个青年人的不断提问之下，谈得十分投契。我们告辞时，是拨开客厅中通院子的侧门上暗锁的簧走出的，俞老高兴地目送我们离去。看来老人连客厅门上的锁如何打开也不大清楚,才使我们费了九牛二虎之力。

这次采访的成果,就是刊登在 1985 年第八期《文史知识》上的那篇俞老的遗作,是由马欣来同志笔录,经我修订加工并代俞老看了最后校样才公开发表的。这篇遗作并未收入平老文集内,而且除了那两位年轻人外,无人知道这一传奇性的采访过程。

1996 年

张东荪的"消失"

——《文人旧话》读后之七

1945年抗战胜利后，我又开始报考大学，从一年级读起。当时西南联大尚未复员，北京只有燕京大学招生，我便考入燕大文学院一年级（当时还未分系别）。由于慕名，专门找名教授开的课去旁听，因此听了几堂张东荪的《中国哲学史》。时值初秋，这位带有几分名士派头的民主人士身着绸面夹袍，裤脚系着腿带，穿一双礼服呢布鞋，老气横秋中略涵"洋"气。当时他还未迁至燕大教师宿舍，住在城内西四大觉胡同一座四合院内。我因严孟群师之介绍曾数至大觉胡同（严是张的得意弟子，后在杭大任教，亦极坎坷，1985年病逝）。我去拜访张东荪有两个目的，一是打听他的长兄孟劬先生下落，二是转达林宰平老先生对张的问候（当时林宰老还住在天津）。东荪先生在寓所接待年轻人时并无架子，态度很谦和。略问我的家世近况，便告诉我：孟劬先生已谢世，诗文集也没有整理。孟劬先生晚年爱集联，专集李义山诗句，可惜重复的太多。据云有手写本，俟找到，可借我存录。但这事并未能实现。他与林宰老交情很深，对我之所以很和蔼，或系爱屋及乌，是看在宰老的情分之故。记得与我谈话中曾批评了钱宾四（穆）先生，说他认为庄子在老子之前是太荒唐了。最后一次是他专诚派人召我去看他，说让我为当时民盟在北平所办的一家报纸当编辑。我因志在求学，乃婉言辞谢，对此好像他有点不高兴。这是1945年的事。

1946年我转学到清华大学中文系三年级做插班生，因借住在严孟群师寓中（当时孟群先生是燕大哲学系教授，住燕园南门甲八号），与燕大哲学系同学时有过从。且与燕大旧友如陈泽晋（已故）、段昭麟（在新华社工作，已离休）、高庆琮（即今新华社香港分社社长周南）一直有来往，故曾随同学王维贤兄、陈熙橡兄到当时燕东园张东荪的寓所去看望过他，记得他还为我写一条幅，是黄炎培先生的七律，这件东西失于"十年浩劫"抄家之难。至1947年秋我转学北大，迁入城中，孟群师亦南行应浙大聘，我从此便与张东荪不再有联系了。

1951年秋，我应陆志韦、高名凯二位先生之邀自天津重到燕大任教。这时的张东荪已成"大"名人，正如唐振常先生大作所言，"颇露踌躇满志"之意，即使说他趾高气扬亦不为过。与前无它异处，唯其绸面长袍和系着腿带的中式夹裤与讲究面料的中式便鞋耳。我这个人有点书生怪癖，只要一个人成为"头面人物"，我便抱了敬而远之的态度，所以1951年重返燕园后除在校园内偶然相遇我略加颔首示意外，便再未同张东荪交谈过。"三反"展开，陆志韦先生首当其冲；赵紫宸先生乃宗教界名流，在运动中只唱了一出"垫戏"；及大轴登场，紧锣密鼓，被批判主角乃张东荪。当时校园内无论进步人士与非进步人士（或笼统称之曰左、中、右）皆愕然不知何故。后来民盟内部传达"最高指示"，张东荪乃特务也。最后处理办法是：念其对革命尚有贡献，不予刑事处分，免去教授及中央人民政府委员等一切头衔，但工资照领，每月人民币五百余元（1956年评定级别，一级教授也不过三百余元）。张仍住燕园中朗润园，有一次我在校东门内遇到他，当然是谁也不同他打招呼了（即使有人招呼他，他也不理），穿戴一如往日，只是再没有过去的"风光"了。

根据校内公开正式传达和我本人通过亲友间所了解到的情况，张东荪在政治上栽了大跟头是同他认识并经常联系的一个名叫王志奇的坏人有关。王的名字不止一个，正式案卷上写的并非"志奇"，但确切无疑就是这个人。此人在抗战胜利前活动于京、津一带，同日寇和汉奸早有勾结。及抗战胜利，又摇身一变，同美国情报部门有千丝万缕的牵连，并时常出入张东荪之门。张被批判时，王已被捕。五十年代"肃反"运动前后，王的岳父朱某被我政府镇压，执行枪决前的照片在西长安街橱窗中贴了很长时间，不知是否与王案有关。王的妻子和两个妻弟均先后被捕，其子女则靠亲友接济抚养。到三年困难时期，王妻因病被假释出狱，且与王表示划清界限，办了离婚手续，而王彼时据说已瘐毙狱中。至于张东荪病殁于何年月，则不得而知了。

最后我想附带说几句关于张东荪的儿子张宗炳先生的事。他是北大生物系教授。"文革"前住中关园北端的平房，我住南端，中间相隔一个广场。当时中关园平房小院中养莳花卉以张宗炳家最为突出，不但品种繁多，开花时也绚丽可观，行人瞩目。我妻子平生别无爱好，只喜莳花，所以小院中也种了一些月季、玫瑰之类。记得"文革"前不久，生物系一位党总支委员到我家无话找话，说起张宗炳院中大养花卉，反映了他有修正主义、资产阶级思想，一脑子反动腐朽的人生观，这种只知爱花草的人怎么会有为人民服务的无产阶级思想，怎么配当人民教师云云。我开始还未理解，等到客去之后，才逐渐悟出道理，原来这是指桑骂槐，怪我家也种植花卉。我不愿拂妻子之兴，也未向她"传达"这一番"训示"。可惜好景不长，"文革"如暴风骤雨，席卷了千家万户。一夜之间，我家院中所有"资产阶级"的花都被人挖走，移到"造反派"家中，变成"无产阶级"的花了。宗炳先生在"十年浩劫"中受迫害而病故，其夫人今犹健在，与寒舍毗楼而居，精神状态比我要强得多呢！

1996 年作

周叔弢先生和他的子婿
——《文人旧话》读后之八

周叔弢先生以企业家而因藏书为世所称。后虽从政，始终保持书香世家本色，确为一代楷模典范。读周慰曾著《周叔弢传》，尤服膺周老治家、教子与律己之严，更令人肃然起敬。叔弢先生子女皆学有专长，为当世知名学者，足见老人培育后辈之用心良苦，实足为今之企业家取法。

叔弢先生祖籍安徽，少寓扬州，所以说话带有苏北口音。五十年代初我住在天津，经常在中国大戏院看戏时遇到这位慈祥坦诚的老人。他看戏因见得多故言能中肯，如果台上演员艺术不过硬，老人便直言不讳地大声评论。他看戏多由其幼公子景良陪往，我与景良很熟，当他们老少二位与我邻座时，我便成为老人谈话和评论剧艺的对象，使我受益匪浅。

先父玉如公与叔弢先生有交往，但不很熟。而我同叔老的几位哲嗣却时有过从。长公子一良先生（字太初）长我九岁，相识已四十余年，谊在师友之间，近年往来尤为频密。九十年代初为纪念一良先生八十寿辰，曾出版纪念论文集，我曾以小诗寿之，诗云："长忆拜识初，忽焉四十年。时时承谬奖，谊在师友间。服膺先生久，文史博且专。自愧徒杂学，幸未德逾闲。先生寿八十，征文及拙篇。掬诚赋小诗，仰止颂公贤。愿公登期颐，庶以附骥传。"盖一良先生学贯中西，淹通文史，虽专精中西史学，实则旁搜远绍，于文字训诂之学亦每有创见胜解，诚为一代大师也。叔老次公子珏良先生（已故）治英国文学，却写得一手漂亮蝇头小楷，我曾求其墨宝，未获如愿。犹忆我就读清华时，珏良已为人师表，我们曾数次畅谈中西文学，他还到津门舍下向我借阅钱锺书的小说和散文，共同语言颇多，惜晚年不常见面。三公子艮良先生，曾于1938年暑期补习班教过短期英文，我上过他的课，应该算是他的学生。后在老友李相璟兄家中见过艮良几次，距今已半个世纪，迄未再见。听说艮良的夫人患帕金森氏综合症多年，与我老伴同病，以己度人，想来患者及其家属都是很痛苦的。景良兄是叔弢先生最小的公子，曾是我清华时代的同学。当时景良读哲学系一年级，我在中文系三年级做插班生，常到景良宿舍中与他闲谈。一别多年，景良早已成为地质学尖端研究的专家，虽住处相距不远，却始终未再见面。

　　一良先生的姐丈严景珊先生，是先父执教南开大学时的及门。1938年暑假在天津办过暑期补习班，我听艮良讲英文即在此时。当时景珊先生延先父在班上授国文，由一良先生授中西历史。所以一良先生曾对我说："我跟你老太爷还同过一段事呢！"而《周叔弢传》中独未及景珊先生，不知何故。景珊先生后来病逝于台湾。其兄为景耀先生。今犹健在之雷洁琼先生，即景耀先生之夫人也。一良先生的妹丈名查良铮，笔名穆旦，是沈从文师的高足，与我为同门，曾代从文师编辑天津《益世报》文学副刊，是著名诗人和翻译家。穆旦长期执教于南开大学，不幸逝于"十年浩劫"。

　　另外，《周叔弢传》的作者（名骏良字慰曾）有胞弟名骥良，新中国成立初我在天津时亦有过从。还有周叔迦先生的哲嗣绍良先生，更是我的多年好友。由于上述种种友谊纽带，我同一良先生一辈人勉强也算得上世交。一良先生近时多病，而珏良的早逝（他是1992年秋突然病故的）实令人惊愕。当时我正在德国海德堡大学讲学，听到噩耗，十分悲恸。唯绍良今亦八十，精神矍铄，谈锋甚健。其门人正在为绍良编辑纪念论文集，闻年内可出版，谨拭目待之。

1996年3月写讫

俞平伯先生"历险"记
——《文人旧话》读后之九

七十年代初,"文革"尚未结束,俞平伯先生偕师母从河南农村回到北京,住在建国门外永安南里。这是一套仅有两小间居室的单元住宅。由于面积窄小,俞老只能与师母两人同住,子女和孙辈虽不时回来探望照应,平时却只有两位老人在家。倘无客来,门庭经常是很寂寞的。

有一天来了个不速之客,声称他在某单位做统战工作,是来负责落实知识分子政策的。他问俞老在生活上有什么困难。俞老说,自己并无什么困难,只是有个外孙女还在山西农村,希望能调回北京与两位老人同住,好有个照应。那人答应改日送一份表格来,请俞老填写,然后再考虑下一步。事实上这是个坏人,后来才知道他有谋财害命的企图。这头一次上门是来"投石问路",探听虚实动静的。

过了几天,此人果然又来,而且真拿着一份表格请俞老填写。这一次,恰值俞老的哲嗣润民兄从天津来省亲,正在另一间屋中和衣午睡。润民兄躺在床上连皮鞋也没有脱,房门敞着,那人一进门就看见室中另有他人,未敢下手,只说过几天来取表格,装腔作势一番便离去了。而这一次那人衣内实已藏有笨重铁器,准备向老人行凶。倘非看见润民的一双大皮鞋,后果便不堪设想了。

由于要填表格，俞老乃向中国社科院负责同志打招呼；而文研所的同志则证实并无其事，更没有听说某单位派人下来落实政策，因此叮嘱俞老要提高警惕。并提醒俞老：此人如再来，望立即通知文研所和派出所，免出意外。从此俞老家中总有子女和孙辈随侍，不敢只留两位老人静守门户了。

几天过去，那人再次出现。俞老的外孙女恰巧正由山西回京省亲，当即稳住来人，飞身下楼去打电话。这一次，那人见俞老家中人来人往，毫无作案机会，只好告辞。刚出楼门，便被擒获，并从身上搜出凶器。俞老终于化险为夷，未遭毒手。事后我和南开大学的华粹深教授（我们都是俞老的门人）得知此事经过，都向俞老和师母表示慰问。我在北大也曾向熟人谈及，闻者无不替俞老捏一把汗。

有趣的是，没有多久北大便开始进行了所谓的"反右倾回潮"运动，而我竟受到内查外调，认为我谈及俞老"历险"的事实乃是我本人搞"右倾回潮"的一种具体表现，据说还要对我进行批判，我只好恭候。但批判一直没有兑现。原来那位揪住我不放的"英雄人物"不知怎么一来自己却成了"反革命"，不但被开除还给押解回乡了，于是我才得以不了了之的结局而幸免于"难"。

1994年作，1996年改订

俞平老对我的批评
——《文人旧话》读后之十

我受业于俞平伯先生长达四十五年之久。除在北大课堂随班听课外，平时遇有疑难，或通信或面叩，先生总是有问必答。我在讲课或作文字时，虽多遵平老所授，却很难做到颜渊的"无违"。昔年写《古乐府臆札》，曾呈平老斧正。先生逐条批注，或然或否，而于不同意鄙见处往往详申己意。我在发表时有些地方仍坚持原说，同时把平老所批注的意见附在后面，而平老不以为忤，甚至还对我说，"久无此切磋之乐矣"。平老既归道山，故乡浙江德清县政协编印文史资料，第五辑即专收纪念平老的有关文字。书中摘选亡友刘叶秋先生《学海纷葩录》内涉及平老嘉言懿行者凡四则。其第四则录平老佚文一篇，题为《说诗不宜过细》，作于1979年5月22日。今全文转录如下——

顷有客来谈诗，去后偶记所感。

陶公云"不求甚解"。何谓"甚解"，亦颇难定。此不知是一例否？

如白乐天诗："红泥小火炉"即可有两解：一、小火的炉；二、小的火炉。原作只五字便足。小小的火焰，炉自不会大的，是两义并通，殆不须拘泥。

如温飞卿词"梳洗罢"云云，近人有评为"痴绝"而释为午后梳妆者。此恐非作者之痴，而是解释者之痴也。正如《西洲曲》云："楼高望不见，尽日阑干头"，极言其凝望之久，岂必一天到晚凭着阑干么？梳洗一般都在早晨，说为午妆或在午后固无不可，却未免强生枝节求深反惑矣。

又如李易安词"乍暖还寒时候"，有辨其为节气之变还是一天寒暖不同者，愚谓盖皆是也。一日之中忽冷忽热，正由于交节换气耳，似不须详辨。

前编《唐宋词选》，于上引两词句皆无解释，以其本无问题。然于其他处，求深过细，或仍不免钻牛角尖，盖著述之难也。

一九七九年五月二十二日

披诵之后，掩卷细思，乃确认文中所说"有客来谈诗"，这个"客"就是吴小如。因为那一次同平老所谈，正是这三句诗词的诠释问题。除讲温词我完全同意平老之说外，另两处平老都是针对我而言的。关于白诗，我是坚持把"小火"连续，不赞成以"小"为"火炉"之形容词的。其理由已详见旧日拙著《白诗臆札》。据中国社科院同志谈，鄙说曾蒙吕叔湘先生谬许，于是我乃向平老旧话重提，喋喋不休。至于易安［声声慢］中的"乍暖还寒时候"，我主张应指一日之中气候的变化，用以证成下文"晚来风急"句当作"晓来"之说（此"晚"字应作"晓"，实平老之胜解）。平老因我滔滔不绝地说个不了，故当时未置可否，事后乃成此文以寄叶秋。所谓"求深过细，或仍不免钻牛角尖"，虽似自我批评，实是对我的指责。因平老知道我与叶秋亦多年相识，或我从叶秋处得见此文而能知自省。可惜我读到此文已在平老仙逝五年之后（德清此帙是 1996 年 1 月始印就的），诚不免惘然若失矣。

还有一次在平老座上，为一首冯正中词同老师当面抬起杠来。即"几日行云何处去"一首，其抒情主人公究竟指男子抑指女性。夏承焘先生《唐宋词选》及平老《唐宋词选释》皆引宋玉《神女赋》，却以"何处去"的主语为男子。我则谓：既用《神女赋》典，则"几日行云何处去"的主语当然指女性，故此词乃谴责女子负心。平老无言。后来我通读曹子建诗，在《浮萍篇》中发现有这样的描写："新人虽可爱，不若故人欢。行云有返期，君恩倘中还！"乃悟"行云"亦用《神女赋》而实可确指男子。于是急就一小文以匡己说，并对夏、俞二老深致歉疚，同时也责怪自己浅薄无知。惜当时二老已逝，皆不及见矣。这应怪我读书太少，所见甚陋，其失又不仅属于"钻牛角尖"之类了。

附记：因读文汇出版社印行之《文人旧话》，连类及己所忆与所知，成读后之文十篇。虽皆琐屑细碎之言，但多属亲自见闻，非耳食捕风捉影者可比。因陆续发表，聊博同好一粲耳。

1996年7月末写讫题后

"红学家"周汝昌先生

1951年我从天津调来北京,到原燕京大学国文系任教,在承泽园张伯驹先生府上遇到一位不俗之客,那就是今天鼎鼎大名的"红学家"周汝昌先生,当时他正在燕大国文系读研究生。我们一见如故,从此成为莫逆之交,屈指算来已近半个世纪了。

汝昌先生别号很多,当时常用的是敏庵,本文即以"敏庵"称之。敏庵长我四岁,辞章功底很深,旧体诗词写得十分出色,却随写随弃,不大爱留底稿。书法从赵佶瘦金体化出,有人嫌他写得长胳膊长腿,其实别有一番韵趣,字里行间带有清新舒展的书卷气。当时我们经常围着燕园的未名湖兜圈子,边走边谈,一谈几小时,有时竟忘记进餐时间。我们谈论涉及范围甚广,唯一不谈的反而是《红楼梦》。

敏庵是燕京大学西语系本科毕业生,他英文造诣之深是令人想象不到的。大学毕业的论文是把陆机的《文赋》译成英文,而在论文答辩会上,他却纵谈《文赋》写作的背景,陆机作赋的年代,以及《文赋》的版本和历代学者的研究成果,娓娓如数家珍。会后一位美籍教授对他说:"你谈的内容够得上一篇博士论文,而你不过是个本科毕业生,真是奇迹!"敏庵自己说:"我学外文,旨在把国学介绍给欧美,而不是想学会外文去靠洋人吃饭。"前几年他在美国,还用英语做了一次关于中国书法艺术的学术报告,其外文的修养达到怎样的高度可想而知。但人们对此却知之甚少，我想这对敏庵来说是不公平的。

敏庵 1952 年从燕大研究院毕业后，被分配到四川大学教翻译课。因他原籍天津，过不惯西南地区的生活，终于又调回北京，长期在人民文学出版社任编辑。作为"红学家"而驰誉海内外，是在他的《红楼梦新证》出版之后。久而久之，用他自己的话说："我的'红学家'桂冠是被人硬扣上的。其实我要做的事很多，一旦陷入'红学'的泥淖，便再也拔不出腿来了。"我也逢人就说："当今之世，被误认作'红学家'者有两位。一位是先师俞平伯先生，直到他病逝前不久，还郑重声明他不是'红学家'；另一位是周汝昌先生，他学问渊博的程度，绝对不是一个什么'家'就能概括得了的。"例如敏庵对经、史之娴熟，对卜筮之精研，对地理学考证之邃密（1994 年 9 月，他在天津《今晚报》副刊上发表一篇文章，考证他的出生地天津咸水沽，不在山东而在河北，便是一篇可读性极强的地理学专文），对古今诗词剖析鉴赏之精辟，皆有独到创新之见。敏庵说："倘无'十年浩劫'，国家对知识分子的工作和生活条件考虑得再周到些，我保证可以著作等身。"他之所以同我交情久而弥笃，正因为我乃是一个什么"家"都不是的"万金油"式的知识分子。我们之所以有很多共同语言，正由于我们的研究方向不限于一隅一孔。可惜我志大才疏，对学问往往浅尝辄止，终于一事无成，不能与敏庵同日而语，只好自叹弗如。

遗憾的是，敏庵从年轻时耳即失聪，如今不戴助听器即无法与人交谈。偏偏他晚年眼睛的视力又恶化了，排印本的书籍必须站在强烈的阳光下用两重放大镜才勉强读得下来。我给他写信，每个字至少要半寸见方他才能看得出；他的来信也是如此。前年我去拜访他，站在他眉睫之前他也没有认出我是谁。直到我大声疾呼："我是吴小如！"他才从声音辨出我是他的老友，然后紧紧握住我的双手，久久不忍放开。

他目前住房虽不算狭窄，但他写作条件还很不理想。堂屋中一张半新的折叠桌，据他说，无论吃饭、写字、做文章以及做任何杂事，都靠这张桌子来为他"服务"。而我则毕竟还有一张书桌供我摊书铺纸。比起我来，其简陋之程度又差了一大截。

　　尽管如此，敏庵说，他除星期日外，每天写三四千字的文章是完全不成问题的。请不要忘记，他已是七十八岁高龄耳不聪、目不明的老人。其才思固然敏捷，可是由于视力关系，他已很难翻检资料、披阅图书，因而大部分文字依据全凭当初头脑里记忆的东西。如此艰苦而犹如此勤奋，我不能不佩服他坚强的毅力，更歆羡他腹笥的渊博。同敏庵相比，我虽年龄稚于他，工作效率却大不如他。从精神体力上看，我已很难一气呵成写出超过两千字的文章。而每天伏案工作的时间，也很难一次超过两小时。如果为了钻研问题而查找资料，往往旷日费时而一无所得。我认为，无论从精神状态和工作能力两方面来看，我都不如敏庵这样老当益壮。不管他承认与否，作为"红学家"，他已写成有关曹雪芹和《红楼梦》的专著达十四五种之多，未搜集成编的单篇学术论文还不算在内。这正是他精力弥漫、锲而不舍的治学精神的体现。从周汝昌先生身上，我看到我们这一代知识分子生活的艰辛和好学的勤奋，实在值得我虚心学习！

1994 年作
1996 年改订

柳存仁先生印象记

　　最近有香港之行，在香港大学中文系得识著名老教授柳存仁先生。柳存仁先生早年肄业北京大学，1937年抗日战争开始后移居上海，未几即游学国外，成为知名教授，称得上"桃李满海外"。存仁先生长我五岁，今年七十有九，已退休，定居澳大利亚。今年四月，因到台湾讲学，遂绕道香港小作勾留。他曾接受港大名誉职称，故与港大不少人相识，港大乃邀其演讲，我有幸敬陪末座。演讲后进午餐时我同存仁先生并肩而坐，快谈三十年代在北京看杨小楼、程砚秋演戏的往事。存仁先生酷爱杨小楼，席间为我小声模仿杨的《连环套》念白，颇神似。综括存仁先生与我谈京戏的内容，不外三点：一、半个多世纪以前聆歌往事，只能长期存在记忆之中。时间既久，不免渐忘。而在看近时京戏演员的演出之际，每多与记忆中的精彩表演不能吻合。但因自己是个京剧爱好者，即使演员们演得不够精彩也还是想看一下，借以唤起对往事的回忆。二、及与我谈话，乃真正引起对当年耽于听歌的追忆，且彼此所言若合符节，许多美好的演出场面乃重新浮现于眼前，于是感到这次谈话乃是一种真正的美的艺术享受。这一点，我也有同感。三、对京剧目前处于低谷的式微局面深表惋惜与焦虑。于是我们两人乃以一种不胜沧桑之感的心情结束了这次短暂而值得怀念的谈话。

上述这次晤谈是五月二日的事。次日我应港大中文系之邀，也做了一次演讲，内容是讲有关京剧表演艺术规律的，存仁先生亦来捧场。我讲完后，存仁先生发表了他的高见，对我不无溢美称誉之辞，这里就不详谈了。

存仁先生在五月二日所讲的内容是关于《西游记》中孙悟空形象的来源问题，他的观点同季羡林先生一样，认为孙悟空的最早典型是印度的哈奴曼而非如鲁迅先生所主张的是中国的土产吾支祁。近年以来，这个猴子的来源究竟属舶来品抑为国产货一直是有争论的。我所欣赏的却是存仁先生对治学问的谦逊态度和看问题的客观精神。他的演讲自始至终充满了平心静气的探讨精神，不把观点强加于人，更不掠人之美。他只说，自胡适、鲁迅以来，今天海内外所能见到的中西文献资料要比五四时期丰富多了，确有进一步研究分析，比较探索乃至互相商榷与交流争辩的必要，所以把对自己有利和不利的材料观点都摆出来，供海内外专家参考。其言冲和而全无意气用事之处。这就给我留下了极其难忘的印象。可惜我们匆匆见了两面便各奔东西。不过我从存仁先生的谈吐中体会到一位具有渊博学识的老学者的襟怀与风度。

1995 年

邵燕祥与我的交谊

我和燕祥相识已四十六个春秋，他比我小十一岁，当时我二十六岁，他只有十五岁。我读初一时即开始写文章投稿，主要是评论京戏；他则是从写新诗开始的，当时也不过十三四岁。据燕祥谈，第一位赏识他作品的是今犹健在的中国社科院研究员周定一先生。1948年初，我由沈从文师的提携，代他编了近一年的报纸文学副刊，燕祥也寄了诗稿来，这是我们订交的开始。这年冬初北京解放前夕，我住在围城中，寄居于东单苏州胡同七贤里先姑母寓所，燕祥住船板胡同，便冒昧往访。及见面，才知燕祥是个早熟的少年，而且是一位地下团员（当时称新民主主义青年团，即今之共青团）。1988年，燕祥以七律一首见赠，诗曰："毕竟诗情渐不多，苏州船板记曾过。华年尽日愁风雨，御路何期布网罗。寒信频催新鬓白，人生几见醉颜酡。西郊风景殊萧瑟，春到门前好踏莎。"诗末有自注云："一九四八年予寓船板胡同，小如寄居比邻苏州胡同七贤里，以文字缘初识，忽忽四十年矣。小如号莎斋。"其中第六句似有小小典故，当然是仅属于我们两个人之间的。六十年代初，燕祥寓真武庙，召我小饮，具柬相邀时说明是"冷餐会"。那晚他夫人到外地出差去了，斗室之中，只有我们两人。他备有烈性酒和葡萄酒各一瓶，我们两人各饮了一瓶（即每种半瓶），实已俱醉。不知怎么灵机一动，乃偕访燕祥邻友陈道宗兄，见面后争询道宗:"我们是否已有醉意?"道宗说:"你们确带酒意,但神志清明,都没有醉。"我们大悦。及我辞归,到家已深夜,进门即僵卧地下不省人事,烂醉如泥矣。至今妻孥犹引为笑柄也。

1948年燕祥诗兴正浓时,我建议他应习作散文和小说。未几他写成《沙果林记》,在我编的副刊上发了一整版。新中国成立后他虽时时写散文,却仍以写诗为主。进入八十年代,忽然大写杂文,十余年来,竟出版了十个集子,可谓多产了。实则诗以抒情为议论,杂文借议论以抒情,文体非一,襟怀不二,孰为优劣,正不易妄加轩轾。燕祥近年亦常写旧体诗,虽有功底而懒拘绳墨,总略带诙谐打油风味。而他对我写的新诗则直言"不敢恭维",当然我也有自知之明,既不敢常作,偶有作亦不以示人。顷检敝箧,竟得《赠燕祥》一首,姑附于此文之后:

无情的邂逅 / 抵销了有意的追踪 / 我又用记忆的网织成 / 梦的黄昏和黄昏的梦 /

有人在挥金如土 / 尘土却充塞人间 / 有人一本万利 / 有人度日如年 / 有人举足轻重 / 有人物美价廉 / 有人用生锈的豪言壮语 / 坚持磨损少女的朱颜 /

马可以一日千里 / 是否能跃过泥潭 / 船可以乘风破浪 / 是否能绕过险滩 / 不要用无穷的忧患 / 再污染新绿的心田 / 愿生生不息的人生 / 不再像橱窗的图片!

又有赠燕祥一联,是集宋代宋庠和苏轼诗句而成的,却始终没有写赠给他,现一并录出,作为我们交谊的总括吧:"论交共到忘言地,谋道从来不计身。"

1994年12月

读邵燕祥《读吴小如》感怀

燕祥笃于故旧，写了一篇《读吴小如》作为我们近半个世纪的友谊见证，我读后深受感动。燕祥比我年轻十一岁，1948年初见他时，我固然仅二十六周岁，而他则只有十五岁，即孔夫子说的"志学"之年。所以彼此都感到惊诧。

燕祥从事文字生涯，第一个发表他作品的周定一先生，要比我年长，而且当时已是教师了。对燕祥作品感兴趣并予以在刊物上发表的，我大约是第二个或第三个人。而且当时给报纸副刊当业余编辑的，只有萧离和我是大学生。萧离年龄比我大得多，北大自昆明复员后他又跑回来复学，竟和我同班。新中国成立后他仍在报社工作，很早就退休了；而我是1991年才退休的，虚岁已过七十。这是题外话，表过不提。

燕祥的作品彼时不仅被我采用，还不断为他推荐。不客气地说，我在处理燕祥作品的态度上，是有意识仿效沈从文先生对我的提携的做法的。当然燕祥比我有出息，更有才气，我是在搞创作的道路上自知无望才钻进故纸堆的。全国刚一解放，燕祥即脱颖而出，很快地便以青年作家的声望名满海内；而我本人，直到1954年，才写出第一篇勉强可称之为学术文章的《吴敬梓及其〈儒林外史〉》。至于新中国成立前所写的大量书评，早成明日黄花，有的甚至于在一次次运动中被举为罪证。"十年浩劫"中底稿荡然无存,并非命该如此,而是理所当然。现在能找到的旧时"少作"不足十篇,已分别收入拙著《诗词札丛》和《书廊信步》中,不过是敝帚自珍,聊存雪泥鸿爪之意。有人读后给我来信,说"先生也是京派文学的传人之一",我读了也同燕祥一样,只有苦笑。

1948年与燕祥神交阶段有两件事尚值得一提。一件是燕祥写的小说《沙果林记》,在我编的文学副刊上发了一整版,那一期只有这篇"大"作。报社的总编是个国民党人,表面谦和实际却是个老辣的家伙,为此向我提出异议,认为这样一个无名之辈的作品竟占了一整版篇幅,未免与报纸的身价不相称。我脾气素来不好,动辄光火,这次竟同他拍了桌子,说:"这个副刊到底是你编还是我编?"由于版已排好,我又坚决不肯撤换,终于照发。另一件事是我曾为燕祥写了介绍信,他乃专诚拜访了沈从文先生,而且与沈先生始终保持联系,直到"文革"结束之后。沈先生病逝,人们为先生编印纪念文集,主持者找了燕祥写文章,却没有找我和在西南联大时即为沈先生所赏识的吕德申兄。古人说"君子之泽,五世而斩;小人之泽,五世而斩";我和德申沐从文师之雨露是四十年代的事,仅仅过了"一世"(古称三十年为"一世")有余便已不为人知。倘无十一届三中全会拨乱反正后的政治局面,历史究竟用什么样的面目与后世相见,真是未可逆睹也。

燕祥文中也有因事隔多年记忆有误而"读"错了的地方。我写的《梦之谷》书评确是在《经世日报》上发表的,但并未分两次而是一期刊完,这有报纸复印件为证。当时实际编那份副刊的人是今天远隔重洋的金隄兄,不知他的《尤利西斯》中译本已脱稿否。

再有便是关于我大醉而归的描述。那次倒不是"有酒无肴",而是燕祥特意买了不少熟食,折柬相招,邀我去赴他的"冷餐会"的。当时他夫人公出南行,晚上只有我们两人对饮,因此就没有节制了。记得我们一共喝了两瓶酒,一瓶是烈性白酒,另一瓶是葡萄酒。据说饮酒不宜把两种酒混合着喝，那样是容易醉的，而我们则每人每种酒各饮了半瓶，直到酒瓶见底，绝无余沥才"不得不止"。酒后为了证明我们都没有醉，还联袂去拜访住在附近的陈道宗兄（已故），争相询问我们是否有了醉意。道宗见我们都已酒气熏天，只好说虽多喝了几杯神智却依然清醒，我们这才满意告辞。我从真武庙燕祥的住处居然搭末班车回到北大，还敲开大门。所幸妻和子女都未睡下，而我却进了屋门便顺墙根溜倒在地，然后由家人扶掖上床，倒不是如燕祥所说在地上睡了一夜。上述细节，是经过与燕祥和道宗在事后核对明白，并由妻和子女于次日详加评述，"考证"属实的。这次老伴在读燕祥大作时又帮我追忆了一下，故"版本"较为可靠。后来李宗仁先生自海外归来，举行过一次大型"冷餐会"，我和燕祥曾沾沾自喜，认为这样的宴请方式还是由我俩先行发明的呢！

燕祥在文章结尾处录下他惠赠给我的七律，而我赠燕祥的俚句却不止一首，只是有些并未留稿，有的虽留底而一时也难重觅。不过这首七律我倒是有答诗的，今检出录之如下：

> 明知来日渐无多，犹自强颜发浩歌。
> 棋罢何尝人换世，春归依旧雀投罗。
> 少年意气风兼雨，晚岁牢骚叟共婆。
> 永夜静思惭一笑，蛇神牛鬼入诗魔。

另外还有一首我赠燕祥的七律，由于曾在香港《文汇报》上发表，至今犹存于记忆之中。姑亦写在这里，"立此存照"吧：

> 太息书生举步难，文章问世亦辛酸。
> 枯鱼入肆江湖寂，落木惊秋风雨寒。

愧我无心云出岫，羡君矢志笔回澜。

从来天意怜幽草，愿假馀霞子细看。

1996 年国际劳动节写讫

笑待来年绿满枝
——记厉以宁教授和我的文字因缘

自改革开放以来,厉以宁的名字几乎已家喻户晓。他是当代著名经济学家,是北京大学最有叫座力的名教授之一,已历任两届全国人大常委。平时开会座谈、接受采访、勤于笔耕,除了在电视荧屏上,几乎很难见到他本人。然而他却是一位文学爱好者。是功底很深的填词妙手,是一位有风趣的具有诗人气质的学者。

以宁小我八岁,初不相识。"十年浩劫"中,我们于1967年都被驱入北大监改大院。我们当时不过是多年不予晋级的老讲师,既非"反动学术权威",更与"历史反革命""党内走资派"等等"桂冠"不搭界。在被判处为"牛鬼蛇神"之初,想给自己找一顶对口径的"帽子"都要绞尽脑汁。有一次监改人员曾让我们自报"罪行",如朱光潜、王力等老一辈专家倒比较容易应付,他们把各色头衔早已背得滚瓜烂熟,张口"如数家珍"。而问到以宁,他却踌躇了,半晌才答:"我是漏网'右派'。"我因位卑人微,忝居诸公之末,最后才被质问。我受到以宁答案的启发,乃答曰:"我是反动文人。"这才过了"门槛"。

当时监改大院位于北大西门以内,东贴民主楼,北濒红湖,旦夕与民主楼窗相对。牛棚而设于民主楼旁,今日追思,真是莫大讽刺。然而唯涸辙之枯鱼，始可相濡以沫而相忘于江湖，我同以宁正是在那个暗无天日的年代里成为谈诗论词的朋友。记得我向他口诵过一首旧作七律："欲罢轻阴问柳丝，远山冥默送青迟，关情南陌将雏燕，遣兴中庭曳尾龟。旅食一身牛马走，著书千卷死生期。蓬门昼永思佳客，珍重春风啜茗时。"他脱口评曰："你是学宋诗的。"从此我们便私下"串联"，真的"相忘于江湖"了。

1969年我们又同赴江西鲤鱼洲农场劳动，相遇时依旧谈诗论词。以宁在一篇他被采访的文章里有如下记载：

>……一九六九年十月，我刚到江西……劳动时，有一天，同我住在一起的……吴小如同志递给我一张纸条，上面有他送我的一首《鹧鸪天》。我和他是在北大校内红湖旁边的监改大院里结识的。我当即步原韵回赠他一首……吴小如的词是："聚散萍踪事可思，当时魇梦画楼西。百年驹影惊回首，一纸家书慰展眉。新旧雨，短长堤，平生幽素几心知，相看两鬓随缘老，莫待吟成已是诗。"我回赠的词云："莫道红湖巧遇迟，萍踪难得两心知。青莲自幸身无染，银杏何愁鬓有丝。堤上路，画中词，升潮也有落潮时，江风吹尽三秋雾，笑待来年绿满枝。"……

我自1965年以后，即焚诗毁稿，不再写诗填词，偶一为之亦从不留底。此事已隔二十余年，我早已忘掉。最近以宁赠我这首拙词的复印件，才使我忆及当年往事，以宁在鲤鱼洲还写过一首《菩萨蛮》，清新可诵，亦照录如下："春风吹遍沙洲路，江村处处留春住。堤下好安家，半坡油菜花。花开河岸外，花落香还在，新籽出新苗，明年分外娇。"这说明当时以宁的胸襟要比我坦荡多了。

我拿到复印件后，感慨万千，故亟作此小文记之，并赘以新成七绝一首,以为结束语:"当年魇梦原非梦,堪羡风和日丽时。老去深惭情味减,潮升潮落总难期。"

1994 年 1 月

哭晓铃先生

晓铃先生病了很久，我因怕打扰他休息疗养，只经常从熟人处了解先生的近况，却一直没有亲去探望。2月7日下午，突然噩耗传来，我急打电话询问，吴蕊师妹告知，先生已于七日凌晨五时许逝世了。电话还未放下，热泪已夺眶而出，心里久久不能平静。

我是1948年从晓铃师受业的。那年冬天，正是北京解放前夕，我和晓铃师同处围城中。因北大已停课，我便常到先生寓所请教。承先生不弃，收了我这个徒弟，从此结下了深厚的师生情谊。近半个世纪以来，我是承先生厚爱的弟子中的一员。先生为人刚正不阿，不少人都说他老人家脾气不好。但我却始终感到先生如春风化雨，对我更是推心置腹，而且先生总是平等待人，从不摆长辈架子。每次我去谒见先生，侍座时动辄娓娓长谈，不仅在知识、做人等各方面感到受益，而且从心底得到温暖慰藉。今日追思，只恨自己苦于琐务，追陪末座的机会太少了。

晓铃师对后进固然奖掖不遗余力，而他对师辈的关心和尊敬，也是值得我们认真学习的。当周作人尚未变节时，晓铃师对他真是关怀备至，做到了"有事弟子服其劳"，千方百计希望知堂老人能保全民族气节。魏天行先生（建功）晚年身处逆境，晓铃师为他治病住院奔走于城内外，也是有目共睹的。1980年天行师不幸病逝，我在追悼会上亲见晓铃师痛哭失声，悲怆欲绝，使我从心底感到晓铃师是一位笃于风义的长者，令人肃然起敬。这些美德懿行，我以为，更值得我们这些做学生的铭记不忘，并应引为自己做人的楷模榘矱。

晓铃先生通梵文，特别对印度、日本和东方各国文化有着深邃的研究和理解。他不仅精研我国的小说、戏曲，而且在语言学方面也有很深的造诣修养。晓铃师在中国社科院，是由语言研究所转到文学研究所来的。他是一位博学多能、知行合一的老一辈学者。因此我在悼恸之余，撰写了一副挽联以表达个人的哀思。联语云："久沐春风高山安仰，深悲绝学薪炬谁传！"

晓铃老师，您安息吧！

1995 年 2 月 11 日，写于晓铃师逝世后四日

哭程之兄

元宵节次日晚饭后，突然接到儿子从上海打来电话，第一句话说："爸爸，您千万别难过。"半晌才缓缓地说："程之叔叔昨天晚上故去了。"我简直无法相信，那样一位精神抖擞、体质硬朗、兴致高昂的人，怎么会说走就走了呢！我只能用十六字的挽联概括自己的起伏心潮，寄托对好友的哀思："岁晚订交终成挚友，一朝闻耗顿失知音。"程之逝世已快两个月了，我的心情至今仍无法宁静。

银幕上的程之早在几十年前即已熟识，而真正一见如故却在1991年。那是为了祝贺俞振飞先生九十大庆，我专诚到上海去参加纪念活动的，第二天便受到程之的邀请，在一家餐厅见了面。刚一攀谈，立刻发现我们要谈的话题极多，而共同语言更是无尽无休。从此，我们见面便作长谈。我回北京后，程之兄嫂每次来北京，我们必晤聚畅叙。他公务再忙，也要抽暇来寒斋品茗清话，确是相见恨晚。

1994年他应中央电视台之邀来京主持节目，住在陶然亭宾馆，我去拜访他。从上午一直谈到下午四时。我因有事不得不告辞，程之兄还说："反正我总要到北京来的，至少一年可以见一次面。"没有想到，这次分手竟成永诀。

我们谈话的内容主要以京戏为主。程之兄的尊翁君谋先生是谭派名票，得陈彦衡真传，久已蜚声海内。可惜生前录音大半毁于"十年浩劫"。程之善操琴，君谋先生晚年调嗓或清唱，均由程之伴奏，故能传乃翁法乳。程之平时虽唱花脸，但他的老生戏也功底极深，虽行腔细微曲折处皆能明察秋毫之末。他唱花脸实宗老路，有人说他是"金（少山）派"，这只说对了一半。金少山天赋极佳，嗓音实大声宏，一泻千里；但于吞吐收放、虎音炸音之训练则不甚讲求。而程之自幼即从事基本训练，他在十岁以前所录的《御果园》唱段，发音吐字已十分讲究，既体现了先天的"本钱"，又表达了后天的"功力"。所以程之自己也认为，儿时所唱，甚至比成年的唱法都要规范。

前几年他在晚会上清唱的《大回朝》，我听后对他说："您唱的是裘派。"他一愣，我接着说："是老裘（桂仙）派。"他点头承认。当然，他有不少唱法是宗金派，却有时比金少山更多一些口劲和韵味，不像金那样"大敞门儿"，只拼气力。这样的水平，不要说在业余爱好者中间是出类拔萃的，就连今天的内行也未必比程之懂得透彻、会得扎实。正由于此，他的猝逝才更令人扼腕悼惜。

程之是影视界中老一辈明星级演员，他虽年龄小于刘琼、舒适诸先生，却是与他们都属于同一档次的。他演反派人物固然脍炙人口，而我却认为前几年他和王馥荔合拍的《名优之死》电视剧，乃是上乘佳作。

谁能想到，程之本人也是倒在后台而逝去的，与《名优之死》的剧中人竟是如出一辙。他晚年虽已退休，却比未退时更忙，一年到头东奔西走，除了做节目主持人外，还把心思一头扑在京剧上，办了不少实事。他联合几位同好录制"说"戏的卡拉ＯＫ录像带，可惜只开了一个头。程之走了，同时也带走了君谋先生的谭派遗音，带走了不少花脸戏的名贵剧目，更是影视界的一大损失。只要是热爱祖国文艺事业的人，都应为程之的离开人间同声一哭！

1995 年

忍见书签冷旧芸

——重读《许政扬文存》

许政扬兄于1966年含冤自沉，忽忽已三十年。若政扬不死，亦年逾古稀，则当世治宋元小说戏曲者，舍政扬其谁！若政扬不死，则目前学术界虚夸肤廓之风，或可稍得匡正纠弹而略减浮躁空疏之弊。政扬之死，是我国教育界、学术界的重大损失，伤之者岂独其生前二三知己而已耶！

十余年前，方《许政扬文存》问世之初，我即想写一小文以为纪念。及拜读周汝昌先生为《文存》所撰序言，则珠玉在前，何劳瓦砾，便长叹而搁笔。转瞬又十余年，《文存》虽长留天地间，而人知之者已罕。近时重新披读，有不能已于言者。为了纪念亡友，终不自量力而写成此文。政扬在天有灵，或不至讥其浪费笔墨乎？

1951年我自天津到燕京大学国文系任教，同时识周汝昌先生与政扬兄。周长我四岁，我对他至今心怀敬意，不敢以同辈人相待；政扬则小我三岁，然性格内向，与人交不深则罕与接，即晤对亦极少主动发言。不过几次谈话之后，彼此皆有所了解，盖同为性情中人，自不难引为"益者三友"。1952年政扬被分配到南开大学执教，而我的老友华粹深先生时亦正在南大中文系，我乃自作曹丘，介绍他们"多多亲近"。他们一见如故，顿成莫逆。从此政扬偶来北京，住城内则折柬招我，出城时且下榻寒舍。我每一到津，必访政扬促膝长谈。我们的友情反倒在睽隔两地之后而弥加深笃了。

政扬治学的路数承乾嘉朴学传统，自考证每一个字词、每一名物制度、每一具体问题入手，虽极细小的环节也不肯轻易放过；但方法却比较新。他做卡片的功夫窃以为仅次于钱锺书先生。记得他初登南开讲坛，口授诸生唐传奇《李娃传》，把长安的每条街、每座桥，乃至邸舍方向、人物踪迹都描绘得巨细不遗，使听者如置身其间，恍如亲见。但政扬的功力却并不停留在考证上，他每讲一文，每举一事，必做到史论结合，思想内容与艺术特点并重。如果用清儒的话说，他是力求考据、义理、辞章三者统一，而不偏重或偏废的。《文存》中所存著述，不足以体现政扬学养成就之十一，但上述的这个特点，却是贯穿全书的。总之，他治学的途径，先从文字训诂入手，弄清作品每一个难点，然后把作品摆到当时历史背景中去评论其得失影响，而思想之精深程度，艺术之表现魅力，自然浮现于人之目前，领悟于人之心底。政扬平时谈话，往往引而不发，以少许胜人多许；但一登讲坛，立即忘倦，滔滔汩汩，虽一泻千里无难。不独诸生拳拳服膺，即听课的教师或朋友，亦为之动容。然而木秀于林，每易为风雨摧折。政扬在南开崭露头角之时，还不到三十岁。世上总会有一种"气人有、笑人无"的驵侩流俗之辈，这就导致政扬六十年代因积劳积愤而成疾的不祥厄运，终不免效屈子之自沉，亦"履霜而坚冰至"，固非一日之寒使然也。

下面愿就《文存》所录诸作，依次做一些说明。这不是书评，只是"读书随笔"。

《文存》前三篇都题作《宋元小说戏曲语释》，而分作"一""二""三"。第一篇由厦门大学周祖譔先生提供，是政扬在燕大读研究生的毕业论文残稿。周《序》和许夫人的《后记》都未说明此残稿得以保存的原委。我和周祖譔先生只是彼此闻名，迄今仍不相识。从《文存》只收"残稿"来看，则政扬的毕业论文当有全稿。两年前自《燕京学报》筹备复刊以来，我们即动员各方人力，寻找这篇论文全稿，打算由《学报》发表。结果无论在北大图书馆档案室还是中文系资料室，均遍觅不得。意者彼时正值院系调整，新旧交替之际，移交人手不无纷乱现象，故迷其下落。但只要未遭劫燹，在北大总能找到。希望各方继续努力，俾政扬遗文重见天日。第二篇是粉碎"四人帮"以后由《南开学报》发表的政扬遗作，第三篇则是从政扬遗稿中撮录的残丛笔记。这些词语条目的诠释，有一部分已体现在政扬的遗著《古今小说》注文中。但当时出版社的要求大约是注文力求简要，故《古今小说》中仍有大量词语未加注释，这是我在审读门人陈曦钟君重注《喻世明言》的初稿时发现的。曦钟用力甚勤，重注本间有对政扬原注加以订补处。我在审稿时每兴一种假想，如政扬健在，而曦钟得从政扬受业，这对我们的学术事业该有多大好处！我在这方面纯属外行，曦钟在重注时只能自己暗中摸索，这乃使我更加怀念政扬了。

《元曲语释研究参考书目》是根据政扬的高足黄克同志的听课笔记整理保存的。这是一份很值得珍视的文献资料，且有很高的学术价值。对此我想发表一点看法。"十年浩劫"前，政扬已卧病多时。黄克作为研究生，政扬在为他授课时已力疾勉为其难。从这份讲义的内容看，是观点、资料和理论三者并重的。我通读全文，并未看出政扬对学问、知识有什么保留，相反，倒是不厌其详倾囊相授的。然而"今之少年，喜谤前辈"，就在给黄克授课的前后，南开的青年人中却近于造谣中伤在制造错误的舆论导向，说政扬"知识私有"，有那么些卡片，却"不把金针度与人"。这才导致"文革"初起，政扬多年积累的全部卡片资料首先罹难，而政扬以久病之躯，蒙此看似雷霆万钧而实属无理取闹的沉重打击，终于产生了自沉的悲剧结局。而就我所知，上述那种"谣诼交侵"的原因，一是我所说的"气人有，笑人无"的造谣中伤所致；二是由于政扬做学问一向谨严矜慎，"不示人以璞"，以致引起"知识私有"的误会；三是有些学生属于"不屑教诲"一类，而政扬又正如周《序》所说，"其为人严正不苟，论学观人，无稍宽假，又有真才实学，远胜常流，故亦易遭嫉毁"；"以直性狭中，多所不堪之书生，驾柴车于崎岖难行之世路"，自然就无所逃于天地之间的"浩劫"了。记得南开大学中文系的中、青年教师在"文革"前夕也有来北大进修的，对我的评价是，讲稿可以随时借给别人，知识一向公开，是"美德"云云，其意盖隐含挑拨我与政扬之关系。而我平时并不写卡片，只有近二十年积累的讲稿。至1966年，全部讲稿及平时摘录的各种资料，一夜之间便抄得片纸无存。其遭遇与政扬正是殊途同归。但我遇劫难而不死，乃因经历多次"运动"，挨批挨整已成家常便饭，故可随遇而安。今日事过境迁，回顾当初知识分子广遭劫难的主要原因，实出于一群无知又无耻的家伙对知识分子及其所拥有的知识财富的本能嫉妒。至于国家民族的元气大伤，"文革"流毒迄今犹祸延子孙，则谁都可以不负责任。夫刘蕡早逝，义山痛哭，自古已然；今政扬骨灰已寒，而我犹苟活于世，却又一事无成，其愧疚之心，正在此而不在彼也。

《文存》中有《论睢景臣的〈高祖还乡〉[哨遍]》一篇，是政扬在南开大学1954年学术讨论会上宣读的论文。当时北大中文系派我代表北大参加了这次讨论会。我曾就政扬此文发表了不同意见，而政扬亦在大会上公开谈了自己的看法，一时针锋相对，与会者多惴惴不安，怕引起我和政扬之间的不愉快。事后政扬却对我说："他们哪知我们之间的交谊，即使再争得面红耳赤也无妨。"于是别人又怀疑我们在假戏真唱。其实我和政扬都算得上襟怀坦荡，从来不把友情和学术见解的异同混为一谈。只有彼此以诚相见，才是真正推心置腹的朋友。不过政扬写文章确是过于矜慎，就是这篇文章也是经过长时间的酝酿和修改才正式交《南大学报》发表的。他的文章传世之所以太少，正由于他的谨严周慎，既不轻易落笔，更不轻易发表。他的过于谦虚与慎重在不幸早逝的情况下恰好成为无法弥补的终生遗憾。周汝昌先生和我算得上是政扬的好朋友，我们竟不约而同地在"文革"结束后不停地写文章，固然有争分夺秒抢时间的一面；另一面，也未尝不是看到政扬竟如此厚积而薄发，感到世事无常，成败利钝非人主观意志所能转移，才这样巨细不遗地借白纸黑字以聊寄有涯之生的吧。

《文存》最后的两篇合题为《话本征时》，已是政扬病中所作。其特色仍体现在作考据文章却饱含义理（所谓思想性），且对作品的辞章方面亦有所兼顾，读起来既有深度又有力度。文章初发表时，政扬皆以油印本见惠，我什袭藏之，惜失于"十年浩劫"。今日重读，恍如隔世。政扬已矣，后死者当知勉夫！

1996年5月写于北京

先父吴玉如的教学法

《今晚报》副刊曾发表韩嘉祥同志大作,谈先父玉如公教他习作旧体诗的方法。那是颠倒文字的办法,既训练初学者读懂诗义,又可以逐步掌握近体诗的格律和韵脚,我本人也曾受过这种训练。但先父教人读书,并不仅用此一种方法,本文愿就记忆所及,做一些补充。

先父教人读诗,还用过一种填空法。即把一首诗中的每一句各抽去几个字,让学生试加填补。这也是使学生逐步理解古代诗歌语言和渐渐摸索出作诗规律的一种方法。有时对于初学的人,只训练他们填补一句古语中的一个字,并非一上来就练习填补整首诗词。记得有一次我帮助父亲批改作业,父亲出了一句填空题,是"一叶落□天下秋"。凡填"而"字者成绩最优,填"知"字则为及格。有个学生填了个"地"字,父亲说他缺乏文学细胞,没有让他及格。

现在一般考古汉语用的方法如标点古文、今译古书,先父对学生也都用过。较此难度更大的则为缩写,即把一段较长的古文压缩到若干字以内,来提高和锻炼学生的写作水平和理解能力。我以为,无论标点古文、今译古书或压缩古文篇幅,虽都可行之有效;但从学生的角度来说,却必须在课外多阅读各类书籍,增长各门学科的基本知识,再加上这些基本训练,才有可能得到真正的进步。只凭技术训练而不去扩大知识面,还是事倍功半的。

  先父三十年代在南开大学任教时，还讲过"公文程式"和"应用文习作"这一类课程，浅者教学生写寻物和招领启事，深者则让学生拟作布告和电稿。记得 1936 年鲁迅逝世，先父出了个作文题，让每个学生给鲁迅治丧委员会各拟一通唁电。有一位同学竟闹了个大笑话。他的电文乃是发给鲁迅先生本人的，其中竟有"不知尊意如何"的文句。先父课后曾对我说，鲁迅地下有知，恐怕也会冒火生气的。

  先父在天津沦陷期间曾教过中学国文，抗战胜利后任津沽大学中文系主任，上述这些教学方法都曾用过。一度还教学生对对联，在课下我也有时凑趣。记得我刚结婚不久，曾以"红杏出墙"对先父出的上联"碧纱笼句"，屈指算来，已半个世纪了。

1996 年

《巴尔扎克传》译后记
——纪念几位逝者

一

这本书虽不很大，译成的周折却不小。三十八年前即 1948 年深秋，亡友高庆琳兄困居解放前夕的北平，很想找个翻译工作换点糊口之资。我便向当时的燕京大学国文系主任高名凯教授求援。名凯先生非常热情，一向以助人为乐。他那时正为上海海燕书店翻译巴尔扎克全集，于是就推荐庆琳为书店翻译这部英译本的《巴尔扎克传》，并把一册原版书嘱我转交。书刚到手，京津解放。庆琳原籍辽宁，又是学建筑工程的，随即回东北搞他的本行去了。当时我已娶妻生子，生活拮据，名凯先生是知情的，便让我承担这项翻译工作。到 1949 年 9 月，我到津沽大学任教，同时要开三四门课，备课十分紧张，顾不上再搞翻译。而书店老板又有信给名凯先生，嫌我翻译进度慢，言外也怀疑我的外文水平，我自然不无情绪。于是我就把译成不足全书之半的书稿连同原著一并寄还高先生，撒手不管了。名凯先生只好亲自动手，译完后半部，向书店缴卷。当时我因急等钱用，便廉价出售版权，从此同此书再无瓜葛。不想它还有销路。纸型从海燕书店转到新文艺出版社，屡次重印。直到1983年初，还由上海译文出版社据旧纸型重印了一次。这确非我始料所及。

六十年代初，上海文艺出版社曾请名凯先生修改他已经译就出版的大量巴尔扎克著作。我因发现这本传记（包括我和名凯先生两人的译文）也有不少问题，便提出愿由我一人从头到尾修改一遍（实际是想重译），名凯先生答应同出版社商量，如果同意，我就动手。不料这时"四清"运动开始，师生纷纷走出学校。1964年至1965年，当我正在湖北搞"四清"时，名凯先生突然病逝。接着开始了"十年浩劫"，这事当然也就搁了下来。1983年重印此书时，出版社和我本人，都想把它重新译过，另换纸型出版。当时苦于找不到英译本原书。多承燕大老同学陈熙橡兄远从美国旧金山买到此书，并越过远洋寄赠。我这才开始了此次重译工作。为了保证译文质量，我拜托老友程毓徵兄把初译稿对照原书校读一遍，凡误译、硬译或词不达意、不大像中国话的地方都请他提出意见或径行改动。然后我一面参照他的意见，一面下笔重新翻译。实际上这本重译稿等于毓徵和我各读一遍，然后毓徵连批带改，最终由我写定译文，完成全书。从我本人说，年轻时虽曾涉足译坛，译过一些短诗和短文（包括散文、小说和文艺理论），但这并非我的本职工作。从五十年代以来，我对外文已完全抛荒。所以这本《巴尔扎克传》，既是我第一本翻译习作，同时也是最后的一本译稿。这次重译，我既不为名更不图利，只希望它比初译本质量略有提高，对得起广大读者，对得起同我合作过的名凯先生和程毓徵兄，我也就心满意足了。

二

我之所以一定要把这个译本努力完成，还有另一层意义，即对于几位逝者的纪念。名凯先生长我十一岁，是我的师辈。我在燕大虽读过短时期的文科，并未选听国文系的课。1946年认识名凯先生，也纯属偶然。但先生奖掖后进，提携青年人，比较珍爱人才，却完全出于公心。从1946年到1948年，不论我有什么请求，名凯先生总惠予协助。我在北大中文系读书时，高先生每为我从燕大图书馆代借我要用的书，还托人带进城直送到我手中；我业余编一文学副刊，高先生也经常撰稿。1951年我从天津到燕大教书，是应名凯先生之召；1952年院系调整我留在北大，名凯先生也是极力赞同的。我同先生本无私交，而先生待我宛如故人，从不以前辈自居。这些都使我终身铭记。1964年我随北大中文系师生到湖北四清，临行时名凯先生特到校门相送，只因我搭的一辆车先行一步，致使先生大呼我的名字，并逢人便问我坐在哪辆车上。我只听到先生的声音，却未能握手告别。不料从此竟成永诀。这次重译本书，虽说撇开了初译本另起炉灶，但初译本的后一半毕竟是先生译就的，筚路蓝缕，功不可没。八十年代，先生的部分学术性遗著已重印出版，学术界对先生在语言学方面的成就和为翻译事业做出的贡献也重新做了评价。可见公道自在人心。先生治学育人的功绩当永远激励着后来人。

高庆琳兄原是我的老同学，也是先父的得意门生。庆琳同胞昆仲五人（即庆琛、庆瑜今名秦宇、庆琳本人、庆琪和庆琮今名周南），都是我极熟的好友，而庆琳和我共同语言尤多。他是学理工科的，但古典文学造诣极深，对现代文学也了如指掌，且精研书法。更难得的是他通英、法、德、俄数国文字，英文的功力最为深厚。在我平生交往的友好之中，庆琳知我最深，情谊最笃。不幸在"十年浩劫"中被迫害致死，乃使我后半生有朱弦已绝、青眼难逢之恨。我同《巴尔扎克传》打上交道，始因实缘庆琳而起。今天重译本终于脱稿，而庆琳骨灰已寒。倘故人泉下有知，或当许我以锲而不舍之辛勤，而笑我不免班门弄斧之幼稚乎？

程毓徵兄为庆琳高中同学，也是先父的弟子。我们从四十年代即相识，后来也成为至交。他1957年因所在单位被划的"右派"人数不足，遂亦被凑入"右派"之林，一蹶不振者长达二十年。他和夏衍同志、郑振铎先生都有亲戚关系，但他本人却从来闭口不谈。在错划期间，只是默默地"修理着地球"，苦苦而偷偷地读书。他与庆琳有共同之处，即本人毕业于土木工程系，而中文亦极好，且兼通英、法、德、日等国的语言文学。改正以后，在北京钢铁学院教英文，被评为副教授。近几年来，大部分时间花在培训出国人员的英语教学上。今天犹在国外深造或已回国独当一面的留学人员中间，有不少都是得毓黴亲炙而成才的。不幸的是，1984年年底患直肠癌，虽经手术，却始终为病魔所苦，到1985年夏天，竟溘然长逝。他为我重译此书付出了心血，却不及见它付梓问世便先我而去，使我在眷录译稿时竟无法控制自己的悲痛。巴尔扎克勤劬一生，赍志以殁；而名凯先生及庆琳、毓黴两兄，都是学而不厌、诲人不倦的有真才实学的人类灵魂工程师，他们的品与学都值得我学习。作为后死者，缅怀师友，不胜黄垆之恸。只有在这里略表悼念之忱了。

三

最后想谈几句这本重译稿本身。我是1983年承诺出版社重译此书的，由于得到英译本原文较迟，未能及时动手。这几年来，除了本职工作，即在北大开课和参加集体科研外，还为中国社会科学院文研所、中国大百科全书及其他出版单位先后审读了约四百万字的稿件。因此这项纯属业余的翻译工作只能时作时辍，拖到1986年初才全部脱稿。出版社几次为这个新译本出预告，而我不能及时兑现，在这里只能向出版社和广大读者道歉。

说到译文，名凯先生的译笔较直，且由于代我赶工，自不免忙中有错；而我在三十多年前动手初译时，既限于外文水平不高，也吃了好钻牛角尖的亏，故不善于体会原意而化以易解的汉语。这也是我决心重译的原因之一。至于毓徵，他生前一向主张直译硬译，何况他对这书本来是只管挑毛病的，因此这个重译本是否"过"得了语言文字"关"，以及仍可能存在误译、曲解之处，完全由我一人负责。自从严复提出"信、达、雅"的三条准则以来，将近一个世纪的翻译工作事实上并未能逾越他立下的这三字诀的范围。根据我个人的粗浅体会，搞翻译工作只能是"译意"，不可能把原作的精神风貌一丝不爽地传神阿堵。但我却比较反对"意译"，因为"意译"看似"达"矣而实际去"信"益远。茨威格的作品的中译本我读过一些，但与英译本对照（我不懂德文），却发现我们的译本只能反映翻译者自己的风格而不见得这就是茨威格本人原有的精神面貌。当然这本《巴尔扎克传》的译文之不足与言此，就更不在话下了。主观愿望虽好，但眼高手低原是我个人的宿疾，译成后只能事与愿违。还请读者指教和鉴谅。

1986 年 4 月 5 日清明节
记于北京

朱佩弦先生二三事

朱佩弦先生离开我们三十一年了。我作为后辈，虽与先生接触不多，但追思先生的高风亮节，景慕之诚是无时或已的。现在谨把我亲自闻见的几件琐事记在这里，用以缅怀先生和策励自己。

我第一次见到佩弦先生是1946年深秋的一个下午在清华西门内寂静的大路上。当时先生从昆明回来不久，我以大学二年肄业的身份考取了清华大学中文系三年级插班生，在开学之前拿了俞平伯先生的介绍信专诚出城去谒见佩弦先生。没想到佩弦先生和竹隐师母那天下午也进了城，是和我同车回校的。我进了清华园，茫然不识路径，看到佩弦先生走在前面，便紧走几步向先生打听，问去朱自清先生家怎么走。先生笑了，说："我就是朱自清。"我喜出望外，把俞先生的信当面交上，佩弦先生看后对我说："很抱歉，今天我有点事，不邀你来我家了，欢迎以后你随时来谈。"又对师母说："这是俞先生的学生，他考上了清华中文系。"

开学以后，我办完注册手续，便到当时位于图书馆地下室的中文系办公室去报到。佩弦先生是系主任，正在办公，见到我十分热情，问了我的生活情况后，和蔼地对我说："我每个星期有固定时间在系里办公，你要是有公事，就到办公室找我；如果是私人谈天，就上我家里去。"寥寥数语，三十多年来我一直铭记在心。我感到佩弦先生真是一位把公与私分别得严如泾渭的人。先生对青年人真像一团火，然而这种热情却严格地受着原则性的制约。这几句话完全体现出先生待人接物一丝不苟的精神。几十年来，我常这样认为：先生的为人不仅在旧社会如凤毛麟角，就是在新社会的旧知识分子中间，这种美德也是极其可贵的。

我在清华中文系仅读了一学年，也没有正式选修佩弦先生的课，只旁听过几次先生讲的文学史。在课堂上，先生对学生的严格要求确使我吃惊。记得有一次先生讲韩愈，下课前向学生布置作业，要大家把《南山》诗背熟。我当时想，"都是大学生了，难道还真在课堂上要求背书？"但在下一次上课时我却亲见先生把一个同学叫起来背《南山》诗。这个同学背不出，先生便请他坐下，委婉地说了他几句，那个同学惭愧地坐下了。过后我曾对一位联大同学谈及此事，那位同学说："朱先生一向这样。在联大时，每逢朱先生监考，不论是入学考试还是期末大考，都是非常严格，决不容许作弊。有时朱先生还站在考场中的高处，目不转睛地盯着考生。这就使一些特务学生很狼狈。而朱先生平时同青年学生谈话，态度却完全不是这样的。"

佩弦先生平时书写稿件和信札，每个字都工整清楚，一笔不苟，很少有涂改增删。一篇文稿交印刷厂付排，不仅字迹毫不含糊，而且无论文章行款或标点空格，都算得精确无误。这给编辑人员和印刷工人带来了极大方便。关于这方面我是有亲身体会的。

先生对青年人热情关注，但即使在自己学生面前也十分谦虚。这是我在短短一两年间同先生几次接触的切身感受。前些年，有一次华粹深先生同我谈天，曾说起他当初在清华园的生活。他说："我就是对朱先生和俞先生有感情。"我受业于两位先生比粹深先生晚了十几年，但也确有同感。可惜的是，我一直珍藏着的佩弦先生写给我的几封信，却在十几年前同其他几位老师的手迹一起遗失了，我觉得这实在是无可弥补的损失。

1979 年 8 月燕郊写记

怀念游国恩先生

1947年秋天，我考入北大中文系三年级做插班生，从这时开始，我就选听游老的课。但正式同游老接触，经常到游老家里问业，则是1948年的事。从那时算起，到1978年夏天游老病逝，前后整整三十年。游老从大学一毕业就开始教书，现在有些七十以上的老人都曾经是他的学生。作为游老的门人，我的"资历"还是比较浅的。但这三十年中，除了在外地工作以及参加"四清"、去干校外，从追随游老的绝对时间上讲，确又不能说短。游老离开我们瞬历两年，每当我一想到他老人家慈祥的面容和谆谆的教诲，以及他那以仁者蔼如之言对弟子们促膝谈心的虚怀若谷的谦挹态度，就不禁泫然欲涕。现在谨以这篇小文作为缅怀老师的一点心意，实不足以彰游老的清操亮节于万一。

一

人们的印象总以为游老是一位不问政治、只搞学问的学者，其实并不尽然。就在新中国成立前夕，游老对国事和时局不仅殷切关注，而且旗帜鲜明，是非感十分强烈。1947年开学后，游老从故乡临川回到北京，因买不到船票而迟到了个把月。第一堂上课，游老首先就上课时间推迟一事向同学们表示歉意，随即谈锋一转，说到船票因内战而难买，并结合自己北上途中的见闻，面对上百个学生向挑起内战的罪魁祸首国民党反动派公开表示了强烈愤慨。这就反映出游老过人的胆识。

　　人们决不会忘记，刚刚解放不久，华北革大在北京西苑开学招生，抽调一批批干部、工作人员、教授、教员以及文学艺术工作者等各方面人士去学习马列主义，进行思想改造。在北大中文系，游老是最先报名参加该校的学员之一。这确使当时不少与游老有过从的人感到惊讶。可见那时游老虽已年逾半百，其热爱中国共产党、热爱新中国的一片赤诚，和他自我改造、勇于投身革命熔炉的决心，却是真正见诸行动、表里如一的。

　　院系调整后，我由我的两位老师（游国恩和俞平伯）做介绍人参加了九三学社。不久，游老被选为北大支社的领导人，我一度担任支社秘书工作。为了发展组织和抓紧社内同志的思想改造，游老曾煞费苦心。有事弟子服其劳，作为一个年轻人和学生，我承担跑腿工作原是理所当然。但游老有时竟忘了疲倦，忘了时间，经常为支社工作或者分派我做什么工作，或者同我商量什么事，唯恐耽误了时间，总是一趟趟到我家来找我，丝毫不摆老师或领导人的架子。我劝游老不要这样辛苦，并表示我应更经常、更主动地去看游老。游老却笑着说："锻炼身体，多走走不要紧。"直到我告知游老，我已买了一辆自行车，不用步行跑路了，而且在我住处附近已装上传呼电话，游老这才不再事必躬亲，一趟趟跑来找我了。

　　从1952年院系调整到"文化大革命"开始，每逢党一次次发出动员令，一次次开展群众运动，游老总是积极响应，从不后人。甚至在1958、1959年，在"双反"和"拔白旗"的运动中作为被批判的对象，游老不仅对党和群众毫无抵触情绪，而且遇事泰然自若，从不怨天尤人。在同我个人谈话时，更多的是严于解剖自己，鼓励我不要蹈他只钻业务的覆辙；甚至从关心我的命运出发，在他受批判时让我少同他接近，免受牵累。现在我反躬自问，我对自己的思想改造抓得不紧，业务上也常有自满情绪，实在有负游老这些年来对我的期望。追怀往事，真不禁使我愧悔交并。

"文化大革命"的十年风雨，游老经住了考验。林彪、"四人帮"横行的时期，迟群之流在北大胡作非为，游老保持了他坚贞不受屈辱的晚节。1976年1月，周总理逝世的噩耗传来，游老悲恸欲绝，立即写了挽诗，并亲自送交中文系总支。听阴法鲁同志说，游老在毛主席逝世时，也十分悲痛，同样写了挽诗，并对党和国家的命运十分关心。这充分说明游老的热爱党、热爱领袖是发自肺腑，没有丝毫矫饰的。"四人帮"被粉碎以后，游老不顾自己年老体衰，以久病之身力疾从事于被迫搁置多年的《楚辞长编》的整理工作。就在住院疗养期间也没有中断。甚至在他老人家逝世的前一天，还在伏案检书，挥笔撰述。这不仅由于游老对做学问一贯热爱，主要还由于他老人家具有一颗真正的爱国心，希望在自己垂暮之年能为四化做作贡献，才这样奋不顾身地忘我劳动。我以为，这是游老身上最值得我们学习的好品质、好作风。

二

这里顺带谈谈游老平时严于律己和日常待人接物的态度。游老过去是吸烟的，后来因身体不好，决心戒烟，并付诸行动。开始我问游老："先生（这是我对游老一贯的称呼）真的不吸烟了？"游老说："不敢说，比以前吸得少一些，有时偶尔吸一支。"过了很久，我一直没有再看到游老吸烟，就又问了一次。游老说："算是不吸了，但没有把握。"几年过去了，十几年过去了，一直到游老病逝以前，我当然没有再问，可是游老却在不声不响中把烟戒掉了。但游老从不勉强别人戒烟，有时还用好烟待客。游老的学生们不仅可以在游老面前自由吸烟，就是高谈阔论，甚至有时说话离了题出了圈，游老也从不板起面孔训人。有时必不得已，也只在适当时机提醒一下，发人深省，让出言不慎者自己警觉。这真是蔼然仁者之风。而这一切，我是有亲身的经历和体会的。

游老无论从道义上或经济上热心援助别人，也是人所共知的。前些年，竟有一个骗子冒充某位老先生的儿子，骗去游老当时手头仅有的几十块钱。游老发觉后，当即向校系领导报告，引起大家警惕；对他自己的损失，却只一笑置之。另一方面，游老对于别人的赠予却是一介不苟取的。记得三年困难伊始，我在游老家闲坐时听到游师母对游老说买肉困难。过了不久，恰逢节日。我母亲在城里排大队，只买到一对猪腰子带了回来过节。我登时想到游师母前几天说的话，便把这戋戋之物给游老送去了。游老当时不在家，师母把东西留下。过了节我去看游老，他老人家却郑重其事地对我说："那天我回家，听说有人送来吃的东西，我埋怨你师母不该随便收下，还打算派人送回去。后来听说是你送来的，我想，你送的东西我还是可以吃的，这才没有送还给你，现在只有多谢你了。"我听了半晌说不出话来，深深为游老这种严于律己的态度和对我的深情厚谊所感动。七十年代初，游老已经患病，一位香港某大学的老教授是游老的老同学，于回国时曾来北大探望游老，表示如果需要什么药物，他可以买了寄来，并请游老不要客气。游老有一次问我，某种药品国内有没有卖的？我答："没听说有。"游老随即提起此事。我就说："那不妨托他买点嘛！"游老摇摇头没说话。当时马汉麟同志在座，也没开口。事后汉麟对我说："你还不知游老的脾气，他是决不轻易向人张口的，更不要说是海外的朋友了。"

1971年，我从江西干校回到北京，当时在系里掌权的一位工宣队师傅找我个别谈话，说："有人检举，游国恩多分了集体科研的稿费。检举的人说是听你讲的，你曾为这事心里不满，因为他多分了，你就少拿了。"我登时火冒三丈，但最初还是按捺着性子解释，说根本没有这事。那个师傅就一再"做"我的"工作",逼我承认确有此事。我实在忍不住了,才说:"我了解游先生,他绝不是那样人,你不要以为知识分子就认得钱!"我又说:"是谁检举的,把他请来我当面跟他谈。除非这个人有精神病,否则他不可能说这样的话!"这场不愉快的谈话就这样结束了。事实上,游老所主持的几个集体科研项目,书籍出版后他只拿了极少的稿费,大部分都分给了合作者。1961年,我们几个人因为游老坚决不接受一笔稿费,还托过中文系总支的统战委员去向游老"游说",他才勉强收下的。可是在林彪、"四人帮"当道的那几年,竟会编造出这样的鬼话来诬蔑游老,真是血口喷人。对比起游老为人的光明磊落,更使我增加了对他的敬佩和怀念。

三

下面谈谈我个人对游老治学问和带徒弟这两方面的粗浅体会。

游老的学问渊博,功力湛深,体大而思精;但从不轻易著述,晚年尤为矜慎。在游老的门人中间,我自问够不上升堂入室的水平,充其量不过是望夫子之门墙而未入其宫的一个普通学生。因此要我来为游老的学术成就做一番总结工作,是远远不够资格的。但我在1947、1948年,曾连续听过他四门课:"中国文学史""楚辞""古文选读及习作"和"唐宋文学史"。从1955年末到1959年初,我在游老亲自主持下进行了《先秦文学史参考资料》和《两汉文学史参考资料》两书的注释工作。每当遇有疑难问题便随时请教,以及平时追陪末座时聆听他的教诲,因此对游老治学问和带徒弟的方法和道路还算有个大致的了解。当游老逝世不久,有一位与游老年辈相若的长者听到这不幸消息时,曾对我感慨万端地说:"要想再出一个像游先生这样的人才,不知得再过多少年了!"

游老治学的方法和途径,照我个人的体会是:首先尽量述而不作,其次以述为作，最后水到渠成，创为新解；而这些新解却是在祖述前人的深厚基础上开花结果的。因此，本固根深，枝荣叶茂，既不会风一吹就倒，更不是昙花一现，昨是今非。所谓述而不作，就是指研究一个问题、一个作家、一篇作品或一部著作，首先掌握尽可能找到的一切材料，不厌其多，力求其全。这是第一步。但材料到手，并非万事大吉，还要加以抉择鉴别，力求去伪存真，汰粗留精，删繁就简，惬心贵当，对前人的成果进行衡量取舍。这就是以述为作。如果步前贤之踵武而犹不能达到解决问题的目的，就要根据自己的学识与经验，加以分析研究，最后得出自己的结论，这就成为个人的创见新解。游老毕生孜孜不倦地致力而终于未竟其业的《楚辞长编》，是最能体现这个精神的。游老常说："要搞寿世之作，不要写酬世之文。"游老一生治学谨严不苟，巨细不遗，同他提出的这个口号也是密切相关的。

游老之力求全面掌握材料，其范围是很广的。做学问的路子也是很宽的。用旧的话说是义理、考据、辞章三者不可偏废。他要求学生不仅要有专门知识，而首先要成为通才。不仅在文学领域内能触类旁通，还须在文字、声韵、训诂各个方面都能有发言权。在他晚年，更极力主张青年人必须深入学好文艺理论。有人认为游老只讲考据，只占有材料而缺乏理论和观点，这实在没有说到点子上。只是由于游老晚年十分谨慎，常感到学然后知不足，不肯轻易著述，致未能尽展其长，这实在是祖国学术界一大损失。当然游老对经史百家和历代诗文十分熟悉，有些专著更是"得手应心"，了如指掌。我能受业于游老这样一位渊博的老师，已感到十分光荣和幸运了。

游老在六十年代初，曾受中宣部和高教部委托，与王季思、萧涤非、季镇淮诸先生和费振刚等同志，一起主编了一部《中国文学史》。游老对这部集体著作确付出了极大精力。从拟定提纲到审阅定稿，每一环节和步骤，游老都亲与其事，亲自翻书和动笔。其态度之严肃，用力之勤劬，关注之殷切，凡是当年参与编写此书的同志，无不记忆犹新。这充分说明游老热爱集体工作，忠诚党的教育事业，因而才这样忘我无私地进行不懈的劳动。

我在游老主持下，编注了先秦、两汉两本分量较重的文学史参考资料。这实际上是游老在把着手教徒弟。这两本书问世已二十多年，虽然还有不少错误（责任在我本人），但在国内外颇获好评。这完全应该归功于游老对我的具体指导。我通过这一工作，深感游老带徒弟的办法是很科学的。归纳为一句话，即严格要求与放手使用相结合。工作开始时，从选目、体例以及注释中应注意的事项，游老无一不交代得有条不紊。一部分初稿写成，游老仔细批改，连一个标点也不放过。等到我摸熟门径，并表示有信心和决心完成任务时，游老就郑重宣布："以后由你自己放手去做吧，该怎么做就怎么做，不必事事请示，我也不再篇篇审阅了。"这就最大限度地调动了我的积极性，从而发挥了主观能动性，使我也敢于动脑筋了。当然，遇有"疑难大症"，还得依靠游老解决，而有些篇章，事后经游老过目，仍作了若干修改。总之，游老对我是既抓得紧又放得开，既关心又信任，使我这负责具体工作的人既培养了独立工作的能力，又体会到做学问的甘苦，既敢于承担重任，又时时不忘游老所指引的方向。

这里还想谈两件事。一是有一次我委托游老的另一位学生去查阅并标点一篇材料。这位同志由于没有看懂原文，竟擅自把书上的一个字改动了。游老当即找到我和这位同志，当面郑重告诫我们，要随时谦虚谨慎，不能强不知以为知。另一件是当我注释到《楚辞》部分时，游老发现我在注文中大量引用了他本人已发表过的文章，便立即决定一条原则："这两本书一定不许引用我的东西。"游老说，我们不能"老王卖瓜"，"戏台里喝彩"，一定要谦虚。这两件事给我留下深刻印象。

1975年的初秋，我遇到一个难题，便去请教游老。不想游老正在发烧卧床。我问过病情，便准备告辞，不想用业务上的琐事来打扰他老人家了。谁想游老已看出我的心事，就直截了当地问我是不是找他来问问题。我只好实说了。游老身在病榻，手指书架，告诉我翻开哪几本书，找哪几段材料，我照着游老所指点的去做了，难题迎刃而解。我心里又激动又难过，深为游老这种诲人不倦的精神所感动。而游老却说："不要为我担心，你来问问题对我并不是负担，你看我只用手指比画几下，你的问题不就解决了。"游老不但帮我解决了业务上的难题，还给了我很大的鼓舞和鞭策。他忘记了自己的病痛，只想到替学生排除困难，这是多么可贵的崇高的美德啊！然而万没有想到，这竟是我最后一次得到老师亲炙的机会。后来游老因治疗肺结核入院疗养，而出院不久就与世长辞。我只在1977年春节期间去游老家给他拜年，同他老人家谈了一会儿天，后来就再也没见到他了。

作为一代师表，游老的人品学问，决非我这肤浅谫陋的学生所能妄加月旦，更不是这篇杂乱无章的小文所能包举无遗的。我不过略陈鄙见，一抒我对老师的仰慕之忱而已。

1980年为游老逝世二周年作

师友怀想录（三篇）

我同老舍先生的四次接触

我读现代小说是从《老张的哲学》开始的，但第一次见到老舍先生已是 1951 年了。

那时我初到燕京大学教书。有一次林庚先生请老舍先生来校做报告，先在林宅晚饭，林庚先生嘱我作陪。老舍先生当时腿已不大好，行动有些吃力。我到林宅时，他正坐在沙发上同林庚先生闲谈。林先生对我说："这就是舒先生。"我立即走过去，老舍先生一面同我招呼，一面抱歉说："我不站起来了。"

报告极精彩，全场气氛始终活跃。先生讲的是理论问题，我却只听到一个个小故事像珍珠泉一样散入听众心底。他说作家应该谦虚些，厨师从来不会听到有人说菜不好吃就板起脸来让顾客下厨房。忽然老舍先生讲到谭富英，说他嗓子好，"唱几句真像他爷爷！"台下大笑。先生立即说："就在同学们笑声中结束我的谈话。"戛然而止，绕梁犹有余音。

过了几年，北京市开第一次文代会，我参加了。某晚有一场招待演出，剧目是裘盛戎的《除三害》和马连良的《三字经》。我恰好坐在老舍先生身后。马连良一出场，老舍先生就以主人身份（他是北京市文联主席）对前后左右的人说："咱们得热情点儿，多鼓掌。"回头时看到我，似曾相识，却已叫不出名字。我称他一声"舒先生"，他点点头便回过身去看戏了。这出戏演江东才子罗隐向一个目不识丁的武弁歪讲《三字经》的故事，是马连良的看家戏，在舞台上已绝迹多年。戏演到过瘾处，我脱口而出喝了一个彩。老舍先生又回过头来看了我一眼，点点头自言自语似的说："还有懂行的啊！"可惜当时台下多数人对"人之初"那一套已经知者无多，到了"抖包袱"时竟没有多少笑声。散场时老舍先生遗憾地说："怎么捧场的人不多啊？"沈从文先生在旁接了一句："看戏人的水平同台上那位将军差不多了。"

第三次见到老舍先生是六十年代初的一个长夏的下午。老舍先生住在东城迺兹府一条胡同里，出口往南不远，八面槽路西就是一家理发店。我正坐在店里按顺序等候理发，老舍先生拄着文明杖进来了。一位师傅见是老主顾，便请他先理。先生摇手连说"不忙，不忙"，随手坐下同师傅们聊天，直等轮到他时才走上座位。我因近在咫尺，就招呼了一声"舒先生"。他大约以为我是住在附近的街坊，便对我笑了笑。这次我印象很深，老舍先生理发特别快，比早去的人提前"完成任务"。理发师递过眼镜，然后拿着镜子请他照照脑后的发型是否中意。先生连看也不看，就戴上眼镜拉下围布，一面说"好，好"，一面同师傅们打着招呼就走了。

最后一次是1962年在人民剧场看内部演出：毕英琦的《战北原》，萧盛萱、高玉倩的《打刀》，叶盛兰的《雅观楼》。这次我恰好坐在老舍先生身边。可能因为周围没有熟人，每逢台上演到关键地方，老舍先生总想找个人发表意见；而我这个戏迷自然也情不自禁地评论几句，于是他就把我当成谈话的对象。这是我同老舍先生谈话最多的一次。但我可以肯定地说，先生始终没有记起我是谁；我也没有自我介绍。

我从读初中一年级时就读老舍先生的作品，先生的道德文章，我这个晚生后辈一直是由衷敬佩的。我能有机会同先生接触过四次，而且有一次还称得上是畅谈，实在三生有幸。先生逝世瞬历十余年，先生的文集最近也陆续出版，抚今追昔，不胜怅然。这篇小文姑且算是一点纪念，聊表区区仰慕之忱吧。1981年6月病后作。

怀念陶光先生

陶光先生原名光第，字重华，是三十年代清华大学中文系毕业生，与今年春天病逝于天津的南开大学华粹深教授是同学和好友，他们都是俞平伯先生的弟子。陶光先生能唱昆曲，会写旧诗，是一位标准才子。

陶光先生于1936年秋到天津南开中学任教，与孟志孙、华粹深等先生一度同事。我当时正在南开中学初中二年读书，陶光先生是我的国文老师。我在班上第一篇作文曾谬承先生赞赏。四十年代，当我见到粹深先生时，他还旧事重提，告诉我，我那篇幼稚的习作居然曾在当时南开中学国文老师中传阅。

1937年中日战争爆发，陶光师随即南下。抗战胜利后，由于我同粹深已成莫逆之交，又忝列俞平伯先生门墙，从而得知陶光师消息，便同他通信，那时他还住在昆明。记得俞平老曾寄陶光师五律一首，是咏杜甫的：

秋水涵空照，能居众妙先。称情遗佞曲，因物感华妍。
地以经过重，官应老病传。犹思揖陶谢，争不杜公贤。

陶光师有和章,并用铅字排印,分寄友好,我也收到一页。陶光师还亲手写寄给我十多首诗,暗红笺上,字体近于李北海,而古朴苍劲,了无尘俗气。他在最后一次给我的信上说:已应许世英先生(许寿裳先生之子)之聘,即将转道入台,"台湾濒海,便于还乡,与吾弟重逢有日矣"。这些诗稿和信件,我一直保存着,却在十几年前全部遗失了,思之慨然!

听昆明回来的人说起,陶光师在后方同一位演员结了婚,后来果然应聘去了台湾。从此音尘隔绝,就连粹深也不知他的消息。直至七十年代,粹深才从他的一位美籍女友的来信中得知陶光先生的确息。原来先生滞居台北,不肯同流合污而落落寡合,又因失去奥援,终于被学校解聘。妻子因而也离开了他。最后竟落到断炊地步。临死的当天,只剩得一茶盅薄粥。他拿着空茶盅踱出家门,终于在一条马路的桥边倒了下去,成为饿殍。这就是一位才气纵横、有学问有志气的知识分子的悲惨结局。

陶光先生是我的启蒙老师之一,在南开中学虽无私人往还,由于得其亲炙,无论做学问或写文章都受到他的影响。他在班上爱讲唐宋词,往往从周邦彦讲到秦观,又从秦观讲到温庭筠。我后来喜爱倚声之学,且从俞平老问业,同陶光师的启迪是分不开的。陶光师逝世大约已二十年,粹深先生因误动外科手术,缠绵床蓐达数年之久,也于今春病故。良师益友,先我萎谢,而此身垂老,凡百无成,写此小文,聊寄哀思云尔。1981年8月。

为革命而搁笔的诗人——毕基初同志

从1959年到六十年代初,我曾断断续续为《北京晚报》写过一些小文。就在这段时间里，晚报上也不时出现毕基初的名字。他是当时晚报的撰稿人之一。1980年晚报复刊，百花吐艳的《五色土》副刊又在吸引着首都的广大读者，而基初同志早于1976年3月患癌症逝世，年仅五十五岁。近年以来，全国各地文艺刊物如雨后春笋，新老作家的名字一批批涌现在人们眼前。可是基初同志的骨灰已寒，连姓名也渐渐被人忘却了。

我和基初是天津工商附中的高中同学，交往近四十年。基初在中学时就酷爱文艺创作，他那山东彪形大汉的昂藏外表却蕴涵着一颗细腻熨帖的文心。小说、散文、新诗，他什么都写。1939年，他的第一个短篇《青龙剑》发表后，在平、津等地一举闻名，我是它最早的读者之一。因为那是他在作文课上的习作，由任课的朱星老师（今天津师院副院长）发给全班同学传阅的。但我更爱读他的散文和新诗。他的散文美丽隽永，新诗旖旎蕴藉。他在三十年代后期，确有意把何其芳的《画梦录》和卞之琳的《鱼目集》的风格和技巧融合在自己的笔下，形成既绚烂夺目又锋棱逼人的特色。当时他最多不过二十岁。

从1945年抗战胜利到1948年北平解放前夕，是我同基初过从最密的几年。他大学毕业后，毅然抛弃了资产阶级家庭，一度生活十分困难。经常风先生（原在北大任教，当过朱光潜先生的助手，现任山西大学西语系教授）介绍，他到原北京艺文中学教书。我和他曾不止一次地在他那间简陋的单身宿舍里纵谈古今中外，臧否煊赫一时的国民党达官贵人。1948年春天的一个晚上，他到北京大学西斋学生宿舍找李瑛同志谈诗，我忽然闯了进去。我对写新诗是十足外行，竟然信口雌黄，不知对谁的新作妄施月旦。李瑛同志比较虚心，认为我的意见不无考虑余地；基初却一下子板起他那坦荡率真、直往直来的面孔，对我轻蔑地说："不行，你的意见站不住脚，你外行，不懂！"像基初这样的诤友今已难得，而李瑛同志自灰楼分手，尽管我们同在首都工作，也已三十多年不见面了。

1948 年底，北平已成为孤城，我和基初也很少见面。有天下午在西单人群中相遇。当时气氛紧张，我们只能从彼此脸上互相透露一丝会心的微笑，意思是天马上就亮了。新中国成立以后，我忙于教书，基初则一直从事中学教育事业。直到六十年代初我才又见到基初。

他不辞辛苦从朝阳区跑到西郊来看我。当时他已是一个不大不小的"官儿"，却依然是当年做穷教员时的老样子。我问他这些年怎么不写东西了，他说："干革命还是做点实际工作为好，我决心不再搞创作了。"啊！原来他是为革命而搁笔的！这给我留下了不可磨灭的印象。为了革命的需要，他竟把人所公认的自己的创作才华弃如敝屣，我认为这是基初的最难能可贵之处。他那时在晚报上发表的小品，不过是他百忙中偶因"技痒"而迸发出的一星火花而已。现在有的青年人梦想通过创作捷径一举而名利双收，我觉得应该用基初同志的实际行动来提醒他们：干革命到底还是不是每个中国公民的神圣职责？

荏苒到了 1973 年。经过我千方百计地寻觅和联系，终于在一个初夏的早晨，基初来看我了。突出的印象是他魁梧的躯干竟成了小老头儿的驼背。原来这是由于被当作"黑帮"而受到严刑拷打，从而致残的结果。基初还笑着说："六六年运动一开始，我们曾经被押到北大向聂元梓'取经'，等回来之后，每人都挂上了大牌子，不久我的腰就成为这个样子了。"又说："由于我曾两次入党，'历史'就必然有'问题'，也必然是'叛徒''特嫌'。"他从机关调到农场，直到很晚才恢复组织生活。加上家庭多故，一个孩子在农村插队，竟成了精神病患者（直至他临终，这个孩子也没有回到他身边）。这就导致基初突然发病，一年多的时间就与世长辞了。

基初虽放弃了写作，却始终不忘学习。六十年代我们见面时，他向我借《沧浪诗话》，并通信讨论《长恨歌》。七十年代初，为了寻找精神食粮，他托我想方设法代他借了大量的翻译小说，甚至在病中还坚持着一字不遗地吞下了全部《元曲选》，而且给《西厢记》作了读书札记。他逝世前两天，我到医院去看他，他已不省人事。他的追悼会我没有参加，因为在"四害"横行时，我怕听那千篇一律近于官样文章的悼词，宁愿把一份可珍惜的友情埋藏在心底。

1979年夏天，我见到须发皓然的朱星老师。他对基初的死，只吐出一声无言的长叹。同年秋天，在兰州意外地邂逅阔别了整三十年的常风教授。我向常老报告了基初的死讯，引起他对往事一系列的怀念。我们谈到了当年都还是小伙子甚至是小孩子的一代人——李瑛、穆旦、邵燕祥，还有逝世不久的《贝壳》的作者（当时他的笔名是袁犀）。……

基初逝世一眨眼五年多了。他没有看到"四人帮"被粉碎，真是太遗憾了。如果他还活着，看到新长征途中五彩缤纷、瓜瓞绵绵的文艺阵地上的朝霞和新露，说不定还会重新拾起他当初因搞实际革命工作而甘愿抛掷的生花妙笔。而今天，就是在北京、天津，原是他生长、学习、工作、战斗过的这两个城市，他的名字也已几乎被人遗忘了。我愿借一席之地，悼念这位曾在创作道路上取得成绩却毅然搁笔的诗人，这位死于"四人帮"折磨下的好同志。基初，你安息吧。

  1980年3月为纪念基初逝世四周年而作，1981年重订

师友怀想录（又四篇）

从八十年代开始，我陆续写过一些近似"回忆录"性质的短文，偶然在国内外报刊上发表。其目的一在于怀旧，二在于存真。几年过去了，又有一些变化，比如沈从文先生，我1981年见到他时，老人还精神矍铄，近两年却已病卧在床了。恰值远在西宁的老友高庆琪兄惠然来访，说起当年旧话，便劝我把这些小文整理出来，在《青海湖》上同读者见面。夫雪泥鸿爪，原为古人所重；而不贤识小，虽竹头木屑，或亦可供他年治文学史者存参之用。因择出拙文之未正式在国内发表者四篇，聊为刊物补白云尔。1985年9月笔者记于北京。

我又见到了沈从文先生

1946年西南联大复员以后，我经林宰平老先生介绍，认识了沈从文先生。沈先生是我学习写文章的老师，我写的文章凡经先生推荐发表的，大都由先生亲笔改过。1947年我转学到北大中文系，更受到先生亲炙，听他讲了一年的"现代文习作"课程。那时先生住在沙滩老胡同中，每天去看他、找他、求他的人真是络绎不绝。当时沈门弟子以从西南联大北来者居多。如王忠、萧成资（望卿）在清华中文系当研究生；吕德申在北大中文系毕业后留校做研究生；袁可嘉、金隄留在北大西语系任教；而汪曾祺、查良铮（穆旦）等则从事创作生涯。

当时京、津、沪报纸的文艺副刊有不少是由北大的老师们主编的。如津、沪《大公报》有《星期文艺》，由杨振声先生主编，实际是袁可嘉负责；商务印书馆出版的《文学杂志》和天津《民国日报》后期的《文艺副刊》，由朱光潜先生主编，实际是常风先生负责；天津《益世报》的《文艺副刊》由沈先生自己主编，实际由穆旦协助负责；北京《经世日报》的《文艺副刊》则由金隄负责，北京《平明日报》的《文艺副刊》则由萧离负责（名义上都是沈先生自己主编）。到1948年，沈先生又介绍我去编北京《华北日报》的《文学副刊》。沈先生就是这些副刊的中枢神经。由于编务上的联系和稿件方面的互通有无，我不但常去请教沈先生，也同常风先生、袁可嘉先生和金隄兄经常来往。1949年新中国成立以后，我回到天津教书，利用假日来北京看望师友，曾见到从文师和常风先生。当时沈先生刚病愈出院，精神不大好，我仅小坐即离去。1951年我重来北京，到燕京大学任教，上课不久就赶上"三反"运动，很少有时间进城。直到北京市开第一次文代会，我在会上才遇到沈先生。先生素知我爱好京戏，劝我多在这方面下点功夫，写点文章，并指着汪曾祺和我对别人说，以后要看他们这一代新专家了。

五十年代末，我曾随北大中文系全体教员到故宫参观出土文物，从文师对我们一行十分热情，亲自戴了两副重叠的眼镜为我们当讲解员，边走边讲，如数家珍。参观完毕，我同沈先生告别，并说要去看他。先生拉着手诚恳地对我小声说："不，我们还是先不来往吧。"先生当时的韬晦心情我是理解的，只好遵命了。

过了不久，我因讲文学史遇到了有关文物方面的问题，特地写信向沈先生请教。我原怕先生不愿回信，不料他竟用毛笔章草密行小字给我复了一封长信，阐述讲文学史不能只靠书面材料而必须博采各种出土文物以为佐证的道理，写得十分详尽。可惜这封信连同四十年代他给我的信都在"十年浩劫"中丢失得一干二净，再也无从弥补这个损失了。

　　二十多年匆匆过去。1979年我在兰州幸遇阔别了三十年的常风先生，1980年到天津外语学院访问了金隄兄，故人重逢，恍如梦寐。正是通过他们两位，我才得以知道从文师更多的近况。1981年9月，我因受人之托，专诚到从文师刚刚迁入不久的新居去看望了他。我见先生大门上贴了一张字条，有"来访敬谢"字样，看来先生对来访者已有应接不暇之势了。但当我把来意向应门的沈先生的孙女说明，先生终于热情地在他那间四壁堆满图书的书房中接见了我。我第一眼就看到了摆在几案之上的香港新出版的积聚了先生几十年心血的那本关于服装史研究的巨著。先生已是七十九岁高龄的人了（今年是他八十整寿），依然红光满面，谈锋不减当年。我陪先生畅谈了近一小时，恐怕耽误他十分宝贵的时间，才起身告辞。从谈话中得知一些沈门高弟的消息：王忠病废，萧望卿由东北调来华北，而穆旦之死则是我和沈先生共同感到悲怆愤激的事，真不胜沧桑之慨。临别时，先生一再叮嘱，要我代他向北大的几个熟人致意。直到我走向电梯准备下楼，先生才进门回去。

　　在归途中我已想好了题目，一定要写篇短文作为纪念：《我又见到了沈从文先生》。不巧的是，回来不到三天我就病倒了，一躺就是几个月。直到今天，已是壬戌立春，我才能勉强起坐。借晴窗日暖，抚案疾书，总算了却这一桩心愿。

1982年作

废名先生遗著亟待整理

废名是冯文炳先生的笔名。他是五四以后二十年代至四十年代有影响的小说家、诗人和独树一帜的诗歌评论家。1946 至 1948 年，我在北大正式和非正式地先后听他讲过"论语""陶诗""李义山诗""庾子山集"等课程，还经常到他住的单身宿舍（在孑民纪念堂后面的板屋中）去陪他谈天，向他请益。

废名师对学生的要求十分严格。有烟癖的人从不敢当他的面吸纸烟。我转学北大后，因已娶妻生子，家又住在天津，为了料理家务，有时不免旷课。但废名师的课我是轻易不敢缺席的。偶缺一课，由于先生认得我，在课堂上必被察觉。我回校第一件事就是到先生宿舍去检讨。先生虽也责备几句，但使我由衷感激的是，先生总是把我没听到的内容简单复述一遍，等于单独给我补课。

废名师自信心极强，治学的态度甚至执着到被人讥为"顽固"的地步。他最出名的故事就是同熊十力先生谈佛学，两人意见相左，最后竟交了手，而且互相扭抱，在地上滚做一团。1950 年我见到先生，他毫无顾虑地当众宣称：孔夫子和马克思都伟大。不过就我所知，只要先生一旦认为自己的看法错了，立即公开改正，并勇于自我批评。先生讲陶诗，备课极认真，而丁福保的《陶诗笺注》却一直不曾寓目。某次上课，先生见我拿着这本书，便借去阅读。到下一次上课，先生根据丁氏所引的材料，当堂纠正了自己以前的一些看法。由此可见先生的虚怀若谷。

1946 年秋，我写过一篇题为《废名的文章》的书评，简括地评价废名先生的全部著作，是经沈从文师修改后发表在天津《益世报》上的。事后先生对我说："你能把我写的东西全部看过，很好；只是有些地方你还没有看懂。"1952年院系调整前夕，我请俞平伯师和废名师在旧燕大东门外一家小馆吃午饭，俞老点的菜还是三十年代他在清华教书时吃过的几样。那天我敬陪末座，边吃边谈，十分尽兴。不久废名师赴东北任教，我就同先生永别了。

先生早年著有《枣》《桥》《竹林的故事》《莫须有先生传》等小说，中年著作则有为沈启无所盗印的《谈新诗》和一本新诗集（书名已忘）。《谈新诗》是一本极精辟的古今诗论，对当代诗人的评论尤独具只眼。抗战胜利后在《文学杂志》曾连载《莫须有先生坐飞机以后》，可惜未写完。最难得者是先生关于《诗经》的讲义手稿，我曾借钞过一部分，也早已散失。此外，先生在报纸杂志发表的文章（如新中国成立前写的《读论语》和六十年代纪念杜甫的论文等）还有不少。谨向学术界和出版界呼吁，希望由先生的亲属（先生的女公子是南开大学中文系毕业生）协助，尽快搜辑废名先生的遗著，整理后付梓问世。

附记：近两年出版界对废名先生的部分遗著重新出版，是大好事。《谈新诗》和他的作品选集已先后问世。可惜有些单篇文章还未引起人们的注意，而研究废名的论著也不太多。这还需要进一步努力。我这篇小文或尚有一点时效，故仍"过而存之"。

1983年作

梁实秋治杜诗

1948年我因生活困难,一面在北大读书,一面便由沈从文师介绍,利用业余时间给一家报纸编文学副刊,赚几个编辑费贴补家用。既编刊物,自然就要四处奔走,向有名人物拉稿。梁实秋先生当时是北京师范大学教授,我请沈从文先生写了介绍信,就去拜访他。我一共只见过梁先生两面。第一次是约他撰稿,他答应了;第二次则是文章发表后我把稿酬和副刊单页送去,向他致谢。那时我还是个年轻人,在一位陌生的教授面前当然不敢多讲话。而梁先生却没有什么架子,一口北京话,谈吐平易和蔼,说到治中国古典文学,他竟然过分谦虚地说应当向我请教,使我不胜惶恐。不久听说他已离开北京,副刊也于当年十月停办,从此再不闻消息。直到1980年,承山西大学教授常风先生函示,说他新近读到梁实秋在台湾出版的两本书,是一位从海外归来的朋友送给他的,并把它们寄来让我读。我从书中才略知梁先生近年来的行踪和生活。报载梁先生曾嘱托归国友人一定要到山东看看,因为那是他曾经居住过的地方。看来年逾八十的梁先生是充满了乡土之情的。

1948年在梁先生家里给我印象最深的是,书房的一个角落中堆满了一函一函的线装书,都是关于杜诗的研究专著。我不禁流露出歆羡的眼光。梁先生告诉我,这都是他回北京后委托书商觅购的,好坏都有,如果我想看,尽管来借。我因同梁先生不很熟,自然没有借。一晃三四十年,这些书的下落如何已不得而知了。

我只拜读过一篇梁先生公开发表的研究杜诗的文章,即讨论《客夜》

一诗末两句"老妻书数纸,应悉未归情"的。这两句历来有争论,或者讲成老妻给杜甫来了信,或者解为杜甫给他的老伴儿写信去。梁文旁征博引,把持这两种讲法的著作大部分都胪列出来,最后的结论是:他不同意浦起龙在《读杜心解》里的权威性讲法而仍从旧说。现在把浦说转录如下:

> 此因得家书后有感不寐而作。家书中定有催归之语,今所云云,皆"未归情"也。故结言客情若此,老妻亦应悉之,何书中云尔?……旧以"数纸"为寄妻之书,恐非。

而梁文的解释自然仍以"数纸""为寄妻之书"了。当然,梁先生在那篇文章里曾说明为什么要这样讲的理由,可惜我已忘得一干二净。使人奇怪的是,从梁先生的两本晚年著作中竟找不到一句有关杜诗研究的话。是否他自离北京以后就再没有研究杜诗了呢,我希望能从海外得到回答。

1982 年作

回忆夏济安

我第一次看见夏济安、志清昆仲,是在抗战胜利复员后的北京,大约是 1946 年吧。济安的尊翁大栋先生是我姑父的朋友,我就是在我姑母家中同他们相遇的。当时他们昆仲都准备赴美留学,志清先生很快就成行了,所以只见过一两次;而济安则因曾患肺病,于体检时受阻,留在北大西语系任教。从此我们就成了朋友。济安住沙滩红楼单身宿舍,我常去找他玩。直到他 1948 年离开北京以前,我们总不断见面。

济安治英国文学，却毫无喝洋墨水人习气。到北京后，他对京戏发生浓厚兴趣。开始是有戏就看，后来知道我是老牌戏迷，便问我什么戏可看，什么戏可不看。我们始则在剧场邂逅，继则联袂同行。我们见面时，尽管海阔天空古今中外无所不谈，但最后的话题必落到京戏上。那两年，我成了他的京戏"顾问"，也是他顾曲的"知音"。

有一次孙毓堃在长安戏院演《状元印》，我们都是座上客。济安与北大齐良骥、陈镇南几位先生同往，便把我介绍给他们。齐先生是老北京，济安乃当场请齐考核我的北京话是否及格。1952年我回到北大教书，与齐、陈两位成了老相识，而济安却已远客异邦了。

还有一次，叶盛章、黄元庆等合演《涿州判·弘门寺》，济安没有找到我，便单独前往。第二天见面，他一面手舞足蹈比画着演员台上的亮相，一面说："你昨天没有同我去，太遗憾了。幸好我当场拍了不少照片，等洗出来给你看。"过了几天我问起此事，他说："那天太激动了，拍照时镜头扬得太高，洗出一看，每一张都是舞台的屋顶。"

我不知道济安后来是否结了婚，在红楼他一直是过着单身汉生涯的。他曾经追过一个比他小二十来岁的小女孩，并说等她长大一些再同她结婚。这对济安来说本不足为奇，充其量不过有点书呆子气。可是那个女孩子受封建洗礼较深，不仅立即拒绝，而且引为奇耻大辱，闹得济安再也不登她的门了。这事很少人知道，只有我了解底细。但我怕伤了济安的心，直到分手我也没有同他谈起过。

济安到香港后只给我写过一封信，大意说他初出国门，萍踪不定，但他一定做个心口如一言行一致的人，不说违心之言，更不干昧心之事，让我放心。一别三十余年，再无消息。1978年我托人在香港打听，才知道济安早于六十年代病逝于美国。后来我只从一本刊物上看到有人称许他对沟通中西文化（主要是翻译工作）做出了贡献，并在梁实秋先生的《看云集》

中读到一篇回忆济安的文章。而济安的令弟志清先生早成为蜚声海外的名教授，可能他手中还保存着济安的若干遗作吧。我是多么渴望知道更多的有关济安生前的事迹啊！

1981 年作

附记：此文写成，志清先生初未读到。1981 年北大乐黛云同志赴美讲学，未几吴晓铃师也到美国去了一次，他们带来了志清先生写给我的信，我才把这篇小文寄给他。后来志清先生来信向我致谢，说在国内撰文纪念济安的，我是唯一的人。他随即把一本由他编印的《夏济安日记》寄赠给我。读了济安的日记，其声音笑貌乃复浮现于眼前，使人感到这几十年真是几经沧桑了。因存此文，以志我与济安的一段过从的因缘，够得上是"泥上偶然留指爪，鸿飞那复计东西"了。1985 年 9 月。

学林漫忆

一、前辈师长博闻强记

1946年至1947年我在清华大学中文系肄业，选了陈寅恪先生一门"唐诗研究"。这门课不采取讲授制，凡选修者只需拟定一个论文题目，经陈先生同意，即可自行准备，定期同导师谈话，汇报学习情况，有问题在师生晤面时提出请教。到学年终了，交上论文，评分及格，就拿到两个学分。我从寅恪先生问业时，先生双目视网膜已经脱落，不能辨人眉目，只能听人声音。因此我每次去请教，必先"自报家门"，然后进行谈话。

先生当时还给中文、历史两系开课，预约谈话时间必须避开先生讲课的钟点。另外，先生还对我说，由于自己不能读书，每周必须有两个下午由两位助手分别为他朗读英、日文的有关资料，借以了解当前学术动态，这个时间是一定不能占用的。我当时听了就感到惊讶，一个人只凭听觉掌握外文资料，他的记忆力该有多强啊！

然而使我吃惊的还远不止此。我在最初几次去见寅恪先生时，每次必带去一堆问题。先生听过之后，语调总是那么轻缓、那么从容不迫地对我说，这个人的名字似乎见于《新唐书·宰相世系表》，那个人的材料可能出于某人文集中的某篇文章。特别是有些人物传记和典章制度，先生大都能列举新、旧《唐书》某卷某传，或某志某条，让我自己去按图索骥。我回来检索时，十之七八都能找到答案。这真使我佩服得五体投地。一位学者双目失明，全凭过去的博闻强记，对文史资料竟然精熟到如此地步，不要说今人，就是古人也不多见。

然而这种情形在我的师辈中却是屡见不鲜的。游国恩先生博闻强记的事例，我在悼念游老的一篇文章中已曾提及（载《学林漫录》三集），这里不再赘述。今年已届八十三岁高龄的俞平伯先生，只要你提出问题，无论五经四书，还是唐诗宋词，他老人家十有八九总是如响斯应，背诵如流，给予你满意的答复。记得六十年代初，我曾为了一个洋典故去请教钱锺书先生。先生把一本厚厚的外文书当场信手一翻，要找的内容便如探囊取物，手到擒来。其速度与精确程度真令人目瞪口呆。我常慨叹说："老一辈的专家才是真正读书，我们这一代人充其量不过是翻书、查书而已。"忝为人师，宁不赧然！略识前芬，聊用自勖。1981年岁杪病中偶记。

二、顾随（羡季）先生谈辛词

1981年秋，叶嘉莹教授自加拿大归国度假，我有幸得初识荆州。嘉莹先生是已故辅仁大学教授顾随（羡季）先生入室弟子，此次归来，她要偿的夙愿即是整理羡老遗著，并准备为之付梓问世。由于我1945年曾旁听过羡老讲课，1946年至1949年，又常到南官坊口顾宅向羡老请益，虽非及门，却时亲謦欬。因此嘉莹先生问我手头是否还有羡老手迹，以及听课笔记之类。我本藏有一批羡老给我的信札，但在六十年代因高熙曾先生征集羡老遗作，我已扫数捐献，今则不知浮沉何所，而手头当然更一无所有了。不过既经嘉莹先生提示，我便冥思苦想三十多年前多次同羡老谈话的情景，终于想到有一次（也只有这一次）羡老曾为我讲解过辛稼轩词。现在追记下来，供读者和嘉莹先生参考。

事情是从我请教羡老引起的。我问：稼轩《念奴娇·书东流村壁》第一句"野棠花落"，一本作"塘"，到底用哪个字好？羡老答：关键不在"棠"而在"野"，这个"野"字用得既险且精，外野内文，为东坡以下诸人所不及。为了便于了解，还是把全词钞在这里，再介绍羡老的意见。

野棠花落，又匆匆过了，清明时节。划地东风欺客梦，一夜云屏寒怯。曲岸持觞，垂杨系马，此地曾经别。楼空人去，旧游飞燕能说。

闻道绮陌东头，行人曾见，帘底纤纤月。旧恨春江流不断，新恨云山千叠。料得明朝，尊前重见，镜里花难折。也应惊问，近来多少华发？（据邓广铭先生《稼轩词编年笺注》卷一）

羡老说，此词盖是从小寄托入，大寄托出。"小寄托"者，自词意言之，显然稼轩在此地曾经情有所钟，恋慕过一个少女。及故地重游，则已"楼空人去"，即使明朝重见，也如水月镜花，"相见争如不见"了。"大寄托"者，则词中作者所怀念的女子实际上正象征着作者自己所向往的政治理想。志既不酬，时不再来，故旧恨新愁层出不穷，自己也垂垂老矣。而第一句乃是全词起兴之笔，如取兴于少女，则是野草闲花，"野芳发而幽香"，于无人处自成馨逸；以喻小家碧玉，不为人知，而春残花谢，终于遭到不幸结局。如取兴于作者本人，则已为在野之身，野鹤闲云，不为世重，纵有经纶盖世，而人却等闲视之，时值乱离，愁恨自然如春水云山，抽绎不尽，令人徒添白发了。羡老说，不论寄托小大，第一句却经纬全篇，尤其是开头的"野"字，更是寄兴无端，寓意无穷。这正如谭鑫培唱《战太平》(小如按：此指谭在百代公司所录之《战太平》唱片)，固然整个唱段十分精彩，但第一句"叹英雄失志入罗网"却是全段的灵魂和精髓，倘若第一句没有唱出英雄失志的感情，后面唱得再好，也显示不出大将内心的抑塞悲愤了。羡老讲课，每以京剧界谭鑫培、杨小楼的艺术与文学名作做比较，此即其一例也。1981年岁杪写记。

三、川岛先生谈唐诗

章廷谦先生字矛尘，笔名川岛，是鲁迅先生的学生和朋友，也是绍兴人。我在北大读书时并不认识川岛先生，1952年院系调整，我留在北大任教，才同先生有来往。

1960年，社会上一度展开了对文艺作品分门别类的讨论，即把每一具体作品划入"有益""有害"还是"无害"这三类中的任何一类。争论最激烈的是"无害"类，实质上是争论这类作品到底有益还是有害，因为当时人头脑中"排中律"思想是很厉害的。贺知章的《回乡偶书》也是当时讨论内容中的众"矢"之一"的"。据《全唐诗》所载，这首诗的原文如下：

少小离乡（通行本作"家"）老大回，乡音难（通行本作"无"）改鬓毛衰。儿童相见不相识，笑问客从何处来。

有一种意见认为，这诗反映了老人回到故乡后心情的喜悦，情绪是健康的。我则认为，作者在这个题目下共有两首诗，应该"比照而观"，不能单看一首。其另一首是：

离别家乡岁月多，近来人事半销磨。
唯有门前镜湖水，春风不改旧时波。

从第二首的"人事半销磨""不改旧时波"等句来看，我以为，作者的沧桑迟暮之感就很明显了。因此第一首尽管写得含蓄，诗人心中一种无名的惆怅却充斥于字里行间，实在谈不上健康欢悦。而川岛先生的意见则更坦率直截，他认为贺诗是反映老年人意志消沉、心情苦闷之作。有一天我到先生家中闲谈，他就对我谈了这个看法。他说，不能只从字面上了解，看到末句有个"笑"字，就以为诗情并不衰飒。其实"笑"的主语是"儿童"而非作者，儿童之"笑"恰好反衬出作者内心想笑却笑不出的辛酸苦闷。在儿童眼中，自己不过是个离乡背井的"陌生人"，纵然功名富贵盛极一时，却不足以抵偿内心的寂寞，不能从乡情戚谊中得到慰藉。这就直贯第二首的末两句，意思说能理解自己心情的恐怕只有似曾相识的镜湖春水，其粼粼碧波一如昔年自己未离乡前的情景。它对自己的心灵是宛如有所默契的。川岛先生还引了苏轼的《纵笔》以为旁证：

寂寂东坡一病翁，白头萧散满霜风。
儿童误喜朱颜在，一笑那知是酒红。

先生说：这里也用了"一笑"字样，这是作者自己在笑，而这"一笑"是显得很凄惨的。

从1969年以后，由于种种原因，我同川岛先生再无来往。1981年夏天，川岛先生因积年含冤负屈，终于一病不起了。可是二十多年前的这一次谈话，却一直铭记不忘，印象极深。现在如实地写了下来，姑且作为缅怀先生的一点心意吧。1982年1月大病初愈写记。

附记一：贺知章《回乡偶书》的第二首，一作黄损作，亦载《全唐诗》。当年闻一多先生即主黄作说。今仍沿通例，以为贺作，亦"从众"之道耳。

附记二：近读沈祖棻先生《唐人七绝诗浅释》（上海古籍出版社一九八一年出版），其中谈到《回乡偶书》，亦引其第二首与苏轼《纵笔》作为参证。可见前辈读书所见略同。惟细绎沈说，尚不全同于章说。而且为了纪念川岛先生，还是把自己记忆所及写出，读者不妨对照两家之言以参考之，正可并存不废也。小如附记。

悼念张伯驹先生

张伯驹先生别署丛碧,河南项城人,是一位知名的鉴赏家、收藏家。他与家父玉如公同庚,而先生略长数月。1982年2月15日(夏历正月二十二),是他八十五岁生日。当时先生已重病住院,只靠输液维持生命。这一天先生竟勉强进食,并拍了一张照片;又过了十天于26日逝世于北京。

伯老前半生过的是贵公子生涯。他精于鉴赏,收藏甚富。但他热爱祖国,洁身自好。抗日战争期间,历尽艰辛,去了大后方。新中国成立以来,他把自己所藏的古玩字画(包括稀世珍品如晋陆机《平复帖》、隋展子虔《游春图》、唐杜牧《张好好诗》手迹等)无偿地捐赠国家,把西郊承泽园别墅全部转让给北京大学。他一生酷嗜京剧,从余叔岩问艺达十年之久。近三十余年,他利用业余时间为提倡书法绘画、创作古典诗词和普及传统京剧做了大量工作。我个人认为他最擅胜场的是填词,最大的贡献是普及传统京剧。

我第一次见到伯驹先生是四十年代抗战胜利后在天津他外甥刘菱洲君家中。刘君是我教中学时班上的学生,也酷爱京剧。先生到津后,菱洲便约了十几位中、青年票友(包括文武场面)在他家相聚。当晚清唱,伯老和朱作舟先生的公子文鹏君合演了一曲《打渔杀家》,我陪另一位张姓青年唱了一曲《洪洋洞》。我只是凑趣,前演令公,后配八王,纯属里子活儿。

但伯老事后却对菱洲说，你这些能唱的朋友，只有那个姓吴的还有点水平。1951年我到燕大中文系任教，伯老也恰在那里兼课，见到我还依稀记得那次聚会。从此，我便成为先生的座上客，与周汝昌、孙正刚诸君时时出入于承泽园中。

当时我因学校没有家属宿舍，妻儿无处安顿；伯老立即主动提出，把承泽园西北角上一座堆书楼中两间空屋借给我，并且不收分文房租。先生助人为乐从不挂于齿上，仿佛行其所无事，这使我由衷感激。后来先生远居城内，组织一个业余京剧传习团体，我曾屡次前往，得到向他们请益的机会。而伯老则先后亲授我以《二进宫》《天水关》《审头》《七星灯》等戏的余派唱法。后来先生去了东北，从此隔绝了音息。到七十年代，先生如令威化鹤归来，而身体犹算康健。近年我在剧场多次见到先生，但他已记忆迟钝，尽管我自报家门，而先生对我却如雾里看花，似曾相识，始终未获畅谈。今先生已成古人，当年慨允借屋，令我没齿难忘。听到先生病逝消息，心里久久不能平静，又以身在病中，不克亲唁，遂手写挽联一副，托友人送去。上联指先生在香港中华书局出版的《红氍纪梦诗注》，是近、现代京剧重要史料，下联指先生倚声之学足以不朽。而上下联之首字，则先生之别号也。先生女公子名传彩，我初不知，联成后友人见告，可谓巧合。联云：

丛菊遗馨，诗纪红氍真一梦，
碧纱笼句，词传彩笔足千秋。

1982年3月写于北京西郊

回忆顾随先生

顾随（羡季）先生四十年代在辅仁大学和中国大学执教时，我曾去旁听过他的课，那时他还不认识我。抗日战争胜利后，经刘叶秋先生介绍，我同羡老逐渐熟了起来，但毕竟算不上是他的及门弟子。1947、1948两年，我常到南官坊口羡老寓所去拜访他。他很健谈，我一去总不愿让我走。因为我们的话题很多。从唐诗、宋词、元曲、明清小说可以一直谈到杨小楼。1948年我业余为一家报纸编文学副刊，上面曾发表过羡老的两篇文章，一篇是《谈〈小五义〉》，另一篇大约是《谈〈说岳全传〉》。1982年，加拿大叶嘉莹教授决定整理羡老遗著出版，据说只找到一篇《谈〈小五义〉》，我不知道后来另一篇文章究竟是否找到了。

我自1951年即调来北京工作，而羡老不久却到了天津河北大学，因此反而不常见面。记得最后一次，是在五十年代中期的一个暑假里，我回天津时到河大教工宿舍看望过羡老，后来就再没有机会向他请教了。及羡老病逝，他的弟子高熙曾、孙铮（正刚）等同志向我征集羡老遗墨，我就把羡老新中国成立前后好几年里面亲笔写给我的若干封长信扫数寄赠给他们，只留下一个信封作纪念。后来连这个信封也在"文化大革命"中失掉了。七十年代初，熙曾同志还未病重时，我曾向他打听过羡老的这批遗稿；他说仍存在百花文艺出版社，但不敢去要。及至叶嘉莹教授回国，多次寻访此稿，出版社说早已退回。而这时熙曾、正刚先后逝世，已无从追询遗稿下落。所以到1982年，我们几个熟人（由嘉莹召集，请到周汝昌、郭预衡、杨敏如诸先生）晤聚时，这份遗稿究在何处，竟成为难解之谜。及今思之，犹深感遗憾。

当熙曾、正刚两位搜集、整理羡老遗作时，正刚曾来信打听羡老某些诗稿的下落，因为有些诗的题目（这些诗题不知他们是如何发现的）涉及我的名字（如"久不见少若……"之类）。这些诗，虽然羡老从未寄给我，却能说明羡老生前对我是有感情的。羡老的诗词我拜读的不多，但印象最深的是1947年他写的四首七律，曾在报纸上发表。从1947年到1948年，先父和我对这四首诗皆有和章，我还把拙作寄给了羡老。羡老的这四首诗当可从旧报纸的副刊上觅得，先父的和诗在他身后也已发现。只有拙作，仅记起中间两首。现在录此存参：

时晦鸡鸣巷陌骚，
鼎成攀恋堕乌号。
漫夸醉客延醒客，
依旧官曹似马曹。
腥雨蛮风身去住，
清流浊世论卑高。
书生不与封侯事，
独向人间惜羽毛。

钧天乐奏焕龙章，
列号真人众所望。
始信枢衡专少府，

争料道统属庚桑。

仙山失路秦棺朽，

冶女工谗郑袖强。

太息红尘缠欲界，

露华虽重奈骄阳。

  前一首是说抗战胜利后国民党"劫"收大员在政治上的许多腐败使自己不免牢骚愤慨；后一首主要是讽刺蒋政权伪国大竞选时的丑剧，结果出乎蒋介石预料，李宗仁先生竟然当选为副总统。末句以露水不久即会被太阳晒干为喻，暗示反动政权不会维持太长久了。前年我写了一篇回忆小文，说明羡老为我讲解稼轩词的经过，被周一良先生见到了。一良先生随即写给我一封信："近读《学林漫录》，知我兄为叶教授搜集羡季师遗作，是大好事。我藏有《苦水剧作三种》一册，不识已入览否。又我们结婚时，顾师曾赠一联：'臣曰期期扶汉祚，将称艾艾渡阴平。'将来集中如有联语一门，亦可供采摭也。"

  这副喜联上句用《汉书》周昌所说"臣期期不奉诏"一语的典故，下句则用邓艾事，见《世说新语·言语》。周昌、邓艾都因口吃，史臣遂以重言记其语。而一良先生的夫人为邓懿同志，一周一邓，十分巧合，故羡老用以属对。至《苦水剧作三种》，已为嘉莹教授收入羡老遗集。而此联则除一良先生外，他人无从知道。理应表而出之，想荷一良先生同意也。

绛帐依依四十年
——庆贺俞平伯老师从事学术活动六十五周年

1986年1月20日，由中国社会科学院文学研究所主持，举行了庆贺俞平伯老师从事学术活动六十五周年的盛会，到会者有很多学术界知名人士，共达二百余人。院长胡绳和所长刘再复在会上讲了话，对当年向俞老的《红楼梦研究》进行大规模政治性批判做了实事求是的评价，纠正了"左"的偏向，并充分肯定了俞老自五四以来在文艺界和学术界的成就与业绩。我是俞老的学生，对此当然由衷高兴。开会的当天，曾写小诗一首奉献，诗句是：

> 绛帐依依四十年，几番风雨复尧天。
> 蛾眉自古轻谣诼，屈宋文章奕世传。

第一句说我从1945年奉贽师门，至今整四十年；而在这四十年中一直是有来往的。第二句说从1954年以来，俞老经历了几番风风雨雨，到今天终于重见舜日尧天；盖自三中全会拨乱反正，我们正为振兴社会主义祖国的四化建设精进不懈,前景令人欢欣鼓舞的。第三、四句取义于屈原《离骚》:"众女嫉余之蛾眉兮,谣诼谓余以善淫。"拙诗则以为真正的"蛾眉"并未把那些随波逐流散布谣诼者挂在心上,名山胜业不是靠吹捧才站得住脚,也不是靠围剿而砍得掉的,只有让学术事业本身来经受时间的考验。这正如杜甫的名言"尔曹身与名俱灭,不废江河万古流"。俞老是九三学社的元老之一,又是我入社的介绍人,因此《红专》编辑部的负责同志要我写点纪念文字。我一生受老师谆谆教诲,情深谊重,自不容辞。因成此文,以申贺悃。

一、我从俞老问业的经过

1945年初夏,我因病小憩京华,曾随高庆琳兄到辅仁大学和中国大学旁听文、史诸系课程。我在课堂上听俞老讲课,就是从这时开始的。

连续听过几次俞老的课之后,愿执弟子礼的念头油然而生。只缘身在病中,鼓不起勇气去登门拜谒。同年十月,我从燕大辍学,在城中小作勾留。这时我便给俞老写了一封信,表示亟愿负笈从师之意。俞老很快地回了信,并嘱我有暇去谈天,我乃于一个下午贸然晋谒。俞老一见面就告诉我,他刚完成一首新作,那就是著名的五言长诗《遥夜闺思引》。我要求把诗稿借去先睹为快,并表示愿以小楷清写一通,以为赞敬,俞老高兴地答应了。从此我即跻身俞门,忝居弟子之列。同年12月2日,俞老作《吴小如写赠本遥夜闺思引跋》,以志这段师生之谊。谨录跋文如下:

右本吴小如同学写赠,古槐书屋入藏第一。君沉潜秀异,甫逾冠年,于诗文有深赏。乙酉冬孟,惠款斋扉,旨欲问业。于时闲庭拥叶,悄寡欢惊;欣挹清芬,自惭尘陋。斯篇粗就,遽出稿本畀之。中多慷慨之音，缠绵之语，生平怀想，略见其樊。小如三复之，或有忘言凤契，而亮余之草草也。爰嘱小如为清写一过。越数日，书成见惠，点翰轻妙，意惬骞腾，可谓桃琼报贶，冰水凌寒矣。唯兰膏可惜，多费铅华耳，为错他山，敢云识路；启予绚素，深藉君贤。

至同月4日，俞老作第二跋，以拙书赠师母，文中有云："曾有手写多本，分贻友好之说，而劳人匆迫，未能如愿。适吴生来游，书此篇为赘。用笔如蜻蜓点水，致足赏也。即赠筠箱，可为闲时吟寻之一助乎？"四十年来，承师厚爱，奖掖时加，而我学殖荒落，术业无成，缅怀畴昔，愧赧徒增。敬述投师始末，永志不忘。

二、俞老是热爱祖国追求民主的学者

远在1937年抗日战争爆发以前，俞老正在清华大学执教。为了要求当时的国民政府坚决抵抗日本军国主义者的侵略，反对当局镇压广大青年的爱国热潮和以中国共产党为代表的革命力量，当时北平各大学进步教授曾向南京通电呼吁并抗议当局的反动措施，这篇义正辞严的电文即由平伯师执笔起草，我曾亲见当时揭橥于报端的电文全稿。这件事今天已罕为人知。抗战军兴，平伯师因亲老不能南迁，坐困围城之中，处境十分艰苦。未几周作人以伪北大文学院院长身份出任伪教育总署督办，伪北大文学院院长由钱稻孙接替。钱便屡次请平老到伪北大任教，而平老始终不为所动，只接受了私立中国大学的聘书，以菲微的月薪赡养全家。后来伪北大又派人来促驾，邀请平老到日本游览参观，也被平老谢绝。这表现了平老坚定高洁的民族节操。"十年浩劫"中有人内查外调，对平老在八年抗战期间的经历多诬以虚夸不实之词,还有人跑到我这里来搞"逼供信"。我当即实事求是并严肃认真地加以说明。但对其中某些无中生有的揭发材料或对把蚂蚁说成大象的人的证词,则明确地表示了我自己的不同意见。

抗战胜利后,平老到北大任教。九三学社的前身名民主科学社,当时几位发起的老同志曾在平老旧居老君堂南院的内厅中开过秘密会议,商讨民主大计。现犹健在的我社的一些老同志都可以作证。新中国成立以后,每当我在平老旧居侍坐之暇,平老还指点着当时谁坐在哪儿,开会时的细节如何。在"土地改革"、抗美援朝、"三反"、"五反"等运动中,我常去老君堂省谒,发现平老爱党、爱祖国的热情是随时随地迸发流露出来的。作为平老的学生,我不但深受感召,且为有这样一位老师而自豪。

三、从一九五四年到"文化大革命"

1954年,平伯师的《红楼梦研究》受到批判。这样一场看似学术讨论而实际带有政治围剿性质的批判运动,不但非平伯师始料所及,就连很多在高校执教的中老年同志也缺乏思想准备,我自己当然也很替老师担心。但平伯师始终处之泰然,既未消沉沮丧,更不怨天尤人。而且等高潮过后,平伯师还写了自我批判文章,并且对《脂评》进行了辑录,还校勘整理八十回本《红楼梦》,由人民文学出版社出版,更为各种《脂》本写了序言。这说明老人既有自我改造的决心,也有面对现实的勇气。只有到"文化大革命"开始,特别是后来"四人帮"也在高谈"红学"之际,平伯师才绝口不谈《红楼梦》了。有位记者同志报道前曾问过我,我没有说清楚,特地在此声明一下。

在《红楼梦研究》正在受到批判时,学术界出现了一种风气,即一位学者在学术领域中为一件事、一个问题受到批判，则他对其他学术研究方面所持的一切观点也无一不错，似乎都在应受批判之列。比如平伯师讲《羽林郎》一诗，就受到了不公正的指责。我则感到学术问题不应有"株连"现象，曾为此而站出来鸣不平。大致情形已写入拙作《古乐府臆札》中，这里就不细谈了。

从五十年代末到六十年代初，平伯师接受了文学研究所的委托，开始选注唐宋词。在工作进程中，曾嘱我协助查对材料，并允许我阅读了全部初稿。这充分说明了老师对我的信任。此书先有文研所内部排印本，不曾公开发行；到后来正式由人民文学出版社出版时，全书已作了不小增删。这就体现了平伯师治学谨严、精益求精的认真态度。令人遗憾的是，在六十年代初的几年里，为了协助平伯师查阅词选注释资料，老人曾先后寄我有五六十封信（包括明信片）之多。可惜这一批信札手迹已只字片纸无存，这是我无法弥补的损失。

从六十年代开始，我曾陆续写过一些读书札记之类的小文，都送呈平伯师批阅过。老师对学生的要求是一丝不苟的，凡不同意的地方都提出了他的看法，却又不勉强我逐一照改。我从中真正体会到什么是学术上的宽容和培养后进的正确途径。

"文化大革命"骤然间掀天动地而来，我很快就被打入"牛鬼蛇神"行列而受到管制。而平伯师则被隔离审查，根本不许回家，师母也由旧居的南院被撵到东北角跨院的两间破屋中居住。从1966年到1970年，我冒着大不韪共去过三次老君堂。第一次平伯师正被隔离，我只见到了师母。彼此简单说了一下近况之外，我劝师母千万珍重，但师母更多的是不放心老师的处境。我告辞出门时还遭到一群小学生边扔石头边叫骂的"警告"。第二次去时，平伯师已允许回家居住。我被老师拉到里间屋中，悄悄告诉我："有些事你师母还不知道，你就不要多问了。"可见在患难之中，两位老人相依为命，一面彼此分担感情上的沉重负荷并从对方得到慰藉温暖，一面却又各自怕对方承受不住更多更大的压力和折磨而彼此尽量濡忍着内心的痛苦。从我自己在家庭中的体会和所看到的老师、师母的互相体贴中，我深深感到，在"十年浩劫"里，如果有一位真正替自己分忧的老伴，无形中就会给自己增添了活下去的勇气和信心。我第三次到老君堂是从江西干校回京探亲的那一次，已是1970年夏天，才知道两位老人已于1969年冬同赴河南，去接受贫下中农的"再教育"了。直到平伯师重返北京迁入永安南里，我才又同老师、师母见面。

四、一代师表

俞老生于清末光绪己亥年，今已望九高龄。但多年来一直著作不辍。仅由我代中华书局《文史》《学林漫录》和《文史知识》等刊物所约文稿，发表了即近十篇。旧印本《古槐书屋词》，已由师母健在时重新手写影印出版。前年上海古籍出版社出版了由俞老手订的《论诗词曲杂著》。近年来更由天津孙玉蓉君协助，辑录成《序跋集》《旧体诗钞》两书，亦均付梓人。老人不但神明不衰，而且精神矍铄。我在教学或读书中每有疑难，辄往求教，老师虽体弱多病，步履不便，却始终谆谆指点，诲我不倦。篇首所题首句，盖纪实也。

清人戴震治朴学，从考据训诂入手，进而阐明义理之学，立论每多精当。而俞老平生治学，亦承曲园公家学，主要是通过考据训诂，以求得对辞章的正确理解和深入欣赏。这样的治学途径，正是我所仰止并始终遵循的。但我以为，更值得我学习的还是老师的清风亮节和他老人家的高深修养。俞老一生，平易冲和，仁蔼可亲；但出处之间，从不作无原则的迁就。对世俗之毁誉，往往一笑置之。我生性褊躁，每不能容物，老师亦屡以婉辞规戒，惜我积习难除，深愧吾师所期望。此文特聊表微忱，诚不足以达沐化之情于万一。谨祝吾师健康长寿！丙寅雨水节写讫。

听赵树理同志讲课

晚报近时连续发表了几篇回忆赵树理同志的文章，这使我回想到1951年在燕京大学听树理同志讲课的情景。

1951年秋我初到燕大中文系任教。系主任高名凯先生因参加"土改"，系政由林庚先生暂时主持。林先生请来树理同志和李伯钊同志等到燕大兼课，树理同志主讲民间文艺。我是树理同志作品的忠实读者，自然不放过听课机会。

树理同志出城讲课只有两三次，后因事忙，便由沈彭年同志接手代讲。短短的几次课却使我留下永不磨灭的印象。他讲课没有多少理论，只劝同学们学好《实践论》，大部分时间是介绍作品，又以介绍流行于山西老根据地的民间创作为主。记得他讲到一首民间短诗，写"土改"前农民生活穷困、一贫如洗的苦况，全诗只有三句十二个字："一门一窗，一口水缸，人起炕光。"树理同志朗诵后并未加以评论，但听讲者无不感到这是一首精粹凝练到无以复加的好诗。不少人听到这首短诗后很快就加深了对民间文艺的好感，认为太值得学习了。我以为这就是树理同志的"无言之教"。

树理同志还当场表演，边讲边唱。他曾介绍过一个传统曲艺节目，也是流行在山西农村的，故事情节大约是一个忠臣被奸人陷害，多亏朋友家的老仆人跑来给这个忠臣的母亲报信。曲词是三、三、四的格式，前六字是老太太的问话,后四字是老仆的答词,树理同志在介绍时一个人同时唱双方词句,表情、语气截然不同,感染力极强。最后收尾处描写这位老太太昏厥过去,全家人包括送信的老仆同声呼叫:"快醒来,快醒来,快快醒来!"尽管词句雷同,树理同志却唱出不同声调,俨如一伙人围着她用各自不同的声音在喊醒这个失去知觉的老人,使听课的人屏息凝神,大受感动。我感到树理同志是把这些民间作品吃透了,才产生这样精彩的艺术效果。

此后我也听过一些曲艺演员和专家讲这方面的课,却再也得不到如此强烈的艺术感受了。

梁漱溟先生的高风亮节

梁漱溟先生以九十五高龄遽尔与世长辞，的确是国家民族的重大损失。他光明磊落的一生应当是中国知识分子的骄傲。遗憾的是，就在梁老逝世后不久，竟有人在某报刊上借悼念梁老为名，把老人比作堂·吉诃德。意思说梁老毕竟是时代的落伍者，是儒家学派的殉道人。在西方，在世界文坛上，堂·吉诃德当然还不是反面人物形象，但这个艺术形象却包含着贬义的内容，如落伍、愚昧等。用这个形象来比喻梁老，是非常荒唐而不恰当的。

事实上，说这类话的人并不止一个。在梁老生前，他们之中有的人曾到处向人吹嘘他是梁老的学生，倚师名以自重；而在梁老身后，却比拟不伦地来评价梁老，意在否定梁老的治学与为人。我认为，这样的人比孟轲所鄙薄的"师死而遂背之"的陈相还不如。他缺乏一个中国知识分子起码的人格。

我对梁老了解得不多。但四十年来，至少有三件事足以体现梁老的高风亮节。一是五十年代梁老受到了暴风骤雨式的批判，这有《毛选》第五卷为证。这只是美其名曰"批判"，其实比打不许还手、骂不许还口还厉害，即只许别人上纲上线扣帽子，而自己连一点申辩的余地都没有。然而梁老顶住了，走过来了，梁老依然是梁老。二是七十年代所谓"批林批孔"

阶段，梁老始终不屈服于江青之流的淫威，在处境更为艰难的条件下又一次顶住了，而且更加从容不迫地走过来了。人们这时才逐渐认清梁老的为人和他忠于信仰、忠于学术的高贵品质。三是从十一届三中全会以来的近十年，梁老的爱国言行表现在积极参政议政，尽量参加学术活动，整理自己的各种著作，直到弥留之际还劝远道来访者应当"顺应时代潮流"。这充分说明梁老是一位具有明确是非感和正义感的学者、哲人。如果让那位把梁老比作堂·吉诃德的先生来经受一下梁老一生所经历的遭遇，天晓得他会表现得怎么样!

　　我认识梁老是由袁虹叟先生介绍的，同老人谈话的次数并不多。梁老对晚学后进的态度是：从不以长者身份骄人，相反，始终以平等关系待人，以理服人，以道义感人，"仁义之人，其言蔼如也。"不像有些人自命为老作家、大学者，随时随地自我吹嘘，不把别人看在眼里。这里我只想举两件小事：其一，一位知名度不高的画家虚心向梁老求教，梁老竟不辞辛苦，坐着轮椅亲自参加这位画家的画展开幕式；其二，袁虹叟先生比梁老小十五岁，我比袁老小十三岁，我的学生诸天寅又比我小十六七岁。对梁老来说，我们都是他的后辈。但我们每次或分别或联袂去拜访梁老，老人必定要亲自把我们送到大门口。送客是常情，也可以算是小节，但从而可以看出主人的真诚坦挚或虚伪敷衍。梁老的送客是一丝不苟的，其待人以礼完全出于极为可贵的诚挚友情。记得我曾去拜访过一位知名度较高的人物，他也送我出门，但在我向他躬身致意时，他已掉头入内，等我抬起头来，他早把脊背朝着我，随即砰地关了大门。我想这样送客的方式无异于逐客。

　　我以为，我们应该向梁老学习的，不仅是他的忍辱负重和处逆境时能顶住的涵养，而且是他对人的博大宽容，对己的坚定自信。

俞平伯先生和夫人

1990年1月4日，即农历己巳年腊月初八日，是俞平伯先生的九十大庆。这一天，虽是严冬，天气晴好。平伯师的子女们假座贵阳餐厅，设便宴以祝嘏。我有幸参加此次盛会，心情十分激动。作为老寿星，俞平老当天并没有考究衣着，依然中式棉袄棉裤，同来祝贺者一一寒暄。有人送给平老一方图章，上刻"平伯九十所作"，平老笑着对他年逾八十的内弟许揆若老先生（宝骙）说："等你九十岁，我也送你一方。"我自己则专诚请天津篆刻家卢善启先生刻了两方图章："平伯长寿"和"千秋事业在名山"，在平老生日前几天亲自送到家中。那天平老非常高兴，看着这两方图章说："九十岁也算长寿了，这厚谊我领情；只是说我写的东西是'名山事业'我怎么敢当！"事后听说平老在祝寿人签到的册页末尾，还用他颤抖的手写了几行跋文，并盖上了"平伯长寿"的图章。作为立雪俞门达四十五年之久的弟子，我感到骄傲。四日午宴结束，平老的曾外孙韦宁骑着自制三轮车送平老回家。我从对面便道上望着平老袖手坐在车上的身影，不禁想：谁能知道这位慈祥朴素的老人家就是五四时代的诗坛健将呢！

1945年春，我在北京养病，曾偕亡友高庆琳兄遍往中国大学和辅仁大学听课（其实是偷听）。我听过俞平老讲"孟子""杜诗"和"清真词"，拜师之念油然而生。同年晚秋，我写信给平老，请收我为弟子。蒙平老俯允，我乃以手写平老当时新作五古长诗《遥夜闺思引》一通作为贽敬，正式受业俞门。1947年入北大就读后，我一直听平老授课。因我与平老的哲嗣润民兄同庚，又加上几十年的师生情谊，我始终以事父之礼事平老。1954年文艺界轰轰烈烈展开了对《红楼梦研究》的大批判，有两件事我记得最清楚。一是全国文联在总布胡同开第一次批判会，休息时平老径自退场，没有把发言听完。我立即感到这是他无声的抗议。二是在北大中文系开完批判大会后，我探知第二天将有更大规模的举动，便于当晚打电话给平老（也算"通风报信"吧），既表示慰问，也希望先生有精神准备。平老在电话中说："你放心好了，我不会有事的。"后来听一位平老的熟人说，他当时正坐在老君堂平老的客室中，知道是我打去的电话，便对平老说了一句："吴小如总算有良心！"当时我还有个"欠通"的想法：即使平老研究《红楼梦》出了问题，难道平老一生做学问都错了？所以曾在公开场合为平老对《羽林郎》的讲法进行辩护。可是山雨已来，风势撼楼欲摧，连我一向尊敬的几位老一辈的专家学者，都在为他们曾经写过的这样那样的文章而进行自我批判，我才第一次感到当一名知识分子可真太不容易了。

新中国成立以前，俞先生会客一直在老君堂外院，即所谓"古槐书屋"。所以我一直未能拜见师母。新中国成立后，外院由别人借住，平老便在里院西厢房会客。老君堂里院的四合院是以南屋为上房的，平老和师母住南屋里间，同时也是书房；外面两间打通的堂屋就成为起居室和会客的地方。就我所知，在刚解放时，平老在上房堂屋中所接待的客人只有叶圣老等几位老友。在学生一辈人中，仅我和华粹深先生（后来又多了一个王佩璋）可以升堂直入。有时师母兴致好，也出来同我们闲谈，我从这时才得拜见师母。师母姓许，名宝驯，字莹环，晚号耐圃，长平老四岁。平老和师母是由表姐弟作亲，从小青梅竹马，婚后六十余年伉俪情笃，这有平老晚年长诗《重圆花烛歌》为证，无俟我再赘言。1986年，中国社会科学院文研所为平老开了祝贺与平反的座谈会。不久以后，平老就让他外孙韦奈撰写一篇纪念师母的文章。韦奈在文中引用了平老的话，大意是："不要只写我，要写写你外婆。"师母八十岁诞辰时，我曾写了一副寿联祝贺："百年寿母徵人瑞，六月蘘荷溢晚馨。"当时平老和师母都很高兴。不想到了1982年，师母就病逝了。到1986年，我想，这时平老既已公开得到平反，当年批判《红楼梦研究》的旧事总算一笔勾掉，老人自然会想到同自己患难与共的老伴，于是通过外孙的回忆来告慰师母的在天之灵。因为当时平老已很少亲自动笔写文章了。

在我的印象中，师母是一位慈祥、谦逊、待人热诚而又疾恶如仇的老人，我对师母的尊敬丝毫不减于对平伯老师。平老一生写诗填词做文章，师母总是第一位读者。这是人生最难得的幸福。除了对诗文有同嗜，无论是读书写字，以及唱昆曲、打桥牌，老师和师母都有着相同的兴趣。两位老人的共同语言真是太多了。六十年代初，平老陪师母到长安戏院看俞振飞、言慧珠的昆曲，我和妻也去了。我俩想把较好的座位让给平老和师母坐，可是师母坚决不肯换座。我既感到不安又深佩师母的清介。1966年"文革"风暴已起，平老被留在文研所不许回家，我冒着风险第一次走进老君堂。在与师母短暂的谈话中，师母除了表示对老师的牵挂和焦虑外，更多的，也是她最气愤的，乃是说到有些为人子女者竟然在此一发千钧之际同父母划清界限，有人还亲手打了祖母的嘴巴。我这才从这位慈祥而热诚的老人身上感到了她的明辨是非的凛然正气。我第二次去老君堂，平老已允许回家，拉着我悄悄进入里间，告诉我一些情况，并说："怕你师母着急，这些我都没有对她说。"就在那一次，尽管平老已受尽折磨，却向我打听："你知道知堂老人（指周作人）的消息吗？"我立即感到，老师确是一位笃于风谊的人而自愧弗如。我只好坦率地承认："我有胆量冒风险来看您老人家，可是我确实没有更大的勇气去看知堂老人。"平老点点头，不再说话了。

平老和师母在河南下放期间那一段相濡以沫的经历，因不掌握第一手材料而没有发言权，这里不说了。师母逝世后，平老卧室中的窗帷至今永远是半掩半开，因为那正是师母临终时的现实景象。在我的师友中，我目睹这样笃于伉俪之情，除平老外还有启功（元白）先生。迄今为止，元白室中所挂的日历永远是多少年前的那个日子，即使元白乔迁后也还是那样。因为元白的夫人正是那一天病逝的。

平伯师是身经五四新潮而岿然挺立的鲁殿灵光。在为他祝寿的时候，我自然而然想到了与平伯师同甘苦共患难六十余年的耐圃师母，故在此小文中聊表寸心微意。我想这也还是符合平伯师心意的吧。

1990 年春节后作

师恩没齿寸心知

——悼念沈从文师逝世二周年

我认识沈从文先生，是林宰平（志钧）老先生介绍的。那是1946年，先生刚从昆明回到北大的时候。恰巧就在林宰老的家里，我第一次见到从文先生，而且很快就成为沈门弟子。从此，先生为我改文章，并四处推荐使我的文章得以发表，终于把一家报纸的文学副刊交给我编辑，让我有更多实践的机会。先生就是这样提携、鼓励和培养一个青年学生一步步走向成长道路的。新中国成立以后，我曾因教课中遇到疑难两次写信给先生，先生每次都不厌其详地写了长达五六页的回信，用毛笔作章草，写在八行彩笺上，密密麻麻写得纸无隙地，仍一如既往觌面清谈那样，娓娓不倦地解答我提出的问题。其中最精辟的意见就是教文学史必须对古代文物有足够知识，不应只靠文字记载。可惜这些有文献价值的信件（包括多年来朱自清、俞平伯、林庚、吴晗诸师长甚至知堂老人的来信），都在"十年浩劫"中无可弥补地化为灰烬，连只字片纸也靡有孑遗了。八十年代初，我在阔别二十多年后专诚去拜望了从文师，畅谈四十分钟，辞去时心情久久不能平静。为此还写了一篇题为《我又见到了沈从文先生》的短文，发表在香港《文汇报》上。后来美国《华侨日报》转载了，朋友从海外把剪报寄给从文先生，先生随即写信告诉了太原的常风先生。看来先生对我并未忘记。而我却从那次以后,再没有见到先生,只从萧离同志和荒芜先生那里不时打听先生的健康情况。我主观上总怕人去多了会影响先生病体休息,终于一拖再拖,实际是一误再误,没有去看他。直到前年先生病逝的次日,吕德申兄匆遽来告知这猝然发生的意外噩耗,我才感到这是又一件无可弥补的憾事。我当即赶到先生寓所,带着忏悔心情向遗像深深鞠躬行礼,心里默默自责:"先生,宽恕我吧!"

远在半个世纪前,我已是沈从文先生的崇拜者。1941年我在天津工商学院会计财政系当本科生,由于对课程毫无兴趣,上课只偷看小说。当时林宰平老先生因避寇隐居天津,寓所同我的住处只有一街之隔,我乃有机会经常拜谒宰老。有一次偶然对宰老谈起,上课时因私看《湘行散记》着迷而被教师察觉,宰老立即说:"原来你爱看从文的书,等将来我给你们介绍。"随后宰老便谈到从文先生初到北京时住在一家小公寓里,不时向报刊投稿,署名"休芸芸"。宰老发现文章很有才气,便千方百计找到从文先生住处,亲自看望了这位青年人。后来听从文师说,宰老对他早年的提携和支持,以及经济上的帮助,使他没齿难忘。所以从文师1946年一回北京就打听到宰老的寓所,立即前来看望,也就是我遇到从文师的那一次。从文师对宰老的尊敬爱戴,足为我们后辈楷模。而他对青年人的提携、鼓励和培养,固然出自本心;但我想,这里面也有继承宰老热爱人才、热爱青年的因素吧。

我第一次把文章寄给从文师,是一篇全面评论冯文炳先生作品的长文,题为《废名的文章》,后来发表在天津《益世报·文学副刊》上。文章发表的前夕,从文师把原稿退给了我,上面布满先生亲自用红笔增删涂改的墨迹,并有剪贴拼合处。同时附来先生的亲笔信,说明为什么要这样改,末尾还有"改动处如有不妥,由弟(先生自称)负责"的话。原稿和来信早已无存,幸好这篇文章至今还保存着先生修改过的原貌。过去我曾有意模拟先生的笔调写文章，总感到貌既不合，神更不似。自从有了这份改稿，顿使我明白了许多。但真正使我受益的却是先生在同我两次闲谈中教给我写"沈从文体"的两个所谓"诀窍"。一是文句中尽量少用"的"字。先生后期写的论文，这一特点尤为明显。有时一个句子长达几十字，却只用一两个无法再省的"的"字来连接，从而使我悟出文笔朴质简练的道理。二是先生的小说中主人公往往只有一男一女，而在先生笔下却经常用全称、泛称来代替特称。如称男主角为"男人"，女主角为"女人"，而不用姓甚名谁或张先生、王太太之类。先生说："小说里一共就是两个人，你只说'男人'和'女人'，读者自然知道是谁，何必浪费笔墨编出个张三、李四来！"果然，有一次我写散文，竟写出"女人有个妹妹"这样一句话，好几位熟人都说，这有点沈先生的味道了。

林宰老是1960年病逝的。1963年，从文师为宰老遗著《北云文集》写了跋文，开头一段略云：

宰平先生逝世已三周年，他的温和亲切的声音笑貌，在熟人友好印象中，总不消失，还和生前一样，大家谈起时，感觉几乎完全相同。宰平先生并不死！他做学问极谨严、认真、踏实、虚心，涵容广大而能由博返约。处世为人则正直、明朗、谦和、俭朴、淳厚、热情。在解放后，高龄已过八十，精神思想犹显得健康敏锐，闪耀着青春的光辉。……这一切，不仅仅使得他的朋友、学生怀着深刻的敬爱，而且……对于有较多机会接近先生的晚辈，更形成为一种长远鼓舞向前向上的力量。……

从文师离开我们倏已两年，重温先生旧文，宛如夫子自道。我在感激和悼念先生之余,抱着无限遗憾的心情,写下这篇为时已晚的小文,并且说:"从文先生并不死!"

1993 年 3 月第三稿写讫

哭平伯师

今年1月4日是俞平伯先生九十大庆。子女们为老人祝嘏，曾在一家饭庄设便宴款待至亲好友。我作为一名旧门人，这次寿筵亦忝陪末座。那天午宴结束，我陪先生一同乘电梯下楼，在餐厅门口话别，然后立便道上目送老人乘上三轮车，由他曾外孙韦宁骑着飞奔回寓。那天先生情绪很高，与络绎不绝来祝寿的人寒暄，有时还说几句笑话。我想，先生这样健康而乐观，超过一百岁是不成问题的。

这时先生的《旧体诗钞》已由四川出版。3月间，先生嘱师姐俞成打电话来，约定某日让我到先生寓所，准备送我一册《诗钞》。不想老妻患病，届时我无法分身，只好通知俞成，把时间推迟。未几我自己也生病，眨眼就是一个月。4月21日，我在一个会上听说俞平老再度中风，已经住院，我大吃一惊。当晚便打电话询问，才得知老人不愿住院，只在家卧床静养。我于次日（4月22日）上午到先生寓所探视，正值先生哲嗣润民兄在家陪侍。据润民谈，前几天老人病情较险，这两天稍趋稳定。刚才老人还醒着，这会儿睡着了。过了不到半小时，润民进去看了一下，说先生醒了。我便走进卧室，在床边问候先生。润民对着先生右耳高声说："小如看您来了，他是吴小如！"先生面对着我凝视良久，终于认出了我。但我清楚地看到老人两眼充满泪水，显然先生这时动了感情。我不敢流露丝毫难过的意思，只说了句"先生保重"。这时先生抬起眼光,望着我身后的书架。润民登时明白,说:"《诗钞》已送给小如了,您放心吧。"先生用微弱的声音说:"盖图章了吗?"我连忙打开扉页,一颗鲜红的印章已印在上面,润民和我同时说,图章已经盖好。这时润民让我落座,我说:"我不打扰先生休息,还是到外面坐吧。"先生对润民说:"你陪陪他!"我向先生深深鞠躬,然后走出卧室。润民说:"你来了,老人家居然清醒了,这是几天来少有的现象。"此后我怕影响先生休息,只打电话询问而没有再去探视。一度听说先生病情稳定,我不免掉以轻心。没有想到这就是我同先生最后一次的晤面和谈话,今后再也听不到先生的谆谆教诲了。

先生于 10 月 15 日午间 12 时 55 分病逝于寓所,享年九十有一。临终时平静安详,幸无痛苦。子女遵照老人遗愿,次日即将遗体火化,无任何仪式。一代大师,就这样溘然与世长辞。五四时代的老人今天健在者已寥若晨星,而平老作为新文学运动参加者之一,身后乃如此寂寞冷落,真有点出人意外了。

其实先生自 1982 年师母病逝以来,心情一直很寂寞。先生一生,遇大事则写日记,而日记的唯一读者就是师母。自师母病故,先生曾在日记中表示,今后再写日记,写了给谁看呢?从而可以窥知老人内心的孤寂……然而,我想,先生的高风亮节和等身著作,已足以昭示后人;以先生平生的豁达大度,即使身后寂寞冷落,泉下有知,当不会像我这样感到遗憾。先父玉如公于"十年浩劫"中曾有佚句云:"姓名何假人传说,寂寞之中自有将。"如为先生诵此二句,先生在地下或亦当首肯也。

1990 年 10 月,写于平伯师逝世后第八日

缅怀老友华粹深先生

时光飞逝，粹深先生转眼已逝世十周年了。他对我国的文化艺术事业，特别是对戏曲事业做出的重大贡献，已为世所周知，无须多说。他培养出来的弟子，目前已成为国家各条战线上的骨干力量，这也是有目共睹的。我只想回顾一下我对粹老为人方面的一些认识。

粹老为人谦虚，对事业、工作认真而充满热情，与朋友交则正直而慷慨，培养青年一代更是不遗余力，鞠躬尽瘁。这都是值得我们学习的好品质，好作风。

粹老长我十三岁，是我中学的老师陶光先生的同窗，本该是我师辈。但由于粹老和我都是俞平伯先生最亲近的学生，他从认识我的那一天起便把我看成同辈人。几十年来，他无论想写什么、做什么，只要同我见面，总征求我的意见。他那虚怀若谷的态度使我感动得不能不把自己的看法真诚相告。但他看问题又极有原则性，爱憎分明，从不说不由衷的话。他早年写的《听歌人语》，可以称得上是董狐的直笔。近时有人责难我专爱"挑刺儿"，以致"结怨"太多；也有人恭维我敢说真话。其实我心目中却有一个学习的榜样，那就是华粹老。当初《听歌人语》附在粹老的《剧作选》后面问世时，他的弟子们怕有些文字发表出来得罪人，便做了一些删节。成书后又发现错字太多。因此不少戏曲界的同行们希望把《听歌人语》全稿抽出来单印一本小册子。这一点希望有关方面的同志能予以考虑。这一批短文不仅有史料价值，而且足以见出粹老的"史识"。

粹老热爱戏曲事业，把一颗心整个扑在上面。记得五十年代，粹老整理的《秦香莲》剧本刚出版，刘乃崇先生就亲口对我说："如果华先生没有对戏曲的一腔热情，真正热爱它，是整理不出这样水平的剧本来的。"可见这是干我们这行的同志们的公论。

我和粹老都收藏唱片，但他取舍极严，几乎所藏都是精品。有时在同好之间互通有无。有的人总是把自己不想要的送人，而粹老却总爱成人之美，把别人想得到的珍品毫不吝惜地奉献出来。从这样的小事就可看出粹老的为人是多么慷慨！遗憾的是，他几十年的心血在"十年浩劫"中都化成灰烬了。

粹老是一位多才多艺的人。他写的小楷，作的骈文，都深受俞平老的赏识，而这方面大家知道的却不多。在他病危前，坐在轮椅上还给学生讲课，大家记忆犹新。他的逝世，不仅是国家、社会和青年一代的损失；我作为老朋友，在精神上也感到失去了一根有力的支柱。总之，对粹老的怀念之情是无穷无尽的，说也说不完。

追忆俞平伯先生的治学作文之道
——为悼念平伯师而作

1990年10月15日中午12时55分,平伯老师安详地走完了他九十一年的人生道路,平静地离开了我们。我得到消息立即赶到先生寓所,在安放遗体的床头深深行了礼。这是对老师最后一次行礼了,我止不住流下了眼泪,哭出了声音。敬爱的先生(我一向称呼平伯老师为"先生"的),您安息吧!

《文史知识》编辑部的同志要我谈谈平老的治学之道,说用这样的方式来寄托哀思似乎更好一些。我从平伯师受业四十五年,甫入师门,先生即视我如子侄辈,师生之间共同语言是很多的。平时读书授课,遇到疑难,或者写信,或者面谒,先生几乎总是用三言两语就把问题解决了,因此我竟很少考虑到先生何以能如此简明扼要地为自己决疑解惑的。先生晚年,由于多病,每逢有客在座,总是听人谈话时多,发表意见时少,要想窥知先生对某一问题的看法就更不容易。我觉得,写这样的文字要比追忆先生的音容笑貌而写一篇悼念文章困难多了。

这使我回忆起1985年春天偕《文史知识》编辑部两位青年朋友同去采访先生的一段往事。当时编辑部早就想请平老写一篇谈治学之道的文章。考虑到先生年事已高,又因中风后执笔不便,于是决定派人采访,由先生口述，然后整理成文。但青年朋友同平老不熟，不便冒昧造谒，便求助于我。所以那次采访我亦在座，而且根据平老所谈整理成文后，也是由我审读校订的。这次检出这篇发表在1985年第八期上平老的遗作，重新反复披诵，感到这是先生晚年十分重要的一次谈话（或说一篇文章）。我现在所写的这篇拉杂零乱的小文，不过是先生的那篇遗作一个注解罢了。

回顾先生前半生，大部分时间是在大学的讲坛上度过的。直到1952年院系调整，先生才潜心从事研究工作。当年在各大学里所开的课程，自群经以至于诗词小说，范围相当广泛。清人治学，强调义理、考据、辞章三者不可偏废。说先生是辞章专家，自然人无异说；但若称先生为思想家或考据家，则人或有疑焉。其实先生之于义理与考据之学，不仅功力勤劬，而且多有创见。我在课堂上就听过先生讲授《论语》《孟子》诸专书。七十年代，先生同我曾谈及《论语》"樊迟请学稼"一章，认为与《论语·宪问》中"禹稷躬稼而有天下"一章同义。其说实发前人所未发。并由此谈到禹、稷、颜回"异地则皆然"的道理，先生更举辛稼轩词以诸葛亮、陶渊明相提并论为例证，使我得到极大启发。足见先生之邃于义理之学。先生于史书虽未开过专门课程，但论东坡《念奴娇·赤壁怀古》"羽扇纶巾"句认为不指诸葛亮而应指周瑜，说稼轩《菩萨蛮·书江西造口壁》而涉及宋人南渡史实，皆具高见卓识。先生早年著《读诗札记》，于《毛诗》之外旁及三家诗；晚年注释《唐宋词选》，考订典故出处亦极谨严缜密，不少引文都是听先生嘱咐由我亲自代查第一手资料，然后反复写定的。足见先生之邃于考据之学。然则先生治学的态度与途径，究竟该用什么话来概括呢？我想，在上述的先生那篇遗作中所援引的司马迁的话："好学深思，心知其意。"用来涵括先生一生的治学方向，是再贴切不过了。夫真正"好学"者必博览群书，这在今人已难做到；至于"深思"而能"心知其意"，则不仅求与古人著书原意相合而已，许多创见新解，实必皆从此出。如我曾屡次引用先生在北大课堂上说过的话："古人的诗文，有'写'出来的，有'作'出来的。"闲闲两语，囊括古今，等于给所有的作家的创作实践做了极精辟然而又极浅显的总结。执此以探研古往今来的名家名作，则无往而不适。这才是真正的"心知其意"。

先生早年所著诸书，我大抵通读过。只有一部分诗论之作，从未辑入集内，因此也迄未寓目。最近浙江人民出版社拟印先生全部诗稿，诗论部分亦一并采入。主编同志嘱我撰序，把全部书稿送来供我阅读，这才算补上了这一课。结合这一部分新读的文章，并通过四十余年立雪师门的感性认识，我以为先生做学问有三个特点。一曰"不苟同"。这不仅表现在对时贤或门弟子的观点见解不轻易随声附和，就连对先生夙所尊敬的老师，二十年代初期的周作人，也持"吾爱吾师，吾尤爱真理"的严肃态度。如先生在1922年4月发表的与周作人论诗的公开信（见《诗》第一卷第四期）即是如此。这封信里凡有不同意周作人观点的地方，都一一进行了阐释驳辩。又如五代词人冯延己，今人多从新说径作"冯延巳"，先生撰写《唐宋词选》初稿时亦从之。后来人民文学出版社正式出版《唐宋词选释》，先生却把"巳"字又改回"己"字。这过程我是十分清楚的。从二十年代初的公开信到八十年代初的对词人名字的考订，半个多世纪以来，始终体现了先生治学"不苟同"的精神。但不苟同并不等于固执己见或主观臆断，先生做学问的第二个特点恰好与第一个特点形成了辩证的对立统一，即一切服从真理，从不坚持己见。就连我们做学生的某些意见，只要言之成理，先生也都认真考虑，从不饰非护短。先生讲《羽林郎》，对于"不惜红罗裂"一句的"裂"字，多年来一直坚持讲成与《怨歌行》"新裂齐纨素"的"裂"字同义，并引杜甫的《白丝行》"裂下鸣机色相射"为证。但到晚年，主动修正此说，认为自己从前的讲法不确。可是对于全诗的理解并未改变看法，于末句"私爱徒区区"仍不从俗说。可见先生的不苟同与不坚持己见正是一种正确的治学态度的两个侧面。有一次先生对我说:"《唐宋词选释》中有一处欠斟酌,应从施蛰存说。李煜词:'窗外芭蕉三两窠。''窠'与'棵'并不相同,应解为'簇'。施说是。再版时应当改过来。"施先生因听过平老的课,多年来对平老始终执弟子礼,而平老则不以老师的身份而自居人上。相反,对施先生的意见倒体现出老人从善若流的美德。老一辈学者的这种谦挹态度实在值得学习。

先生做学问的第三个特点,我以为,也是最难做到的一点,即"能宽容"。能宽容的表现方式不一,不好议论人之长短,不随意臧否人物,正是"能宽容"的一个很重要的侧面。我于侍座之际,每好评论时贤道德文章,先生如不喜之,即沉默不语,亦无表情。我只要见到先生如此,便立刻更换话题,先生随亦改容相待。这种无言之教对我无疑是一种针砭,我当终身铭记不忘。自1954年以来,由于《红楼梦研究》的问题,在全国范围内,先生受到铺天盖地而来的批判与冲击,这在常人是无论如何也招架不住的。然而三十多年间,先生对这件"大事"从未在私下谈起过,也从未因此流露出任何委屈和不悦情绪。先生的这种豁达胸襟和在学术上所采取的宽容态度几乎是无与伦比的。

在我的记忆中,先生只有两次对别人的称誉加以否认。一次是有人称先生为"红学家",先生不同意。先生说:"我做学问并不专主一门,怎么说我是'红学家'!而且研究《红楼梦》是否能称'红学',还值得考虑和商榷。"后来先生的哲嗣润民兄也谈到这个问题,他说:"说我父亲是'红学家',实在把父亲的学术成就贬低了。父亲一生做学问,岂止研究《红楼梦》一个方面!"我以为这话很对。先生对于群经,对《文选》和六朝骈文,对古典诗歌,对唐宋词,特别是对周邦彦的《清真词》,以及对于小说戏曲,无不具有精深独到的见解。他的著作也不仅限于《红楼梦》一个方面。说俞先生是"红学家",实在有点片面,确实把先生学术成就的范围缩小了，因而先生的学术地位也被贬低了。所以先生不同意是有道理的。然而不可否认，先生对《红楼梦》的研究确有特殊贡献。按《红楼梦》前八十回和后四十回区别对待，是先生早年治《红楼梦》的一大业绩。先生在1985年对《文史知识》的两位青年朋友的谈话，可以代表先生晚年对《红楼梦》（包括对所谓"红学"）的看法：

> ……我看"红学"这东西始终是上了胡适之的当了。胡适之是考证癖，我认为当时对他的批判是击中其要害的。他讲的"少谈些主义，多谈些问题"，确实把不少青年引入歧路，"多谈些问题"就是讲他的问题。现在红学方向就是从"科学的考证"上来的；"科学的考证"往往就是烦琐考证。《红楼梦》何须那样大考证？又考证出什么了？……
>
> "好学深思，心知其意"的原则在这里也是适用的。对《红楼梦》，既不好学，又不深思，怎么能心知其意呢？《红楼梦》说到天边，还不是一部小说？它究竟好到什么程度？不从小说的角度去理解它，是说不到点子上的。

最后两句话，我以为确实是说到"点子"上了。

1990年1月4日（即农历己巳年腊月初八）是先生九十寿辰。我提前几天曾到寓所去看望先生，在闲谈中先生同我谈到了《红楼梦》。有两点看法与先生以前的见解是不尽相同的。一是《红楼梦》的价值并不像现在有些人吹捧得那么好，那么高，其中还是有不足和可议之处的。二是《红楼梦》在流传的初期长时间没有刻本，封建统治阶级也并不欢迎它，一度甚至还有被禁绝的危险；可是后来突然冒出了刻本，即现在通常所说的"程甲本"，而这个本子却不是八十回而是一百二十回。由"程甲本"而"程乙本",中间的距离也并不长。可是这个刻本一问世立即不胫而走。因此先生怀疑,这个百二十回的刻本乃是"钦定"的"官书",它已得到封建统治阶级的认可。这两点,可以说是先生对《红楼梦》最后的也是最新的评价,所以我不惮烦地在这里把它们记述下来。

还有一次,是我在写《俞平伯序跋集》的序言的过程中,先生对我说:"有人认为我写文章受晚明小品影响,这与事实不符。大家都知道知堂老人曾大力提倡晚明小品,我是知堂的学生,于是人们认为我写文章也是晚明一派了。其实这是不虞之誉。我虽整理过《陶庵梦忆》和《浮生六记》,但我自己写文章毋宁说是受六朝骈文的影响。因为我确实学过也写过骈文。"先生在1985年的那次谈话,也提到了写文章的经验。他归纳为四句话:"文无定法,文成法立;声入心通,得心应手。"这四句话我在四十年代初谒师门时即已听说,可以说是先生一生创作理论的一个总纲。先生对两位青年朋友说:"这四篇文章我并没有做成,而且恐怕永远也做不成了。"我则以为,这十六个字已经把写文章的道理概括无遗,根本不需要另费笔墨了。如果我们根据这十六个字掉转头去仔细研究先生的创作道路,并总结先生对文学的贡献以及他的成就、业绩,我想一定会得出更新、更深、更切合先生创作实际的结论来的。所以我说,先生在1985年的这篇谈话确是研究先生治学问和做文章的重要文献。1990年10月,写于平伯老师逝世后第七天。

怀念朱经畬老师

1991年8月20日下午3时，我的业师朱经畬先生，八十二岁高龄不幸被癌症夺去生命，在津门与世长辞。我这一生，所以能忝为人师和从事学术研究工作，是同经畬师的谆谆教诲分不开的。1938年我在天津工商中学读高中一年，经畬师教我们国文课。正是他把我引进"五四"以来学术研究的殿堂，让我开了眼界，并懂得如何治古籍，如何搜寻和鉴别资料，如何发现和解决古书中的问题。经畬师是我真正的引路人。从那时起直到今年春天，半个多世纪以来，我同经畬师一直保持联系，一直保持着深挚纯真的师生情谊。在我青年时期，不仅做人和做学问上经常受到经畬师的指导教诲，就在经济上、生活上，只要我有了困难，经畬师总是尽力地支援我、鼓励我。当我听到经畬师病重和长逝的噩耗时，我欲哭无泪，欲叹无声。我想，这不仅是我个人的损失，也是教育界和学术界的一大损失。

经畬师一生忠诚于教育事业。今天有不少知名的科学家、企业家、文艺工作者和长期战斗在教育第一线的教师，都曾受业于经畬师的门下。但经畬师从不对人炫耀张扬，无论在职时或退休后，他只是默默地奉献出自己的一切。他是教育领域中一盏真实的灯和一檠无私的蜡烛，他只在一点点燃烧着自己而照亮别人。这个比喻在经畬师身上是一步一个脚印的实践而不是动听的空话。

经畬师本名朔豪，后以字行。早年毕业于北师大，与隋树森先生等老一辈学者同班同学。青年时曾远涉黑龙江，后来长期执教于天津各中学。新中国成立后到河北北京师院任教。退休后回到天津，在经历了"十年浩劫"的创伤后仍以著述自娱。他淡泊名利，不求闻达。而他晚年最重要的贡献，窃以为在于抢救、整理、振兴、倡导我国的传统戏曲事业，尤其对濒于失传的昆曲，做了大量工作。原来经畬师一生爱好昆曲，有时偶尔还粉墨登场。其《弹词》《刀会》诸戏，皆私淑北昆前辈名演员陶显庭。教课余暇，常吹笛清唱消遣。四十年代，先父曾有词赠经畬师，首句就说："危楼笛，飞响裂秋云。"足见经畬师的豪情雅致。近十多年来，经畬师为北昆前辈名家如王益友、韩世昌、陶显庭等，都搜集、撰写过传记资料。其著述亦以撰写传记、年谱为多。已发表者，有关于弘一法师李叔同先生和张伯驹先生的年谱传记等。不久前更完成了《余叔岩艺术年谱》，收入上海即将出版的《余叔岩研究》一书。这些著述都给后人留下了可贵的文献资料。倘不为病魔所厄，我相信经畬师将写出更多、更丰富的著作来。现在只有徒增遗憾了。

作为一名辛勤的老园丁，我想，经畬师的"桃李"们将永远铭记他的培植和浇灌之功。他未竟的著述也一定会有人继续完成。经畬老师，您这一生太劬劳了，愿您安息！

1991年8月，写于经畬老师逝世后第十日，北京

听父亲讲唐诗

先父玉如公于1982年8月8日在津病逝，一晃已十周年。父亲一生称得起"桃李满天下"，但真正给自己的孩子一字一句讲授古书的机会并不多。记得我十岁左右，父亲早起上班，我早晨上小学，每天同在盥洗间内一面洗漱，一面由父亲口授唐诗绝句一首，集腋成裘，久而成诵。至今有不少诗还能背得出来，都是六十年前随口读熟的。

新中国成立后我们弟兄各自成家，同老人不在一起生活，得亲炙的机会就更少了。五十年代，有一次父亲来西郊北大宿舍小住，有闲便随意抽一册唐诗选本来读。恰值有学生问我，王维诗"寒山转苍翠"，为什么天冷了草木凋落，山色反而更绿了？我一时回答不出，便向老人请教。父亲说："木落千山天远大，正由于百卉俱凋，而山上常绿乔木很多，因此显得更加苍翠。如在夏天，到处都是绿色，山的苍翠反不突出。故着一'转'字。"我茅塞顿开，觉得很受启发。

我在二十岁前后对杜诗很入迷，翻检说杜诗的专著也不算少。这次父亲住在西郊，经常翻读浦江清先生在五十年代注释的《杜甫诗选》，随看便随时向我提问。《茅屋为秋风所破歌》中"下者飘转沉塘坳"的"沉"应作"深"解而不作动词用，就是这时父亲讲给我听的。父亲还讲了《羌村》第一首"邻人满墙头，感叹亦嘘唏"，感叹，是针对杜甫的归来而言；嘘唏，则是许多邻人家中都有未归之人，因而触景生情，悲伤抽泣。又讲《前出塞》《后出塞》两组五古，诗中抒情主人公身份各不相同。《前出塞》是以一名普通士兵口吻来写的，《后出塞》则是以一个上层军官的口吻来写的。细玩之果然如此。父亲还讲："《堂成》结尾二句：'旁人错比扬雄宅，懒惰无心作《解嘲》。'意思是旁人把杜甫比做西汉的扬雄，认为他是个有学问的诗人。因此他的草堂也好比扬雄的住宅（如《陋室铭》所说的'西蜀子云亭'）。而杜甫却感到这个比喻并不恰当。不过自己很懒，根本不想对此有所辩解。扬雄为了答复别人对他的嘲讽，作了一篇《解嘲》；而杜甫却连《解嘲》也懒得作，一任旁人爱怎么说就怎么说吧。"这些精辟的见解，大都是书本上所没有的，对我来说，真是莫大的收获。

从 1957 年舍弟受到不公正的待遇之后，先父见到我便很少谈学问了。"文革"后期，先父对"评法批儒"和"批孔"运动十分反感，每对我愤慨地说："他们有什么资格批判孔子？孔子是批不倒的！"我便宽解他说："您不必生气，既然深信孔子批不倒，那迟早还会为孔子恢复名誉的，您何必担心呢！"时至今日，孔子的形象已被搬上电视屏幕，父亲泉下有知，也可以安息了。今作此小文，聊为纪念。时 1992 年 7 月在北京。

听父亲讲《孟子》

先父玉如公于 1982 年 8 月 8 日逝世，转眼已十周年了。回忆自己还在上小学时，每天早晨起床盥漱，父亲也在洗脸间里洗脸，顺口便教一首唐诗。我有不少唐人绝句就是在十岁前后成诵的。在这一段时间里，父亲还口授过《毛诗》和《论语》，都因我读来费解而缺乏耐心，随即中辍。后来又教我读《孟子》，我还比较有兴趣。记得读第一章"孟子见梁惠王"时，父亲问："梁惠王问孟子：'不远千里而来，亦将有以利吾国乎？''亦'字何解？"我答："'亦'就是白话文的'也'。"先父又问："梁惠王为什么对孟轲说'亦'将有以利吾国乎？"我答不出。先父说："当时纵横捭阖之士，前往游说梁惠王的人很多，所言无非'利'者。及梁惠王见到孟轲，以为此人也同其他游说之士一样，来建议'利'国之策，故用一'亦'字。"父亲又说："孟子回答梁惠王的话里说了一句'亦有仁义而已矣'也有个'亦'字。意思是这仁义二字并非孟子独创，而是从孔夫子那里传下来的。这话俨然以传孔子之道者自居。只是话说得比较含蓄罢了。"此事至今已隔六十年，而我记忆犹新。可见把古书的神理讲得透彻明白，并非易事。

最近同陈曦钟兄闲谈，说到这段旧话。曦钟说："老先生的讲法与金圣叹不谋而合。估计老先生当年未必读《圣叹外书》，先生不妨查一下金圣叹的《释〈孟子〉四章》。"归而检《唱经堂才子书汇稿》，果然有与先父所讲

几乎全同的意见。谨录圣叹原文,以飨读者:

看梁王口中有一个"亦"字,孟子口中连忙也下一个"亦"字。……盖梁王"利吾国"三字,全是连日耳中无数游谈人说得火热语;今日忽地多承这叟下顾,少不得也是这副说话,故不知不觉口里便溜出这一字来。孟子闻之,却是吃惊,奈何把我放到这一队里去。……遂疾忙于仁义上也下它一个"亦"字。只此一个字,早把自己直接在尧舜禹汤文武周公孔子之后也。……

接着圣叹又说:

梁王口中一个"亦"字,便把孟子看得等闲;孟子口中一个"亦"字,便把自己抬得郑重。梁王"亦"字,便谓孟子胸中抱负,立谈可了;孟子"亦"字,便见自己一生所学,迂迟难尽。只这两个"亦"字,……便已透露王道不行,发愤著书消息。……

这后一段话是先父当时口授时没有说及的。后来我虽读完《四子书》,却再没有听父亲谈过关于《孟子》的意见。现在写这篇小文,也算对父亲的教诲略表思慕之情吧。

怀念朱德熙先生

从新中国成立初期《人民日报》连载了吕叔湘先生和朱德熙先生的《语法修辞讲话》开始，我就对德熙先生产生了景仰之情。院系调整后，我们乃由于同事关系而进一步熟识了。

德熙先生是我国享誉海内外的名教授，是学贯中西而又博古通今的学者。他治中国古文字学每多创见新解，这有他的若干篇高水平的学术论文为证。他同时又精通现代语言学。他研究结构主义理论并能结合现代汉语的特点而加以融会贯通。可惜在这方面还没来得及系统地著书立说，就被癌症夺去了生命。我想，这不仅是北大的损失，也不仅是中国语言学界的损失。德熙先生竟这样过早地离开了我们，我真有说不出的悲伤和感慨。

在我同德熙先生的交往过程中，有三件事使我终身铭记不忘。第一件事，就在1966年"文化大革命"的前夕，我们曾合写过一篇文章（当然未能发表，而且原稿早已遗失）。初稿由我执笔，而定稿则是由德熙先生做了不少改动才完成的。德熙开始很有顾虑，怕动笔改文章使我不高兴。因为我们既是同事，也算同行，年龄又相差无几（德熙长我两岁），无论教学还是科研，都能各搞一套，自成一家。虽说平时关系不错，但如果一个人竟不客气地给另一个人改文章，恐怕双方都必须有点勇气才办得到。由于我们彼此坦诚相见，德熙终于放心大胆地完成了定稿工作。德熙给人改文章确有了不起的本领，我不能不服气。可惜彼此切磋的机会只有这一次，实在太少了。"文革"以后，我下决心要多写文章，尽量发挥余热。每次执笔，在定稿时经常浮现出德熙给我改文章的情景。我就想，这篇文章不知朱公（我们几个熟人每以这两个字称呼德熙）看了以后会怎样。可见我们这一次合作对我有多大影响。

第二件事，我们都是京昆业余爱好者，在这方面我们有不少共同语言。"十年浩劫"中，我是不配给学生公开讲戏曲的。而德熙先生有一次却被硬拉去给学生讲京戏。由于他说了一句戏班儿里的老话"千斤话白四两唱"，竟遭到无辜的批判。我当时确有兔死狐悲之感，但我却一直佩服德熙的勇气。因为在那种气氛下敢于讲真话是非常不容易的。

第三件事，是在他任副校长的期间，我曾求他设法帮我把外地的一个孩子调到身边来。尽管事情没有办成，我却深知德熙确实为我出了力。每次我去看他，他都对我说很多安慰的话。我对德熙是由衷感激的。德熙有子女三人，我有四个。我常想，我们这一代人为子女付出的未免太多，而人到老年，想依靠子女得到一点生活上的帮助，却是那么不容易。而我们的第三代，又多是独生子女，十有九个都是从蜜罐儿里娇生惯养长起来的；到下个世纪，我们的子女也会活到我们现在的年龄，那时候他们的命运如何，就不得而知了。这几年德熙一直在国外，我们没有机会交换这方面的意见，而今后则再也不会听到德熙的声音了。中国有句老话："儿孙自有儿孙福。"作为后死者，我想，我们这些与德熙年辈相若的人，对此也该看得开一些才好。

我和德熙先生在"文革"中共过患难，在同事、同行之外还有不少共同爱好。失去这样一位和蔼可亲而又爱憎分明的朋友，内心的痛苦是不言而喻的。这样一篇短文诚然不足以表达我个人的哀思，我只能默默地悼念着：

德熙，你安息吧！

1992年10月15日写讫。时将有欧洲之行，仓促成篇，读者谅之。

"一代孤高百世师"
——忆林宰平先生

近时报刊涉及当年清华大学国学研究所的报道多起来了，追忆陈寅恪、吴宓诸先生旧事的文章亦时有所见。曾在所中执教的著名学者如王国维、梁启超，连海外人士也津津乐道。然而国学研究所中还有一位德高望重的大学者林宰平先生（名志钧），除张中行先生几年前曾写过一篇回忆短文外，几乎再没有人提及。笔者有幸，自四十年代初至1960年宰老以患癌症病逝于北京为止，前后追随老人近二十年。尽管我在抗战胜利后成为宰老哲嗣林庚先生的学生，论理应称宰老为太老师；但以拜识宰老的时间在先，故宰老始终以忘年交相待，我往往在不知不觉中得到宰老不遗余力的提携策励。宰老辞世迄今已三十多年，每一追思，老人慈祥仁蔼的音容犹历历在我心目。如果说我在做人处世方面还能勉强做到俯仰无愧怍，那么同宰老对我的潜移默化的身教是分不开的。

宰老是梁任公先生的挚友。近人梁容若在其所著《梁启超传》中有一段话专论《饮冰室合集》的成书，今照录如下：

……《饮冰室合集》，一九三二年林志钧编，上海中华书局出版。分为文集与专集，各自编年，……共四十册，末附残稿存目凡十九种。林志钧与任公为多年知交，任公卒后，家属承遗命，以编订全集之责托付林氏，故本书为搜罗任公著作最完备者。活用编年与分类，极具匠心。……（《文学二十家传》第三六七—三六八页，北京中华书局一九九一年出版。）

对宰老的评价很高，却又是实事求是的。

二十年代，沈从文先生初入北京，年仅二十，一面试写文章向各报投稿，一面过着饥一顿饱一顿的漂泊羁旅生涯。而宰老独具慧眼，爱才若渴，一见其文，即想方设法打听到从文先生的住处，并亲自去访问这位年轻人。宰老不但在友好间对从文师揄扬奖誉，而且在经济上更不时援手。我初识从文师，就是1946年在北京宰老寓所的座上相遇的。后来我到北大读书，从文师每与我谈及宰老同他昔年相识的情景，由于从文师极重感情，往往热泪盈眶。我曾扪心自揣，从文师之所以对我奖掖垂青，恐怕也因宰老时有过誉之言的缘故。

1937年抗日战争爆发，宰老因年事已高，未随清华南迁，乃避居于天津英租界马场道，恰好同我的住处隔街相望。四十年代初，我肄业于天津工商学院，由同学杨某之介，登楼拜谒宰老。竟承老人厚爱，第一次见面便接席长谈。宰老客中寂寞，我便从学校图书馆借来出版不久的几本哲学新著，如冯友兰的《新理学》、金岳霖的《论道》等，供宰老披览。有一次宰老出示一篇手稿，是与《论道》进行商榷的，据理驳辩，措辞严厉。我一面拜读，一面对宰老说："这样写，是否语气有点尖锐？"宰老当时未置可否。过了一段时间，宰老以柬召我去取书，嘱我把金著归还。这时宰老又给我看了与《论道》商榷的另一稿本，语气与前稿迥异，而且凡书中精辟可取处皆一一表而出之，两稿几乎不似出于同一作者之手。这时宰老对我说："初稿不免感情用事。龙荪（金岳霖先生的表字）学养功深，不宜一笔抹杀。若非足下前次提及，几乎铸成大错。古人说'下笔令人惭'，信非虚言！"我听了立时大受感动。因知老辈作人治学，如此虚怀若谷，竟以愚稚后生一言，便把文章重新写过。盖宰老平时从不品陟或臧否时贤，对我的教诲也一向以身教而罕以言责。我与宰老比邻时，一度从学章草，每将日课呈览，也总是先肯定有进步，然后再详示不足之处，令人心悦诚服。后来我又学写旧诗，宰老也为之一一指瑕。我开始读清人舒铁云、郑子尹的诗，都是受宰老亲切指点。我曾向先父转述宰老作诗心得，先父也写了诗向宰老求正。今宰老《北云集》中有与先父唱和之作，就是四十年代中期写的。当时先父有七律一首赠宰老，是由我面呈的，故至今犹能背诵。全诗如下：

细字飞毫精力满，古稀庸独美于诗。
中原板荡平生守，一代孤高百世师。
正色谁同仇季智，存人不见郑当时。
学宫卅载垂风气，掷笔吟成有所思。

宰老得诗，喟然太息。私心则以为先人之言，宰老足当之无愧也。

1948年夏，宰老一度迁住上海，由我护送至津港上船。到沪后经常有信赐我，对我钟爱有加，竟呼我的乳名。新中国成立，宰老又回到北京。1951年我自天津调到北京工作，从此过从愈密。宰老见我已在大学教书，便对我说："你已为人师表，不好再叫你乳名，还是叫你小如吧。"有一次侍座之际，宰老不知谈到一件什么事（大约是乘车不给老人让座之类），对世风颇有感慨，曾对我说："足下能待人以诚，在今日已很难得。为人当宅心仁厚，且勿以凉薄待人。"这是老人对我唯一的一次面诲，迄今已将四十年。每当我遇到拂逆坎坷之时，宰老的金玉良言便警醒于耳际。"十年浩劫"而终能幸免于灭顶之灾，宰老的教诲对我是大有裨益的。

今年到德国讲学，由于要介绍林琴南，乃重读《畏庐文集》。偶于《续集》中得《赠林宰平序》一篇，其略云：

> 纡颓老不振于世久矣。每与乡之英俊接，则屏息惴恐，患其谬辱。……今得林生宰平，始廓然不置疑于其间也。生以三十之年，当辛壬纲辖崩斁之际，百党嚣呶，生独有见于其大者。不艳奇而逐名，不谄俗而徇利，湛然弗涤而清，恁然无慑而靖，能文章，未尝与时彦斗竞而求高，而又无忤于俗。呜呼！自余目中所见之英俊，生其最矣。……生才美忠信，……知党争之为祸，预有以远之，智也；不依阶以求进，望望然去之，让也；悉声论之无准，接人必恕，仁也。合仁让与智，君子也。友君子不当以其年，余故自忘其老，即用是言以进交于宰平。

其揄扬奖誉宰老，一如宰老之于沈从文师。可见宰老一生，始终以推毂后进为己任，更以忠恕待人，以无言之教启迪青年。唯我平生情性褊急易怒，且每以直言嫉恶贾祸，不能认真做到动心忍性，以仁厚之心对待横逆之来侵。每一念及，实愧对宰老谆谆遗爱。今成此小文，既对宰老略表微忱，亦兼有自警自责之意耳。

1992年10月，完稿于德国海德堡大学汉学系

我和废名师的最后一面

这要从初谒废名师的时候说起。1946年秋，我写了一篇综合书评，题为《废名的文章》，原是平时的读书札记，后经整理，贯穿成篇。内容是把废名先生当时已经出版的每一本书都做了简括的评价，有褒有贬。写好后寄呈沈从文师，经从文师仔细修改润色，发表在这一年十月天津《益世报·文学副刊》上。这个副刊由从文师主编，实际由穆旦（查良铮）负责。及从文师寄我校样时并附退原稿，上面朱墨斑斓，都是从文师手迹。同时附一信，大意说修改处如不同意，一切由从文师负责，将来仍可改回来。这是我忝列沈老门墙的第一篇习作。

这篇文章废名师当然看到了。但我那时还不能算做他的学生。后经俞平伯师介绍，我到原北大孑民堂后面教师单身宿舍板屋中面谒废名先生，先生对我很热情。而我则因写文章公开评论先生的著作，不免尴尬拘束。先生便开门见山地对我说："你的文章我已仔细看了，年轻人肯把我写的书全部读过，这很好。可惜的是，有些地方你还没有读懂。"言外指我的那些批评的话是不中肯的。但先生丝毫没有责怪我的意思。快谈良久，并嘱我随时来坐。到八十年代，老友高庆琪兄说他还保存当年的剪报，便为我重新发表在青海的一个文艺刊物上。我在文章末尾写有"附记"，主要说当年的师辈是如此豁然大度，不以青年人的评论欠妥而加以嗔怪，相反，后来我却成为废名师课上的好学生。而今天，我的年龄早已超过当时的废名师，倘有学生对我进行批评，我却未必有这样的涵养。重发这篇旧文，旨在弘扬师道。这是我第一次谒见废名师的大致情况。

废名师律己甚严，对学生的要求则尤其认真。年轻人十之八九都不敢当着先生的面吸纸烟，偶见有吸烟者，先生即不客气地不许他吸。先生在谈某一问题时，在座的青年人最好洗耳恭听，不要随意插言。如果打断了先生的话头，他立即沉默不语，直到你坐不住了只好起身告辞。六十年代，偶与阴法鲁先生回忆及废名师，谈到他待人接物的严肃认真，仍油然有敬意。废名师的言传身教，实堪称一代师表。

废名师一生只服膺两个人，古人是孔子，今人是周作人。四十年代周已入狱，废名师在报上写文章犹公开称知堂老人为"圣人"。1949 年新中国成立后，周作人被释放，回到北京。有一次我去看废名师，先生写一便条嘱我去八道湾面见知堂老人，顺便取回一件东西（似是一本书或一篇文章）。这是我认识周作人的开始。记得要取的东西由周给了孙伏园先生，于是我又到伏园先生处取回才交给废名师的。当我见到周时，他知道我是俞平伯先生的学生，又听过废名师的课，便说："废名人太真率，只怕要因我而受连累，甚至会吃亏的。"我只能唯唯而已。但废名师推崇孔子和周作人的态度依然不变，并见诸言行。就在 1949 年上半年，我在废名师座上遇到一位比我低一二班的同学张人表。废名师随即对我们大谈孔夫子即今之马克思，马克思即古之孔夫子。张君略表异议，废名师便缄口不语。良久才说："等你们书读得多了自然明白。"我离开北大便到天津教书，至 1951 年又调回北京，到燕京大学任教。不久"三反"运动开始，听说废名师果因与周作人的关系而受到批判。当时燕大的"运动"搞得如火如荼，我根本没有进城的时间和机会，所以有很长时间都没有去看望北大的各位老师。

1952 年暑假，院系调整已成定局。有一天蒋南翔同志来燕大作一整天的报告，城里的老师都出城听报告。中午休会，我和舍弟同宾（他当时也在燕大代课）便邀了平伯师和废名师，同到校东门外一家俗称"长三"的小饭馆共进午餐。这是我和废名师的最后一次晤聚。

平伯师一进饭馆，便追怀1937年以前在清华大学任教时的旧事。点的菜还是当年经常在这儿品尝过的，一面吃一面回忆，认为连菜肴的咸淡都依然保留着昔时风味。席间边吃边谈，两位老师兴致都很高。我和舍弟也感到这是一生中难得的聚会，心情也很好。

但不识相的却是我。我突然问了废名师一句："您最近见到周先生没有？"一下子谈话戛然中断，气氛登时变得严峻了，平伯师从眼镜片上面用目光斜了我一眼，我只好低头吃饭。沉寂了十多分钟，饭快吃完时，废名师长叹一声，说道："子曰：'予欲无言，天何言哉！'"因平伯师在席间略饮啤酒，我便扶着他落在后面，由舍弟陪废名师先行。这时平伯师才对我说："你是怎么搞的？真荒唐！他（指废名师）为知堂老人不知挨了多少批判，你怎么偏想起问他最近见过周先生没有！"幸好沿未名湖散步之际，废名师心境即回归自然，同平伯师又谈笑风生了。

散会后我送两位老师上车，很快就听说废名师调往东北。后来又听说他患目疾甚剧。"文革"中噩耗传来，废名先生病逝了。1992年，距我和废名师分手时整隔了四十年。原想写点什么留个纪念，却因各种缘故一直拖到今天。天寒岁暮，不禁想起古人说的"既痛逝者，行自念也"，前辈师长已如万花纷谢，自己年逾七十，却一无所成，有愧于师门者多矣。

1993年11月写讫

附记：八十年代初，我写过一篇题为《废名先生遗著亟待整理》的回忆小文，凡彼文所记，此处不再重复，读者鉴之。

吴组缃先生二三事

　　组缃先生是我同宗的前辈。从 1952 年院系调整开始，特别是从 1957 年组缃先生继浦江清先生之后主持宋元明清文学史教学小组工作以来，由于我也是这个小组的成员之一，因而和组缃先生一直过从密迩，情谊久而弥笃。去年 10 月 1 日，组缃先生以急性肺炎住院；而我在 10 月中旬曾去看望组缃先生，先生留我长谈，这是我们最后一次推心置腹的谈话。到 11 月 30 日，我到医院探视，他还能略事寒暄，但精神已极衰惫。我尽量用豁达乐观的话安慰他，因恐影响他休息，只停留了十分钟便从病榻边告辞。今年元旦以前，听说先生病情一度好转；不意刚过了年就传来他病危的消息。我在他逝世前四天到医院去看他，未敢走近病床，只在门口张望了一下。他已瘦得脱形，气管亦已切开。病室门外的两台仪器反映着他的心动率、脉搏和血压，均呈不稳定状态。我伫立片时，然后吞咽着泪水退出。哲人其萎，这位一生富有凛然正气的八十七岁老人就这样离开了我们。

　　我向组缃先生请教学术问题始于 1954 年纪念吴敬梓的时候。当时我正在撰写一篇题为《吴敬梓及其〈儒林外史〉》的长文，听说组缃先生也正在写同一性质的论文，便去向他求教。先生从不把自己的心得见解视为不传之秘，不但把论文原稿拿给我看，还逐段诠释，说明他构思和运用史料的前因后果。我们之间争议的唯一焦点是他坚信《儒林外史》中体现了吴敬梓的民族思想，先生对此是寸步不让的。与此同时，我也向他汇报了拙文的大致内容，他对我提出的一个观点，即《儒林外史》中强调知识分子应自食其力，是首肯的；对我找出吴敬梓所以具有这种进步性思想的历史根源也表示同意。当然，更多的是先生指出了我文章中某些缺乏说服力处，嘱我修改。我在聆听先生教诲时深受感动。直到六十年代初，组缃先生有一次郑重地对我说："我已不再坚持《儒林外史》中有民族思想，过去的文章姑且算做'一家之言'吧。"可见先生的治学态度是多么严肃认真，从不随人俯仰。就在五十年代，林庚先生发表了《诗人李白》这篇极有新意的长篇论文，其中谈到的"盛唐气象"和以李白为代表的唐代知识分子所具有的所谓"布衣感"却受到批判。林庚先生不为所动，仍坚持他原来的看法。组缃先生对我说："治学问首先要讲节操，要有骨气，应当勇于面对现实，坚持真理。我就佩服林先生这种态度。"组缃先生用这话来赞许别人，他本人对待学术问题也正是如此。他平时不爱背后臧否人物，而是把一些锋芒毕露、义正词严的意见公开讲了出来。如说某某人缺乏文学艺术细胞，却硬要充内行讲文学；某某人圆滑得跟鹅卵石一样，这样的人是写不出具有真知灼见的文章来的。可见组缃先生的知人论世，始终把人品和治学联系在一起。而他的一生，也正是以作人的凛然正气来治学问，以治学的严肃认真态度来待人接物的。他确是当世楷模，一代师表，值得后人学习与崇敬。

组缃先生自中年以后，把他一枝用来创作的生花妙笔移植到高等学府的课堂上，形成了独特的讲学风格。当发挥理论时条分缕析，有条不紊；在鉴赏作品时又鞭辟入里，发前人所未发。每一堂课都是一件完美的口头艺术品。他尤善于从现实生活中用身边琐事来打比喻，深入浅出，回味无穷，使听课人不仅获得丰富知识，而且感到一种艺术享受。他说："在从前乡镇的小饭馆里，菜单上开列的菜肴都是按照价格高低依次排列的，昂贵的菜排在前面，便宜的菜列在最后。手头富裕的人进饭馆，拿起菜单大都由前往后看；而乡下的农民到镇上赶集，看菜单总是由后往前看，拣价格便宜的吃。"这样一讲，听众立即受到启发，决不会感到厌烦乏味。他和我闲谈时常批评有些人急功近利，读了一点书或用上几天功就想开花结果。他说："有人说我最近胖了，可是我却说不出脸上哪一块肉是喝鸡汤的结果，哪一块肉是吃了牛肉长出来的。现在有人读书写文章总想立收成效，成名成家，结果是欲速则不达。"

八十年代初，我离开北大中文系，很少有机会同组缃先生一道开会了。只有一次，也是最后一次，我和组缃先生同去参加曹雪芹研究会的成立大会，那是在香山卧佛寺召开的。那天到会的名人极多，连周扬同志都出席了。我原是陪邓广铭先生去的，可是在车上遇到组缃先生。下车后，先生对我说："你就同我坐在一起，陪陪我吧。"于是从开会到举行午宴，我一直陪着组缃先生。在这个会上听说硬把香山附近一处民房当成曹雪芹的故居（由于壁上有题诗被误认与曹雪芹有关），并辟为旅游点，组缃先生立即公开宣称他不同意。饭后原订与会者都去参观"故居"，组缃先生则坚拒前往以示抗议。于是我就与邓广铭先生磋商，说两位老先生（指邓先生和吴先生）年纪大了，活动时间太长恐怕吃不消，不如搭车返校。邓先生欣然同意。这样，北大的全体与会者都没有去参观所谓"曹雪芹故居"。在归途的车上，组缃先生犹一再强调："明明靠不住，却偏要弄假成真，自欺欺人，煞有介事，这哪里是实事求是！"车中一位中年朋友（当然也是组缃先生和我的学生）插话："先生少说两句吧，您连人家的酒席都吃了，就不要再揭短了。"先生答："吃饭归吃饭，真理还是要坚持的。"从这件小事完全能体现组缃先生的凛然正气和实事求是精神。

我不想在这篇小文里涉及组缃先生对我个人的褒奖、提携和关注，以及为我大半生的坎壈遭遇鸣不平的细节。至于我对这位老人的溘然长逝感到无限悲伤,却绝对不是从个人恩义的感情出发的。我为今后的青年人失去这样一位导夫先路的师表而由衷痛惜。作为后死者,我只能默默祷念:"组缃先生,您安息吧。"

教授与烟斗

教授叼着烟斗,给我印象最深的是闻一多先生的遗照。抗战期间我生活在沦陷区,没有到过昆明,因此无缘与闻先生接触。在我的师辈中,如朱自清、俞平伯、游国恩、沈从文诸先生,有的只吸纸烟,有的根本不吸烟,像废名先生更是反对吸烟,连学生吸烟都不敢当着他的面。只有朱光潜先生是吸烟叶、叼烟斗的,但我不是学外文和美学的,同朱先生接触不多,不敢妄自攀附,也不了解朱老平时吸烟的习惯,这里就不谈了。

1952年全国各大学进行院系调整,清华大学中文系的师生合并到北大来,教师队伍中有三位先生是经常叼烟斗的,按年龄排列,则是吴组缃先生、王瑶先生和朱德熙先生。这三位先生同我共事都在四十年以上,今天他们都已成了古人,回忆一下他们吸烟叶、叼烟斗的神情形态,也算是对他们的悼念吧。

组缃先生长我十四岁,是我出了五服的同宗,但辈分比我大得多。院系调整之初,包括课堂上听课的学生,望见组缃先生威仪棣棣的庄严神态,都存有敬畏之心,连我这年轻教师也不例外。久而久之,才发现他是一位貌似严肃、心实慈祥的长者,只是疾恶如仇,不说假话,待人不虚与委蛇,才使人由敬生畏。组缃先生从不轻易赞许别人,直到晚年,有的学生写了书请他作序或题词,他仍不随便动笔。而对于我这同族晚辈,感情却日益深厚。每逢家乡托人带来茶叶,他知我也是嗜茶者,总让学生顺路送一部分给我。我有时买一点小礼物或补品去看望他,他并不推辞,却总说所买的东西太昂贵了,破费太多。我写了书送他,求他指教,他总是认真阅览,然后指出优缺点,不过往往有溢美之词。在学生面前,他总是为比他年轻的同行们代树威信,为他们说恰如其分的好话,对我更不例外。别人我不清楚,只就对我的揄扬或批评,褒或贬而论,有学生把话传到我耳中,我感到句句是由衷之言,不虚夸,不苛责。几十年来,敬他的心与日俱增,畏惧心理却早为亲切交谈和推心置腹所取代了。

组缃先生晚年已不吸烟,但在"十年浩劫"以前,烟斗是不离"手"的。每次在同他一起开会或谈话时,尤其是在他书房里做客,总看到他手上拿着烟斗,不停地在做吸烟前的准备工作。那就是,用细细的纸捻儿慢条斯理地向烟斗的小孔中缓缓插入,经过转动,再一点点拉了出来,为的是把里面烟油擦净,事实上,抽一次烟叶不过几分钟的事,而擦烟油的工作几乎要用一整天。组缃先生的烟斗花样繁多,都在书桌上陈列着,吸烟时轮番取用。因此搓纸捻擦烟油的工作仿佛永远做不完。他吸用的烟叶皆属上品,味道芳香,在座的人遇到组缃先生吸烟时,总会嗅到各种各样的烟叶香味,而不觉得烟雾呛人。所以王瑶先生常说:"我吸烟是自己过瘾,而吴组缃吸烟是供别人品尝的。"

如果组缃先生的烟斗是常不离"手",则王昭琛先生(王瑶字昭琛)的烟斗则是永不离口的。1971年北大中文系不少师生住到密云县郊农村"开门办学",老教授们均与学生"三同"。跟昭琛住在一室的学生们是这样形容他的:"王瑶老师除睡觉外,一天到晚总叼着烟斗,连洗脸时也不把烟斗拿开。"我听了感到奇怪,便问学生:"那他怎么用毛巾擦脸呢?"学生答(当然是夸张的说法):"王瑶老师在擦左边面颊时,把烟斗歪向右唇角叼着;等到擦右边时,再把烟斗推到左唇角。宁可有的地方毛巾揩不到,也不肯拿开烟斗。"在我同昭琛先生几十年的交往中（住"牛棚"期间除外），确是无时无刻都会见到他叼着烟斗在吞云吐雾。

组缃先生和昭琛先生还有一个共同之处，即除吸烟叶外都嗜饮茶。不过组缃先生总是饮他从家乡皖南寄来的绿茶（我亦如此），而且都属佳品名茶（他往往把几种茶叶混合在一起沏了品尝，我戏呼之为"鸡尾茶"）；昭琛则只喝茉莉花茶。昭琛有糖尿病，一天要饮十几磅茶水。每天从下午到午夜，不论有客与否，他总在沙发前的长条案上陈列着若干碗茶水，一碗一碗不停地灌下去。总之，他一面用力吸着烟斗，一面不停举杯饮茶，已成为他几十年来的惯例。所以很多熟人都听过他常说的一句笑话："我一年到头都在水深火热之中。"

朱德熙先生也是一直用烟斗吸烟叶的。他吸烟时比较注意风度和姿态，很带洋绅士气派。如果说，组缃先生是以纸捻通烟斗为习惯动作，昭琛是以烟斗不离口为特殊风貌，那么，德熙最习惯的动作则是不停地划火柴，不停地点烟斗，一口口不停地吸烟。不过他爱一面聊天一面吸烟，不等谈话画句号时烟叶就熄灭了，于是便继续划火柴，继续点燃烟叶，继续一口口地吸。如此周而复始，直到客去为止。

如今，这三位名教授都已作古，他们的逝世，不仅是北大的损失，不仅是学术界的损失，不仅是青年学子的损失，主要的更是我们国家民族的损失。至于我本人失去了良师益友，反倒是区区小焉者也。值得警惕的是：昭琛和组缃先生都是从患肺炎始，继以肺心病夺去了他们的生命。德熙则病逝于肺癌。如果他们大半生不以烟斗烟叶为伴，或者会延长他们的年寿，至少在病危时不致受那么多的痛苦。这样看来，教授还是不与烟斗相伴的为好。

1994 年春分前四日

严几道先生二三事

随着北大百年校庆纪念活动的展开，作为北大第一任校长的严复（字又陵，又号几道）又被提到议事日程上来。在北大校园中树起了这位西风东被的先驱者的铜像。在校庆活动期间，北大召开了关于蔡元培校长的研讨会；不久前，纪念黄遵宪一百五十年诞辰的研讨会也在北大校园里举行。于是我想谈谈严复。

说良心话，严译名著要比林译小说难懂，他早年所写的反儒家道统的长文如《辟韩》之类也不是很容易披读的。我对严复本无所知，由于1945年以后遇到了一个偶然的、然而深可庆幸的机会，才使我对于这位先驱人物发生较大兴趣。1945年秋，我考入燕京大学文学院，得识哲学系严群先生（字孟群）。后来有一年多时间，我寄居在孟群先生寓所，并成为他的及门弟子。而孟群先生是几道先生的侄孙，因此得读到不少几道先生的手稿，并于与孟群师谈话之顷，获悉几道先生一些轶事。1985年孟群师病逝于杭州，但他的第二位公子严诚兄以在北京工作之便，这些年同我一直保持往来。严诚的长兄严名，久居上海，近年侨寓美国；幼弟严扬，在杭州工作；他们手中都各自保存着一部分几道先生的手迹。如《中国文化》1997年12月出版的第十五、十六期合刊上发表的《新发现的严复增删〈原富〉未完稿》即严扬所提供者。据严诚兄谈，他哥哥严名手中有两件从未发表过的严复手迹，他屡次建议要严名提供出来公开发表，均未实现。这两件手迹于考订严复的交游和晚年出处有很大关系。过去的研究者关于严复与日本首相伊藤博文是否同学持两种看法，或言两人并非同学，或言确为同学。而在严名手中所藏严复的一封亲笔信，则明言他与伊藤博文是同学，且交谊很深。另一严复的手迹则足以证明他与袁世凯的关系，对袁的打算称帝曾明确表示持反对态度。

关于严复是否支持袁世凯复辟称帝，以及是否参加"筹安会"活动，在近人研究严复的几种著作中大都持为严复洗刷的态度（如王栻的《严复传》和王蘧常的《严几道年谱》），而在美国哈佛大学本杰明·史华兹教授所著的《寻求富强·严复与西方》(Benjamin Schwartg : In Search of Wealth and Power—Yen Fu and the West)一书的第十一章《晚年时代》中更有较详尽的叙述与辨析（见江苏人民出版社1995年2月第二次印刷的中译本，叶凤美译）。但如果以严复的亲笔手迹作为内证，则对于事实真相的揭櫫将更为有力。不过据严复的老友林纾所撰的《告严几道文》所言"君翛然却其千金，不署劝进之表"，"一腔之冤，不能敌万众之口"，并把严复比作抑郁含冤而死的柳子厚，看来是能得其实的。鼎鼎百年，是非功过总该有个结论，吾其拭目以待之。

严诚兄还说及几道先生一生是非常自负的。在几道先生的书房中，悬其手书一联，联云："有王者兴，必来取法；虽圣人出，不易吾言。"我想，我们总不能从字面上来看问题，认为"王者""圣人"字样即是拥护帝制和走向反动的标志，而应从中看出这位书斋中的主人是多么的自豪与自信。知人论世，戛戛乎其难哉！

1992至1993年，我到德国海德堡大学汉学系讲了一个学期的课，其中有一门课曰"近代作家作品研究"，我选了两个近代影响较大而争议较多的作家来讲授，即黄遵宪与林纾。根据我检读资料与反复思考的结果，我发现半个世纪以来我们对近代这一历史阶段中许多思想家、文学家、政治家的评价，都有偏严、偏低、强调其局限而无视其贡献的狭隘观点，这种观点长期横亘于研究者的胸中。一顶"改良主义"的帽子几乎断送了多少志士仁人的业绩。对于提倡西学东被的先驱人物严复（甚至包括林纾），同样也是揪住一点而不及其余，自己并未下功夫认真研究便轻易跟在别人后面随声附和。我想，这种盲从轻信的学风该到了认真检讨清算的时候了。

1998年5月在北大中关园写讫

原载1998年9月26日《文汇读书周报》

五十一年前的一张名片

事情要从 1946 年说起。

这一年西南联大三校复员，我是在北平林宰平老先生寓所第一次见到沈从文先生的。不久舍弟同宾也与从文师相识。我们都把各自的习作呈从文师批改。当时同宾有志于创作，从文师对他的期望似乎更殷切些。就在这年秋天，我以天津工商学院商科二年肄业的学历考取了清华大学中文系三年级插班生，舍弟则以高中毕业的资格报考大一本科。他的国文试卷得了九十八分，几乎是单科成绩的"状元"；但他的一门理科试卷（可能是化学）却得了零分，因而被分配到清华大学的先修班。他读了不到一学期，由于读的仍是高中各门课程，感到无聊，便辍学离去，专靠写文章糊口。幸运的是，我们两人都得到从文师的大力提携，他待我们俨如子侄或涉世未深的年轻兄弟，称得上关怀备至。我们在从文师身边一直受到父兄般的熏沐和庇荫，远远超过了一般师生情谊。

到了 1947 年下半年，同宾在北方实在混不下去了，有意到南方去闯荡一番。他向从文师请求援手，从文师在他动身前一连为他写了六张名片，分别给上海的李健吾、邵洵美、萧乾三位先生和武汉的金克木先生，舍弟都一一去拜访过。另外两张名片是写给李广田、王平陵两位先生的，但同宾自武汉即折返，没有去拜访李、王二位先生。李健吾、邵洵美两位先生早已谢世，我同他们也无交往；几年前，我曾面询萧乾先生，他说不记得有此事了。只有金克木先生，他的记忆力本极惊人，每当谈及舍弟，他还深有印象。我在一篇描述金老的回忆小文中也曾提到过同宾拜访他的事。

1998年炎夏刚过，金克木先生忽然给我打电话，叫我到他府上去一趟。见面之后，金老递给我一个信封，里面有一张名片和一纸便笺。名片正是五十一年前从文师亲笔所写，由舍弟面呈金老的那一张。据金老谈，当年见过同宾后，便随手把名片夹在一本书里，而"十年浩劫"中这本书竟未遭难，名片也丝毫未损。不久前金老翻书时忽然发现，才感到这张名片已成文物，且为"海内孤本"，所以亟召我取了回来，任我处理。那张便笺，乃是金老对从文师名片上所写内容作的简单注释。那天金老极有兴致，把便笺上的说明又对我详细述说了一遍，更足以证明金老的记忆力确实惊人。

我拿回名片后，随即复印了两份。一份寄给天津舍弟同宾，一份我自己保存，而把原件挂号寄给了师母张兆和夫人。记得从文师逝世后不久，兆和师母曾来信嘱我收集老师所遗留的手迹。而我所珍藏的全部师友的书信和手迹，都在"文革"中整个丢失，当时愧无以报。这张名片居然珠还合浦，也算是一件值得纪念的幸事了。兆和师母收到名片，有复信给我，今转录如下：

小如同志：

收到您寄来的从文当年介绍同宾同志到武汉亲笔书写的章草名片，确实是富有史料价值的文献，我同龙朱、虎雏看了都非常高兴，十分感谢。

希望能早日看到您的文章。

此颂

撰安

兆和

一九九八·九·二十四

在介绍从文师所写名片内容之前，想说两件小事以证明老师对同宾的期望和情谊。一是据同宾谈，他于五十年代初，在北京城内的电车上曾邂逅从文师，这是他们最后一次见面（后来同宾就到天津去工作了）。师生二人在车上交谈甚久，难舍难分。两人到了站都不下车，直到最后，同宾送从文师下车返寓，才分了手。而谈话内容，概括起来只有一句话：希望同宾坚持搞创作，一定不要放下手里的笔。同宾后来回忆说："沈先生那时自己已不写东西了，却殷切嘱咐我坚持写作，可见先生对创作生涯是多么有感情，而对我又抱有多么大的希望！"可惜的是，同宾后来一直从事戏曲工作，而自1957年至1977年的二十年中，连工作的机缘也被剥夺了，完全辜负了先生的嘱托和希望。这是他始终引为遗憾的。二是1981年，我到新侨饭店隔壁的小楼上去拜谒从文师时，先生见到我的第一句话就是："你弟弟呢！他怎么样了？他还好吗？"几十年不见，先生对我们兄弟的情谊一如当年，我想，即使是古之圣贤，对待及门弟子的恩谊也未必胜过从文师吧。

现在书归正传，该谈谈这张有史料价值的名片了。名片正面印着沈先生的名字，上款是沈先生写的金先生的名字和工作地点（"武汉大学"）。名片左侧是舍弟当时借住的朋友家，不是同宾的笔迹。可能是同宾的朋友林某写在上面，留给金先生，以便与同宾联络的。名片的背面则全为从文师的章草手迹，今照录一过：

克木兄：有朋友吴同宾来汉，特介绍他来看看您，他本在清华读书，能写极好文章，两昆仲和我都极熟。还盼您当他个小弟弟看待。北方事从他口中可知道一些。您工作不知还顺手没有？
雨生、雪林、登恪、壮猷、袁杨诸先生均望便中道意。北平已成
一死城，大家守在这个孤立据点上，情形比武汉似不同些！

下面结合金老写给我的便笺，并根据金老口述，把名片上的内容逐条略加诠释。所谓"史料"与"文献"价值，端在金老的说明也。

先谈两点史料以外的情况。一、金老最初见到名片，感到有点奇怪。他对我说："当时来看我的是你弟弟一个人，名片上却写着'两昆仲'。可能你弟弟当面已有所解释，我记不清了。后来认识了你，并听你谈起，才知道从文在写名片时心目中还有一个吴小如的。"而我的感受则是，沈先生信笔说"两昆仲和我都极熟"，足见先生当时对我弟兄两人的情谊实在很深，才如此落笔的。睹物思人，愧对师恩而引为遗憾的显然不止同宾一人，而在我身上的内疚"殆有甚焉"。只有祈求先生在天之灵能够宽恕我的疏失了。二、金老对"您工作不知还顺手没有"这句话是有诠释的，说这是湖南特别是湘西方言，原文应作"还顺手否"，而湘西方言是习惯用"没有"取代文言语词"否"字的。

下面逐一介绍名片上的几位先生的情况。"雨生"即吴宓先生，先生字雨僧，亦作"雨生"。据金老谈，吴宓先生在熊希龄死后对毛彦文仍怀旧情，经沈从文先生从中劝导疏解，吴宓先生始释然不再心有情结，于是吴、沈二位先生始订交，可参考新出版的《吴宓日记》。"雪林"即苏雪林，现仍健在，久居台湾，已一百有三岁高龄。她是安徽太平人，不久前曾返合肥。她本拟与金老相晤，金老未赴约。"登恪"为陈登恪，是陈寅恪先生最小的弟弟，留法学生，当时在武汉大学中文系任教授，教小说史。登恪先生曾用"陈春随"笔名写过一部小说《留西外史》，薄薄一本，是讽刺留学欧洲的中国学生的，书名是仿不肖生（向恺然）于清末民初所著的讽刺留

日学生小说《留东外史》的。金老当年曾在武汉读过《留西外史》，不知现在武汉大学图书馆尚藏有此书否。"壮猷"，方壮猷，当时是武汉大学历史系教授。袁、杨两位是一对夫妇，杨是杨端六，当时在武大任法学院院长，经济系教授；袁是袁昌英，一位著名女作家，留法学生，当时任武大外文系教授。

除上述情况外，金克木先生还简单描述了当年武汉大学的生活背景和人际关系，很多事情对我都是陌生的，而且与这张名片上所列的人名无直接联系，这里也就一概从略。不过金先生在谈到《留西外史》时插了一句话："这本小说写留学生生活要比钱锺书写《围城》的时间早得多，而今天研究现代文学的人竟连这本书的名字也没有听说过，可见治现代文学有多么难了。"

1998年9月动笔，10月写完
原载1998年11月7日《文汇读书周报》

吴玉如先生二三事

　　1998年是先父玉如公百年诞辰。津门各报曾陆续发表纪念文章，追思先人遗爱，使存殁俱深感激。文章大部分出自先父门人故旧手笔，读后深惭为人子者未能继承先人遗志，不免汗颜。唯已发表的纪念文章中有些提法与事实多有出入，思之再三，不得不作一些说明更正。

　　1937年7月抗日战争爆发，先父携家人自八里台南开大学匆遽逃出，避居今河西区马场道照耀里。1938年秋，先父应张伯苓、何廉二位先生之召经海防入渝，至1939年初冬由重庆潜返天津。最近有的文章说先父返津在四十年代，或言1941年，或言1942年，皆不确。因1942年先父曾在津法租界永安饭店举办个人书展，是年岁在壬午，故遗墨中标明"壬午"书件数量甚多。有人写文章明知先父于壬午年办过书展，却把自渝返津的年头推迟，不知是什么缘故。这是我首先要说明的。

　　其次，先父于1939年之所以离渝返津，主要是不愿与国民党蒋政权合作。当时也由于先祖母年事已高，思子心切，而我们做子女的均未成年，生活十分艰苦。先父性至孝，故决定不避风险回到沦陷区。记得先父到家的当夜，征尘未涤，便口授《辞蜀书愤》七律三首以见志。这是由我亲自笔录的。这三首诗已于1982年先父逝世后发表在《诗刊》上，我在诗后略加诠解，今不重赘。至于1950年先父离开津沽大学教职，则因家庭变故所致，全不涉及政治和个人经历问题。这一点，在五十年代先父开始为中华书局校点整理古籍时，组织上即正式对我谈过。近时有人在文章中说先父"由于历史原因"云云，措辞含混暧昧，使我不能缄默。此后先父为中华书局校点古籍，为商务印书馆重修《辞源》，都是由组织上主动邀请。但因我一直在北京工作，故经常由我出面负责联络。当时在中华书局工作的赵诚同志是深知内情的。六十年代初，中华书局出版的《先秦文学史参考资料》《两汉文学史参考资料》《魏晋南北朝文学史参考资料》和《古文观止》等，封面的书名题字，都是由先父书写的。重修《辞源》的编纂班子初建，先父曾介绍亡友刘叶秋先生参加。叶秋先生始终参与其事，新版《辞源》问世后他即留在商务印书馆工作；而先父则于"文革"伊始遣返津门而退出了这项修订工作。可惜叶秋先生与当时在中华书局任编辑的门人沈玉成君均已作古，他们对先父这一段时间内的工作和生活，了解得要比我还清楚。新版《辞源》问世前夕，叶秋曾请先父题写封面书名，因尺寸不合，乃改用叶圣陶先生所题字。原件一直由叶秋收藏，我表示即赠叶秋留作纪念。今叶秋墓木已拱，叶秋的夫人汪元澄女士亦已病故，叶秋所藏先人遗泽若干书件下落不明，思之怆然。叶秋遗著《学海纷葩录》中对先父在商务印书馆重修《辞源》的经历有回忆文章，叙述较详，读者不妨参看。

"文革"前夕，中华书局上海编辑所（今上海古籍出版社）通过我邀请先父整理厉鹗的《宋诗纪事》和其他两部《宋诗纪事补遗》。"四人帮"被粉碎，《宋诗纪事》正式出版，《前言》中还提到先父的名字。但先父在五六十年代为中华书局校订的古籍却不止一部。

以上所谈诸般琐事，都是针对近时发表文章中与事实有出入者略加匡正，并非全面论述。最后，我想代表先父的子女们说句表态的话：今后凡有撰写回忆先父的文章，最好在各自所占有的资料和所了解的事实方面先给我们打一个招呼,征求一下家属的意见,把事实核对印证清楚,免得以讹传讹,混淆视听。

原载 1999 年 1 月 23 日《天津日报》

哭萧乾先生

1999年1月27日，萧乾先生刚刚过了九十诞辰；谁想到了2月11日，老人竟溘然长逝，永远离开了我们。消息传来，几使人无法相信。忍着悲痛，赶到萧老府上吊唁，值洁若夫人外出，仅留一柬，聊志哀思。归来心情仍久久平静不下来，思绪尤其凌乱。想写点什么，几次拿起笔来不知何从落笔。直到今天，才勉强把心里想说的话点点滴滴理清楚，然后陆陆续续渗到纸上。一面写，一面默默对着纸诵念：萧老，您这一生无愧于国家和人民，有功于当代和后世，您安息吧！

尽管我是萧乾先生半个世纪以前的忠实读者，但与老人开始有交往，不过是近十几年的事。那纯粹是一个偶然的机会。当时李辉同志在《北京晚报》工作，约萧老给晚报写连载文章。其中有一篇误把美国胜利（victor）唱片公司写成法国百代（pathè）公司，我作为普通读者，便写了一封信给晚报，请编辑部转给他，希望他能顺手更正一下。不想萧老竟郑重其事地回了信，征求我同意，要把原信在晚报副刊公开发表。我认为完全无此必要。但晚报的同志带话给我，说萧老坚决主张要按他的意见办，不想文过饰非。这使我感动了，便抽时间亲自到老人寓所，一来看望萧老，二来仍想劝萧老收回成命，不要发表我的来信。这是我第一次见到萧老，从此和老人成了忘年之交。结果我的信还是刊出，萧老也在报端表示谢意，事情才告一段落。

萧老勇于接受批评和敢于承认错误还远不止此一件小事。就在我第一次拜访萧老时，谈到我是沈从文先生的学生，是北大出身。不料萧老竟坦率告知，他得罪过沈先生，惹沈先生发了火，弄得我反倒有点不知所措。后来我详细问过荒芜先生，才略知究竟。难得的是，萧老始终惦记着沈先生的健康和生活近况，通过荒芜先生一直与兆和师母保持联系。沈先生病逝，萧老真诚地写了悼念文章。在沈先生的生前身后，萧老没有对我说过一句自我辩解的话，偶然提起，也只是诚恳地自责。巴金和萧乾这两位老人一直强调做人要说真话。我则从与萧老接触的过程中，懂得更深一层的道理。即所谓说真话，并不限于写文章；平时待人接物，萧老也从不讳言自己的缺点，更不无根据地随便臧否人物。有一次与萧老同车回家，萧老对我说，他反对人们把他看作"名人"，更反对有的报刊把"名人"分为北京的、上海的、武汉的等等。当然，有的人掌握了文权，对"名人"格外尊重，而对初露头角的新手不予理睬，甚至对他们的作品掉以轻心，不屑一顾，则更为萧老所坚决反对。我们只要一谈到这些，萧老总是不无怀旧之情地回想起当年沈从文先生和萧老本人编《大公报》文艺副刊时的态度和作风。萧老不仅经常这样想，也始终是这样做的。就在今年祝贺萧老华诞的座谈会上，由于萧老住在医院里，不能亲莅现场，便在前一天由中国现代文学馆派一位同志到医院录像。萧老在感谢与会同志的发言中，还一再提到被萧老所提携、培养的青年朋友如傅光明、李辉等同志，并由衷地向他们致谢。这是我最后一次听到的萧老的讲话，而讲话的内容却主要是揄扬这些青年朋友对老人的帮助。由此可见，萧老这一生除了亲自用笔来为祖国、为人民服务外，提携培养后进也成为他一生中一项始终不渝的工作。

萧老在八十岁以后任中央文史研究馆馆长，这在老人晚年是值得大书特书的。从中央到各省市，文史馆多少年来都是供一批知名度较高的老人养老的单位，馆员是体现国家对老知识分子尊老敬贤政策的荣誉职称。萧老出任馆长后，强调要调动馆员发挥余热的积极性，不仅使这些文化老人"老有所养"，还可以"老有所为"。他有一句名言："文史馆不是养老院"。在萧老亲自主持和组织下，馆长、副馆长和馆员们同心同德，不到十年时间，先后编辑出版了五十册《文史笔记丛刊》（这一举措连各省市文史馆的积极性都带动起来了），并与上海文史馆合办了《世纪》双月刊，赢得广大读者的好评。萧老不但把翻译《尤利西斯》所得的稿酬捐助给《世纪》双月刊，而且在老人生病住院以前，每次审稿碰头会他都亲自出席，审读每一篇文稿，并同与会编委们（都是中央文史馆的馆员）一起讨论，共同研究，把好政治关、学术关、文字关。如果编委们提出不同意见，萧老总是虚怀若谷，认真听取。只要意见正确，他必然亲自在稿件上签署姓名，注明"同意某同志意见"。他身为馆长，丝毫没有官架子和"长官意志"，充分体现了民主、平等、团结的作风。我忝为编委之一，在每两月一次的审稿碰头会上都深为萧老这种事必躬亲和严肃认真的工作态度所感动，受到耳濡目染的熏沐和教育。从而我认识到，在萧老任职馆长期间，不但使各项工作得以顺利拓展，而且通过与萧老共事的机会，他的无言身教使人们自然而然地体验到他高尚的人格和待人接物的风范。但必须指出，萧老对人的和蔼可亲、平易近人是有原则性的，更不是虚与委蛇的好人主义。在我同萧老这十几年的过从中，确实深切感受到他是个敢说真话的人，办事从不敷衍，待人接物绝对不搞"当面是六月，背后是腊月"和心口不一的庸俗低级的那一套。今天，他这样匆遽地离开了我们；但在我心中，将永远铭刻着他慈祥风趣的音容笑貌和他一丝不苟的工作作风。他的道德文章，将永垂青史，永为后来人取法的典范。

萧老身后，留给我们的是新出版的十卷本《萧乾文集》，但这并非萧老著作的全部。如果把译作和佚文都广为搜集，将来的全集是很可观的。这是后死者责无旁贷的一项工作。在1月27日的座谈会上，不少人的发言都肯定了萧老晚年精进不懈、笔耕不辍的勤奋精神，但我却另有所感。如果没有从1957年到1978年这二十多年的流离颠沛的坎坷生涯，使萧老手中的笔被无可理喻的厄运夺走，没有可供他施展才华和吐露心声的文坛园地，我相信他会写出比现在多出几倍的有益于国家人民、垂范于千秋万祀的文章来的。他在七十岁以后的勤奋笔耕，从主观能动性的角度看固然是由于萧老毅力过人，才这样分秒必争，直到他逝世前一两天，《北京晚报》上还刊布了他的《新春寄语》（这可能是他的绝笔了）；但从客观形势看，他被动地搁笔二十年恐怕值得我们反思深省，而不宜在赞美他晚年创作精力旺盛如火如荼的同时，忘掉了他被迫停笔时精神上所受的摧残和内心所感到的痛切熬煎。因此我最后呼吁：要让真正爱祖国、爱人民的有良知的作家永远能说出、写出他心里要吐露的真话，尽管这些话有的是好话以外的、有些人不爱听的话！

写于1999年2月18日，萧乾先生逝世一周的日子
原载1999年2月25日《文汇报·笔会》

师门琐忆
——纪念俞平伯先生百年诞辰

先师俞平伯先生生于清光绪二十五年岁次己亥农历腊月初八日。照公元计算，已进入 1900 年。故公元 2000 年是先生百岁诞辰。在公元 2000 年 2 月 5 日以前，仍属农历己卯年，因此今年元月十四日正是先生百年华诞。

我是 1945 年深秋亲自到俞老旧居老君堂当面拜老师的，虽然在教室旁听先生讲课是 1945 年的春暮。拜谒之顷，正值先生五古长诗《遥夜闺思引》刚刚脱稿，我曾以小楷和草书各写一通以为贽敬。先生看了很高兴，从此我就立雪俞门了。

初谒师门，先生只在古槐书屋（即老君堂最外面的小院落北屋）接见我。后来才容我到最后面南屋正房落座。新中国成立之后，每当华粹深先生和我去晋谒先生，耐圃师母也出来同我们闲谈了。粹深先生是三十年代初就读清华大学中文系时成为俞老弟子的，到 1981 年粹深病故，侍先生近半个世纪。我则追陪先生整四十五年。以时间论，大约仅次于粹深。这中间师生的过从一直未间断过。

俞老从年轻时就爱好昆曲。抗战前先生在清华任教，成立谷音社，一时唱昆曲的风气很盛。但据我所知，先生虽酷爱此道。每次同期却很少担任主要角色。如有人演《牡丹亭·惊梦》，先生总是充当"睡魔神"一类只有几句台词的人物。我在六十年代偶尔参加同期听曲友拍曲，先生一直保持这种习惯。有趣的是，粹深先生也是极爱戏曲的，对昆曲活动极为热心，而他本人却从不开口唱曲。与粹深在清华同学的陶光先生（原名陶光第，字重华），则是能唱曲子的。可惜陶光先生抗战胜利后去了台湾，竟于六十年代饿死在台北。陶光先生也是俞老得意门人，1936年从清华毕业后与粹深先生同到南开中学教国文，曾是我的业师。没有想到1945年后，我也受业俞门，虽与陶光先生通过几封信，却再无机会见面了。

俞老于1945年以后未再回清华大学，就近执教于城内的北京大学，教过的学生很多。但在先生晚年，曾私下对家人说，只有吴小如还算得上是他的学生。我听到这话已在先生病逝之后。当时非但未感到高兴，反而悲从中来，引起我无限哀思。平心而论，我之得有今日，与先师的提携是分不开的。然今亦年近八十，而一事无成，真愧对先师的厚爱了。

我对昆曲本属十足外行。但自俞老创建曲社，他总是力嘱我参加活动。1959年国庆十周年献礼，先生与粹深合作改编《牡丹亭》，并正式公演。我和粹深一同看了彩排，都有些意见。粹深本人是参加改编者，不便进言，乃由我写了个书面材料，对改编本做了些不客气的批评。先生看过后，说这些意见不宜公开发表，保存在曲社档案中留作参考吧。我当时确怕老师生气，有点自悔孟浪。没有想到事过之后，先生曾多次自我批评，说改编本颇有缺点。他人或不知底细，而我心里是有数的。我一面敬佩先生虚怀若谷，一面却感到不胜惶恐。从而证明，先生对批评意见不但无意护短，而且始终认真重视。这实在值得我终身铭记学习。不久先生又代表曲社，嘱我为曲友做一次关于《牡丹亭》的演讲。先生当场对我讲的内容表示肯定。事后听耐圃师母说："你讲《牡丹亭》，先生很满意，说你给他露脸了呢！"

上述两件小事，我以前从未提起。唯恐有自我吹嘘、借纪念老师来抬高自己之嫌。但时光荏苒，我如不说出来，今后更不会有人知道。师恩深重，没齿难忘。我只是想说明老师对我这不算成器的学生过于偏爱了。

最后想说几句题外话。《俞平伯全集》出版后，从社会上不断揭橥先生的佚文来看，集中漏收的作品相当多。检《俞平伯书信集》，先生致老友章元善先生的信札连一件都未收。不久前中央党校吴立新同志函告，他搜求到俞平老致章元善先生明信片达数十枚之多，是"文革"前两位老人互相探讨如何作诗填词的。据说是从废品收购站流出，且并非信件全部。立新同志已允诺，如为《全集》作补遗，他愿提供方便。看来俞老遗作流散人间者当远不止此，这里谨提醒一句，诚恳期盼海内外志士仁人多多予以关注。

原载 2000 年 1 月 10 日《文汇报·笔会》

诗人周汝昌

周汝昌先生字玉言，别号甚多，是有名的"红学家"。他是天津人，天津出了这样一位驰誉中外的学者，应该说是天津的骄傲。我寄居天津多年，天津可以说是我的第二故乡。我和他相识已近五十年，算得上老朋友了。我们都上过南开中学和燕京大学，虽然我在南中和燕大的时间很短暂，但毕竟算是校友。所以我同他攀附交情，勉强可称为"乡谊""学谊"。当然，我们所以成为多年老友，主要还是由于彼此有共同语言。他比我年长，去年几个单位联合起来为他举办了祝贺八十生辰的纪念会。我始终把他当成师友之间的长者。

周汝昌先生除了以"红学家"为当世所称外，我还认为他是当代一位不同凡响的诗人。他早年写的词，有"秋气潆琴潮，身与良桐一例焦"之句，深得先父玉如公激赏。他在燕大求学时，每与张伯驹、吴兴华等先生唱和。后来我认识了他，偶尔胡诌两句歪诗，写给他看，有时也彼此唱和一下。他写诗一向不留底稿，可见他并不把写诗当成正经创作；而我写诗也只是闹着玩，偶留底稿，经过"十年浩劫"，早已荡然无存。直到这两年，始故态复萌，一年写个三两首聊以遣兴。比较认真动笔的是前几年步他两首［鹧鸪天］的原韵，恭恭敬敬和了他两首。现在先把他的原作照录如下：第一首是他自题新著《红楼梦真故事》，词云："文采风流子建亲，阿谁鞭影望龙纹。偶因炼罢嗟青埂，长向焚馀悼绛芸。红入梦，绿离魂。胭脂传照墨流真。从来河岳生灵秀，未抵曹家一雪芹。"第二首是他自题新著《红楼艺术》，词云："艳说江郎笔梦花，量才八斗最声华。红楼隔雨当时院，碧水惊秋何处家。珠贯蚁，线萦蛇。九环千里焕云霞。通灵二性生威凤，百尺高桐景异鸦。"两词皆作于1995年。我的和章第一首是："千古才情一脉亲，风行水上自多纹。红楼佳丽原非梦，春草池塘孰与芸。人换世，笔销魂，仙家警幻事疑真。漫嗟尘海知音少，满纸荒唐脂共芹。"第二首是："才拟四时不谢花，更欲尽洗旧铅华。补天橼笔宁关梦，隔雨红楼即是家。槐下蚁，草中蛇，好将方寸傲烟霞。几番风雨沧桑意，独倚危阑数倦鸦。"都是1996年写成的。

最近，我在《天津日报》"满庭芳"副刊发表了一篇小文，题为《著书宜略读书》。文中引述两例，即有人把冯浩《玉溪生诗注》误作冯浩玉《溪生诗注》，把吴曾《能改斋漫录》误作吴曾能《改斋漫录》。周汝昌先生读到了，寄来一首七绝，题云：《近读莎斋文，拈时贤佳例，因口占戏呈》。诗曰："吴曾能与冯浩玉，此日方知学问多。不用分明辨啼笑，大家齐颂阿弥陀。"我读后真有啼笑皆非之感。于是寄了一首和作给他，诗曰："张冠李戴寻常见，颠倒衣裳例更多。白日飞升尽鸡犬，撞钟依旧老头陀。"窃想这类打油之作，不妨录出供读者一笑。事先未打周先生招呼，想不会怪我侵权也。

回忆安寿颐先生

上海《文汇读书周报》曾接连发表几篇文章，谈到普希金的中篇小说《上尉的女儿》，从最早的中译本谈起，包括译本的书名、内容和译者，都有所考订辨析。唯独没有提及第一本直接从俄文译成中文的《甲必丹之女》（"甲必丹"即"上尉"的音译）。至于它的译者安寿颐先生，则几乎已被人忘却了。

安寿颐先生字益龄，北京人，是先父玉如公早年在中东铁路工作时的同事和好友。先生生于清光绪二十六年庚子（公元 1900 年），今年是他的百岁诞辰。先生毕业于俄文专修馆，与瞿秋白、耿济之同学，俄文造诣很深。又善围棋，我在很小的时候就经常看到先生来我家同先父下棋消遣。我从小知道瞿爽字秋白，耿匡字济之，都是听寿颐先生说起的。"九一八"后，先父和寿颐先生都携家回到北平。当时先生家中似薄有房产，开头几年生活还不成问题。1937 年抗日战争爆发以后，先生全家生活便日渐拮据了。但他坚决不肯在日伪统治下工作，一度远走他乡。记得他曾在一家私人银号里当过会计，勉强糊口。抗战胜利后，他到了天津，仍在银行工作。直到新中国成立前夕，经先父推荐至津沽大学（后改为河北大学）任俄文教师，才算回到他本行，生活也安定下来。新中国成立初期，俄文人才较少，寿颐先生的专业修养和教学效果是有口皆碑的，不少外单位的人也常向他请教。记得1950年，当时在天津音乐学院任教的廖辅叔先生（今犹健在，年九十三，是著名学者，现任中央音乐学院教授）遇到一个难题，特意到我家来，由我介绍与寿颐先生相见。一见面，廖老便说："久仰安先生大名，您是把《甲必丹之女》直接从俄文译成中文的第一位译者。"随即拿出一份外文资料，似是俄文又非俄文，其中提到一部列宁的著作，不知书名是什么，特来请教寿颐先生。先生一看，说这是波兰文，那部书是列宁的《唯物主义与经验批判主义》，问题迎刃而解。后来寿颐先生对我说："读俄文的政治论著还不算难，最难的是生活用语。比如到菜市场买东西，各种蔬菜和食品，或涉及鸡鸣狗吠乃至老鼠被夹住尾巴发出的叫声，俄文里都有专用词汇。这方面的知识，我们从学校出身的甚至还不如俄罗斯的家庭妇女。"谦冲自牧是先生的一贯风格，一谈到学问，总说自己会的太少。

寿颐先生是我的父执辈，我一直称他安叔叔。我们的感情纽带除世交关系外主要在于京剧。先生说他儿时曾看过梅兰芳演出的旗装花旦戏《查头关》和《探亲相骂》，海外的周明泰老先生（志辅）认为这话不足信，但我知道寿颐先生的言行从来是实事求是的。先生青年时曾向一位姓罗的老师学过京戏《上天台》和《雪杯圆》，后来都教给了我。我曾唱给刘曾复先生听（刘曾老是目前硕果仅存的余派专家），曾老认为，《上天台》的唱词与余叔岩的基本相同，而《雪杯圆》的唱腔则得到刘曾老的首肯。我原想请刘曾老给我"说"《雪杯圆》，曾老说："你学的唱法不错，照着唱就行了。"可见寿颐先生学的京戏虽不多，却师承有自，而且是精品。

寿颐先生晚年患心脏病，我最后一次去看望他，他已不能起床。六十年代末，他猝然发病，竟溘然长逝。转眼已三十年了。

先生有二子一女。长子安熊字同炎，与我同庚。次子安骏，在天津做外科医生。女安瑾，适曹作新君。曹君是我在南开中学读书时同年级的同学，他们夫妇大约仍住在天津。安瑾曾从先父学习书法，偶有作品发表，写得不错。

2000 年元月写于北京西郊

王昭琛先生二三事

拜读朱正先生大作《坦然》，及所引程千帆先生遗札手迹，不禁引起我对瞬已病逝十年的昭琛教授的无限哀思。昭琛先生名瑶（昭琛是其字），山西平遥人。终其一生都说山西话。1952年各大学院系调整，昭琛先生自清华大学调来北大中文系，我们开始共事。他长我八岁，谊在师友之间。到他病逝时，我们相交已近四十年。朱正先生大作及程老手札中各有一小误。昭琛于1989年冬先到苏州开会，因天寒室温太低，已感不适；后又转道上海参加另一会议，猝发肺炎，不幸病逝于沪上医院中，他并不是在苏州去世的。昭琛终年七十有六，程老手札言"此老享年才六十六"，实少算了十年。果如千帆先生言，则昭琛年龄比我还小了。

院系调整之初，中文系不少人都住在北大中关园。除昭琛和我外，尚有章川岛、冯钟芸、朱德熙诸先生。每逢散会回家，常常结伴同行。昭琛既说一口山西话，每以谐语自嘲。当时尚无"普通话"这一规范名词，一般人仍称旧时北京官话为"国语"。故昭琛有名言云："我说的话只能叫作'中国语'，不能叫作'国语'"。读者试以山西方音读之，颇似绕口令。吴组缃先生晚年，头发日稀而头顶日秃，但自双鬓至颔下，胡须却愈长愈密，一天不刮脸便"于思于思"。昭琛戏谓组缃先生是"毛发倒生"。其妙语解颐于此可见一斑。

1966年"文革"逆潮席卷全国，绝大多数知识分子皆在劫中。自1966年秋至次年春天，包括新年、春节在内，北大中文系造反派把我们这些人一律当成"专政对象"，并为党外老教师专门组织了一个搞清洁卫生的"劳改队"。年龄最大者为王力（了一）先生，其下以齿序，则为魏建功、吴组缃、林庚、王瑶诸先生，最年轻者是我。我们的劳动范围分成两部分，一是打扫中文系单身青年教师所住的整个一座宿舍楼，二是在此楼区周围清扫校园的环境卫生。时届深秋，落叶无边，但经我们打扫后，到收工时居然一尘不染。当时很多人来校串联，认识我们这些"臭老九"者不少，尤其是北大中文系历届毕业的校友，大都上过我们这些人的课，更是熟人了。我们初遭劫难，一时还放不下架子，往往在劳动时尽量远避人群，只顾低着头轻手轻脚地清除垃圾。唯独昭琛满不在乎，手持长柄大帚，在人群中如穿花蛱蝶般萦来绕去，"挥斥方遒"。不管群众投来的是同情的抑或鄙夷的目光，昭琛都旁若无人，视而不见。林庚先生曾半开玩笑半郑重严肃地说："昭琛真了不起，搞起卫生来如入无人之境。"当然，我们心里还是很不情愿的，只是谁也不说什么。而昭琛有时却按捺不住，有一天他竟把伍子胥过昭关的唱词高声朗诵起来："过了一天又一天，心中好似滚油煎。"林庚先生事后对我说："昭琛胆子真大，不怕闯祸，这要是让红卫兵听到，少不得又是一场批斗！"

　　1983年后，我从北大中文系调到历史系，同往日师友相见日稀。但每年春节，我必到校内几位老先生府上拜年。计历史系两位：邓广铭先生和周一良先生；中文系三位：吴组缃先生、林庚先生和昭琛先生。记得昭琛逝世的前一年，那最后一次春节，我照例骑着自行车一家家趋访。由于昭琛高卧晏起，竟未获觏面。半年过去，听说昭琛竟蓄起了胡须，我乃暗忖："岂伤心人别有怀抱乎？"

　　昭琛病逝于江南，已是1989年12月。当时北京寓所设有灵堂，我只能面对遗容仰天一哭。我向他留京的女儿略问昭琛临终前的情景。他因病危时呼吸困难，喉管已被切开，无法讲话，只能用颤抖的手在纸上画字留言。我去吊唁时值昭琛夫人杜琇女士外出，事后杜夫人给我写来一信，备述"文革"期间我和昭琛彼此相濡以沫的一些细节，并向我表示谢意。此后我又面询过杜琇夫人昭琛临终时情状，杜夫人说："他已口不能言，只用手在纸上，后来乃在空中，反复写'对不起你'四字。"我不忍再听下去，只好用别的话岔开。今杜琇夫人已迁出校园，住在去北大较远的燕北园，近年来只在路上偶然邂逅数次，未遑畅叙。她已霜鬓苍颜，所幸步履犹健。据悉她远在海外的三个子女，生活得都很好。昭琛泉下有知，可以瞑目了。

荏苒十年过去。每年春节我到校园中拜年的对象只剩下林庚老师和周一良先生两位了。而今春自新千年以来，竟一病数月，从旧腊除夕到新正上元，我一直呻吟床蓐。只能让我那从远方回京探亲的女儿给林、周二老各打一电话拜年，心中十分歉疚。深盼来年春节，我仍能亲谒林、周二老，给他们带去新世纪的祝福。

公元 2000 年岁在庚辰夏至后七日写讫
原载 2000 年 9 月 23 日《文汇读书周报》

悼念杨向奎先生

7月20日前后，我刚刚收到中国社科院历史所吴锐同志寄来的杨向老三本著作，正准备写信致谢，不料吴锐同志打来电话，告知向奎先生竟于23日病逝。我和向老从未见过面，承他不弃，视我为忘年交。向老以九十高龄遽归道山，他对史学界所做的贡献，不是这篇小文所能殚述；然而老成凋谢，哲人萎逝，无疑是当前学术界的重大损失。我这里要谈的，是八十年代与向老的一段书信交往，而通信内容，却与史学全不沾边。唯其如此，更见出向老所谈的内容格外珍贵。

向奎先生生于1910年阳历1月，按旧算法是属鸡的，长我十三岁。他是顾颉刚先生的弟子，是著名的前辈史学家。我是教文学史的，过去与史学界的专家学者甚少接触。对向奎先生虽心仪已久，却素昧平生。八十年代，中华书局编辑出版了《学林漫录》，向我组稿。我在《漫录》上以连载方式发表了拙著《京剧老生流派综说》，一时引起读者兴趣，随即收到不少来信，其中有一位读者便是杨向奎先生。他数次以长函见示，畅谈他昔年在北京看戏的经历，并对拙著奖饰有加。我愧悚之余，不敢缄默，便恭恭敬敬给向老写了回信，请他对拙作多多指正批评。向老看戏的经历，与我颇有相似之处，也是先从看科班戏（如富连成，我则还看过中华戏校的演出）开始，然后渐入佳境，看大班名角。向老对当时的几位京剧大师都做出积极评价。他最推崇的是杨小楼（这一点，与朱家溍、刘曾复以及长期寓居海外的柳存仁诸位先生，观点都是一致的），对杨的艺术誉之为"神品"。而对梅兰芳，则称之为"妙品"；至于余叔岩，向老则稍有贬词，称之为"能品"。仔细想想，向老的月旦确能"持之有故，言之成理"。可惜在这方面，向老竟未公开发表过任何文章、意见，真是遗憾。

向老对梅、杨、余的下一代演员，也有他独特的看法。他曾详加评析李少春，认为他不像四五十年代以来时贤所评论的那样，并不具备很高的艺术水平。至少，在向老眼中，李少春不足以称为杨小楼、余叔岩的传人。从先天禀赋看，李少春并非绝顶聪明；从后天功力看，他的艺术道路又走得不够规范。这样的评价，从我当时的认识水平看，是有点出乎意料的。

但向老对裘盛戎的艺术却大加赞赏。认为裘盛戎既有天赋，又肯努力，确是发展了净行艺术而达到了一个新的水平。从向老对京剧演员的种种评价看，再结合我过去读过的向老的学术论文（为数甚少），我感到这位老学者无论做学问还是看问题，都是全凭自己独立思考并有根有据地发表意见，既不人云亦云，更不武断臆测。这种扎扎实实谨严缜密的学风，是值得我们认真学习且应予发扬光大的。

1993年我从德国回来不久，就接到历史所吴锐同志的组稿信，向老的弟子们准备为向老出一本《庆祝杨向奎先生教研六十年论文集》，并转达向老本人的意见，一定要我写一篇谈京剧的文章收到集子里。恰好我在德国写成几段读书笔记，题为《京剧温故知新录》，自己认为还不是泛泛之作，便寄去充数。《论文集》出版，拙文得附骥尾，深感荣幸。唯以这些年室有病妇，自己体力亦日就衰朽，不仅读书治学早已成为明日黄花，即听歌顾曲亦久无兴致，故与向老很长时间失去联络。吴锐同志寄来向老的三本大著，正拟仔细拜读，认真学习，不想噩耗随之，使人顿生梁摧山圮之憾。我已决定从头到尾把向老所赠的遗著细读一过，作为对向老的纪念。同时写此小文，略表微忱。向老著作等身，桃李满天下，又享大年，其人其文皆足为今世楷模。向老在泉下可以安息了！2000年7月28日，即向奎先生逝世后五日，敬悼于北京中关园寄庐。

原载 2000 年 8 月 26 日《文汇读书周报》

金克木先生千古

公元2000年8月1日，金克木先生刚过完他的"米寿"诞辰；8月5日，他就从容而寂寞地走了，走得那么突然。无情的肺癌夺去了这位聪明睿智老人的生命。金老生前早有遗命，身后不举行任何追悼仪式。家属遵从遗嘱，8月9日就把丧事办完。及至噩耗见报，并由电台广播，一切早成明日黄花。即使与金老极熟的人，想为他送别也来不及了。过了没有几天，《中华读书报》发表了李春林同志的悼念文章（这是我见到的最早的一篇），以朴素流走的文笔勾勒出这位博古通今、辩才无碍的老人的音容笑貌，读了使人益增哀恸。

金克木先生是北大东方学系（原为东方语文学系）教授，本职工作是教梵文和印地语。晚年退休，这位博学多能的老人却一直笔耕不辍。他用平易疏朗、深入浅出的笔触写了大量阐释人生、发挥哲理的散文和冷隽幽默、静观世相的随笔。他通晓各种东西方文字，举凡中西文化、文学艺术、哲学美学、历史地理，几乎无所不精，每个学术领域都有发言权。他还是诗人、小说家、翻译家。他晚年偶然说起，他对天文学未能进行深入研究。其实金老早在武汉大学执教时，即已写过有关《古诗十九首》中"玉衡指孟冬"的考证论文，足见他对天文学并非完全生疏。那篇文章发表在当年开明书店发行的《国文月刊》上，题目已忘，只记得文章开头处写他与程千帆先生（这位老人不久前也遽归道山了）秋夜闲坐庭中，观天象而引发出一番议论。虽谈的是专门之学却读来如对娓娓闲话，可读性极强。这是我第一次接触金克木先生著作，所以至今仍有印象。

进入新时期，金老年近古稀，而他却以最快的速度和惊人的勤奋吸收新思想、新学问，而且事事追本溯源，究其来龙去脉，绝对不停留于耳食皮相的肤浅表面。八十年代初，我听他谈符号学、信息论、诠释学、史料学，谈解构和结构，谈宏观与微观，谈分析与综合，无不侃侃琅琅，如数家珍。当时是改革开放伊始，新名词、新术语、新概念、新模式，或来自欧美，或来自东瀛，一时纷沓而至，听者真像鲁迅所说，头脑中似被马队践踏过一样。浅学如不佞，顿觉晕头转向，不知何去何从。而每与金老晤谈，则立时有披沙拣金、去伪存真、汰粗识精之感，既使人耳目一新，又感到豁然开朗。他对于新知识、新学问，如逢旧雨，如忆往事，讲得头头是道，字字珠玑。听之者一闻謦欬，便如沐春雨，如坐春风，使人乐而忘倦，如饮醇醪。李春林同志文中盛赞金老聊天本领，谈锋所到，胜义迭出。而我则认为，金老之善谈，更在于其机锋之锐、思路之捷与内容之博，乃至博到了多层次与全方位，无远弗届，无孔不入。犹记1997年金老八秩晋五华诞，启功（元白）先生和我同往祝寿。金、启二老所谈，内容涉及文玩字画与诗词古文；而掉转话题，金老又同我谈到小说戏曲与文坛佳话。盖金老与来访者接谈，几乎因人而异，悉根据来访者所从事的职务与行业，随时变换话题，循循善诱，我同金老对面晤谈的机会并不很多，但每次话题极少重复雷同。对于年轻人（我比金老小十岁，也算是后辈），金老在谈话中总是时时处处与人为善，谈学问十有八九都是"能近取譬"，不端学者架子，不摆权威面孔，用言传身教做传道授业的楷模。半个世纪以来，在我所接触的师友中，学问之渊博，襟怀之坦荡，言语之幽默精警，意蕴之含蓄精深，兼而有之者似并世已无二人。金老走了，后死者纵有万语千言，亦难摹状金老的精神面貌于万一，夫复何言！

在这里，我想追述一下金老同我本人直接有关的两次面谈和一次文字交流。八十年代中期，金老知道我在指导一个日本早稻田大学戏剧系毕业的女硕士，准备从我进修两年回国攻博士学位。她的主攻方向是中国戏曲，重点在传统京剧。恰值某日进城开会，金老和我同车返校。当时金老很感慨地对我说："你一定要把自己掌握的全部中国戏曲知识都无保留地教给这个女孩子。等将来我们研究戏曲的人才绝了种，还可以派人到日本去留学，把这一套知识和本领再重新学回来！"表面上看似说笑话，其实这话的背后是含着眼泪的。我听了之后，也怃然不怿者久之。

与上述那次谈话相距不久，金老知道我把版本目录、校勘考据之学的手段用到京剧唱片的研究上，大为高兴，逢人便为我吹嘘，使我很惶恐。后来金老遇到我，竟郑重严肃地对我说："不要把研究京剧唱片当成不足观的小道，这是一门前人没有做过的学问，你应当认真地、善始善终地搞下去！我说的是正经话，不是开玩笑。"我听了很受鼓舞。后来我开始写《京剧唱片知见录》，实是受金老启发。可惜这个工作刚开了个头就搁下了。主客观原因都有，这里不想多赘。只是辜负了金老对我的一番鼓励和期望。

进入九十年代，我在天津《今晚报》上发表了一篇小文，其实是"炒冷饭"。我因读王安石的全集，发现他那首《泊船瓜洲》中的名句"春风又绿江南岸"原本作"自绿"。作"又绿"仅见于洪迈的《容斋续笔》卷八。古往今来，不知有多少人都据洪迈之说大做文章，包括当代的大家如钱锺书、周振甫等先生亦如是说，实际上却近于以讹传讹。我的小文不过从版本和修辞的角度摆出事实，并无什么个人见解。金老读到了拙文，他在《今晚报》上写了一篇谈这句诗的文章，却是从历史大背景和洪氏父子的经历身世来谈问题，深入腠理，竟怀疑洪迈这段"随笔"具有他个人的创造性看法，不惜改动了王安石的原句。不管金老这一想法是否接近事实真相，反正比我的小文只罗列现象要深刻、透辟多了。我除了更写小文向金老致谢外，还学到了如何独立思考的治学门径。事后对金老当面谈起，他只一笑置之。可惜今后再没有这种机会向金老请教了。

附记：这篇短文是在金克木先生逝世后十余天内写成的，随即寄给上海《文汇报·笔会》。屈指算来，现已距金老之逝一百天，拙文迄未见发表。几次催询，并说不用即请掷还，结果是既不退又不登。照章办事，文章寄出三个月尚未发表者，可以改投他处。因此把拙文略作增补，寄往太原。由于间隔时间较长，有些琐屑情况需要在这儿做些补充。

金老逝世后，其女公子木婴同志曾惠临寒斋，提到一件与我有间接关系的小事。1947年，舍弟同宾携沈从文师亲笔介绍信（写在从文师的一张名片上）到武汉面谒金先生。事过半个世纪，金老居然发现这张名片，打电话叫我到他府上亲把名片取回。我随即寄还兆和师母。为此我还写了一篇文章，详述始末，先在报端发表，后来收入今年出版的拙著《常谈一束》中。后来沈师母在从文师遗物中找到金克木先生四十年代从国外寄给沈先生的一封长信，通过我问知金老电话和通讯地址，由虎雏师弟把这封信寄还金先生。木婴来访，即让我帮助认清金老原信手稿的字迹。并告知我，此信将收入金老尚未付梓的一本散文遗著中。这该是一段可纪念的佳话。此外，三联书店了解金老病危，赶印了金老一本虽题为小说而实属回忆录的《孔乙己外传》，结果还是没有来得及，书印就时金老已辞世了。因此木婴（也包括出版社）希望我能为《外传》写篇书评。我说这是义不容辞的，但不宜率尔操觚，等考虑周到成熟再动笔。这是后话了。

金老逝世后，从各方面看，还是相当寂寞的。北大的领导竟无一人到金宅唁慰家属。悼念文章也寥若晨星。有的报刊为了"应景"，竟发了两篇旧日谈金先生的文章充数。听到这些,都是令我鼻子发酸的。这就是海内外知名大学者的"寂寞身后事"。岁在庚辰立冬后三日定稿后记。

原载 2000 年第六期《黄河》

忆萧离

不久前在《新民晚报·读书乐》版拜读老友谢蔚明先生谈萧凤遗著《草木一生》的文章，引起我遥远的回忆和无限的怅惘。我在北大读书时仅与萧凤见过几面，实不很熟（她当时似并未在北大读书）。但与她丈夫萧离兄，则不仅有"同窗"之雅，而且直到上世纪八十年代有一年的暑假，我还到他府上同他长谈了一个下午。那是沈从文师出院之后，病逝之前，我为探知从文师的近况，并借以与萧离叙故旧之情，才到他当时的寓所和平里做了一次不速之客。而那也就是我们的最后一面了。

萧离本名向远宜，长我八岁。我1947年从清华大学中文系转入北大，由于四年级毕业班不招插班生，只好再读了一次三年级。当时同班的大龄同学有好几个，萧离即其中之一。我本应于1947年即从本科毕业，结果到了1947年还在大三旅进旅退地混日子，自以为已是超龄生了。没想到事实并非如此，我的年龄还远不是最大的。有一位是我在天津读高中时同年级的老熟人，名王达人，年龄比我只大不小。此人新中国成立后即未再见，后来听说已不在人世。还有一位是在北平邮局工作的，似乎也姓王，身穿粗布长袍，戴一副深度近视眼镜，原来是抗战前北大的老学生，华北沦陷便辍学（不肯进伪北大），1946年北大自昆明复校，他才又回来继续读书的。此人一面上班一面上课，好在北大的课堂来去自由，故他不脱产也无碍听课。再有一位便是萧离了。印象中萧离的面色一年到头都有欠红润，显得苍老，除了最后一次相见时发现他精神气色不错，在此前的若干年中仿佛他总带有风尘仆仆之色。这大约是他一生奔忙劳碌、辛酸坎坷刻在脸上的烙印吧。从表面看，一望而知他也是一位复学的老学生。后来在沈从文师府上经常遇到他（他和我彼时皆沈府常客），才知他在上课的同时，还为《平明日报》编文学副刊。我最初以为他这份兼差是从文师推荐的（因为我也有同样性质的一份兼差，就是从文师代为推荐的），及至读了蔚明惠借的《草木一生》，才知道萧离伉俪与傅宜生先生（即傅作义将军）的交谊很深，难怪萧离在傅将军办的《平明日报》编副刊了。

以沈从文师为坐标中心，当时有好几家报纸的副刊都由北大负责主编。天津《益世报》的文学副刊是沈先生亲自主编，穆旦在天津时曾帮过一段忙，后来就由沈先生直接主持了。上海和天津两处《大公报》的《星期文艺》，主编人署名是杨振声先生，实际由袁可嘉先生负责。《文学杂志》和天津《民国日报》的文艺副刊，主编者是朱光潜先生，但具体经管事务都由常风先生承担。此外还有《经世日报》的文学副刊，由金隄兄实际负责。而《华北日报》的文学副刊则由我具体组稿编发。我们这些人除常风先生是师辈，有事我总是登门求教外；其他如袁、金两位以及萧离和我，都算是同辈人，有事便经常见面，不时还在一起聚餐。不负责编副刊而彼此谈得来的，在北大还有夏济安（教师），燕大则有江泽垓（西语系本科生）等。后来不知由谁发起，打算成立一个同人文学团体。在一次命名会议上（实际也是小型聚餐会）我第一次见到叶汝琏先生和萧凤女士（叶汝琏后来到武汉工作）。当时每个人都要为这个社团取个名字，各自写在小纸条上，然后先后进行评议。记得萧、叶两位所拟的名称均落选，经过最后磋商，定名为"方向社"。以"方向社"名义只召开过一次大型座谈会，会议记录后来刊登在1948年天津《益世报》的《文学副刊》上，占了整整一版。老师们出席的有朱光潜、杨振声、沈从文、废名诸先生，非"方向社"成员只有一位我的熟人高庆琪。他当时是南开大学西语系的本科生，是听我说起，特意从天津赶来列席旁听的。而我自己反倒因事未能躬逢其盛。现在大约只有庆琪手中还保存着那张有记录的报纸了。

关于"方向社"，还有两事要谈。一是夏济安听说要成立文学小团体，忙把我叫到一边，说他不想参与这类活动，嘱我转告大家他有事先走，好像连饭也未吃就溜掉了。二是1951年在"三反"及思想改造运动中，在燕大，我和江泽垓都分别主动向组织谈及有这么一个"方向社"。因彼时当事者大都在北京，组织上很快就弄清底细，幸未引起什么纠葛。

萧离毕业后进了《大公报》，我们不再常见。1957年反"右派"，他也未能逃出罗网，从而陷入困境。这里我要特别提及一件极有纪念意义的小事。1966年"五一六"文件出笼不久，尽管多数局外人还不知内情，可是各个单位已天天大小会议不断，"山雨欲来风满楼"的氛围已构成强大的威慑力。每个人内心深处都感到程度不同的压抑苦闷。我自己因之也想找机会排遣一下。此时恰值舍弟同宾从天津来小住，我们便在一天午饭后临时决定去逛香山。所谓"聊暇日以销忧"。记得坐上往颐和园方向去的"巴士"，以及换乘从颐和园往香山的另一路"巴士"，车上只有四个人。除我和舍弟外，其他两位显然是从城里来西郊的。他们坐在我和舍弟的对面，我一眼就认出了他们，乃聂绀弩先生与萧离是也。我与聂老除开会时在公众场面见过外，平时素无来往，尽管我认识他，他肯定不认识我。至于萧离，则对我断无不识之理（舍弟对聂、萧二公则从未见过）。可是我和萧离四目同时端详良久，竟彼此都未打招呼，只是装着没有看见对方，光顾各自向身旁的同伴聊天，仿佛若无其事。到了香山，分头觅径登山，游踪互异。无巧不成书的是，等我们兴尽归来，日已西斜，在公共汽车上仍只有我们四个人。我犹疑良久，很想同萧离打个招呼，看萧离的神情也有同我打招呼之意。然而最后还是各自与同伴低声闲谈，宛如默契。据我猜测，好像萧离已告知聂老对面坐在其中一人是谁；当然我也向舍弟说明，此二公并非等闲之辈。及我和舍弟回到家中，据云单位已派人两次传唤，要我去开会。翌日我扯谎搪塞过去，当然没有说曾有香山之行。

八十年代专访萧离那次，他已退休。身体虽不算好，精神却不错，而且极为健谈。我们天南地北，上下古今，直到夕阳西下，我仍乐而忘返。从萧离处知道从文师从协和医院回家后，已在门口高悬"免战牌"，虽未公开谢客，采访者却是有时间限制的。而萧离却不无自我得意之态地说："只要沈先生见到我去，兴致便高起来了，至少要谈上一两个小时乃至两三个小时。"我听了十分欣慰。但我毕竟无此胆量贸贸然去探望沈先生。今沈先生离开我们已逾十年，萧离伉俪也匆匆离开尘世，作为后死者，心里纵有多少悔憾也无济于事了。

萧凤的《草木一生》虽用的是小说写法，却忠实地记录了这一对患难夫妻艰辛坎坷的一生。如果写书评或读后感，我觉得反近于官样文章，有点像酬世之作。而上述我写的这些拉杂琐碎的小事，在那部大书中当然不会有所反映。夫"不贤识小"，事虽琐细，写出来或者多多少少能供关心聂老与二萧的人们做一点微不足道的参考，读者或不致以为我是攀附名人而自作多情也。

2001年5月挥汗写于北京西郊寓庐
原载2001年6月16日《文汇读书周报》

读王水照兄近作有感
——兼怀赵齐平兄

2001年6月30日,《文汇读书周报》发表了王水照兄近作专稿,题为《宋代文学研究的思考》。我一连捧读两遍,既感亲切,又深佩服,而更多的则是不尽的感慨和茫然的失落。与水照不相见者逾四十年,他治宋代文学成就卓著,完全是他这些年刻苦绩学、精进不懈所结成的硕果。这使我既欣慰又羡慕。我虽痴长几岁,而至今却一事无成。说句狂妄的话,作为一生从事苜蓿生涯的教书匠,而竟有业务水平如水照者曾听过我的课,真是不胜荣幸。

水照于1960年毕业于北大中文系,是当时知名度颇高的"五五级"的高才生。在校时,因我们共同语言很多,他经常来寒斋闲话,彼此感情十分融洽。毕业后,水照被分配到中科院文学研究所,我们即未再晤聚。从他的文章中得知,他曾受钱默存(即钱锺书)先生长期熏沐,这对他后来读书治学影响至大。后来他调到上海复旦中文系任教,学问日臻成熟。我虽与水照失去联系,但对他一直很惦记。他的文章和著作,我大都拜读过,深以复旦能得斯人执教为庆。直到前几年,我们才恢复通信。他依然那么谦虚礼貌,但于拙文有欠斟酌处却径直提出,使我格外感到他的坦诚真挚,一如往时。去年他因事未能返校,曾特地写信来向我表示遗憾,令我感动。

希望不久的将来能与水照晤面，交流多年来做学问的心得，亦衰年余生一大快事也。

现在想谈谈读水照这篇近作的感想。其实这已是旧话。十一届三中全会之后，北大中文系百废待兴。我所在的宋元明清文学史教学小组，人才虽不少而分工却不够明确。吴组缃先生当时仍是群龙之首，但他年事已高。在所谓中年人里面，我即将跨入"花甲"年龄段。而小我十二岁的赵齐平兄，本科毕业于川大，又是组缃先生的研究生，对这一段的诗文、小说、戏曲，都能举重若轻，实为不可多得之材。我当即向教研室主政者建议："再过十年，我就接近组缃先生今天的年纪了，必须加紧培养接班的梯队。我认为，现在应大力、全力培养赵齐平，不一定让他讲基础课，更不能'打杂'，而是要让他多进行科研，开专题课，多写文章，把他推上去，提高他的知名度，使他成为这一段文学史的多面手。"令人遗憾的是，这话说得似乎早了一点，并未引起主政者应有的重视。不过与此同时，主政者确也做出一项合理的决定（客观原因这里姑不谈了），由我和孙静兄、赵齐平兄成立一个三人小组，负责编选《宋元文学史参考资料》（这是准备把从先秦、两汉那一套参考资料继续完成的工作），于是我们三人欣然接受了。

我们的主张是一致的，即从读宋人别集入手，掌握第一手资料。至于总集，当时只有《全宋词》和《宋诗钞》，加上《宋文鉴》和《南宋文范》，都在我们涉猎的范围之内。我就是在那时匆匆翻过一遍《全宋词》的。而孙、赵两位，则从北宋别集逐部阅读。我们初步拟定一个编选规划，虽稍嫌庞大，却搜罗齐备，视角新颖。得到中华书局预为此书担任责编的马蓉女士（她也是我的学生）的同意和赞许。正由于我们认真读了第一手材料，如水照近作中所谈到的一些观点，我们当时也都曾想到，并在心目中日益明确，只是尚未形诸楮墨。这就是我前面所说读了水照的文章何以感到亲切并表示佩服的原因。令人又一次感到遗憾的是，教研室当初安排我们做这项工作原来是权宜之计（这是后来才恍然大悟的）；现在见我们当真铺开摊子准备大干一场，于是认为我们旷日持久，乃好大喜功，只要求我们把坊间的宋诗选、宋词选以及几种散文选加以拼凑照搬，尽快速成，就算功德圆满。至于读别集等第一手材料，更是多此一举。我性情本来褊急易怒，感到我们三人这一年多所付出的精力时间竟成了浪费，而且那种拼凑照搬的做法也用不着我们这样下功夫，随便找个人都可以一蹴而就。于是我乃愤然提出，希望主政者另请高明。恰巧此时孙静兄被季镇淮先生调去治近代文学，齐平的肾疾已发作，这三人小组便自然散伙。当时我去志已萌，不久即离开中文系，当然从此也不再过问原来的任何工作了。二十多年匆匆过去，就连想拼凑成书的"书"至今也还是"未完成的交响乐"。究竟这笔账该怎么算，恕我不再费此脑筋了。

然而我们那一段工作还是有成效的。孙静兄对北宋初年的一些作家，即使是一般文学史根本不著一字的诗人如张咏等，他至今有着颇具权威性的发言权。齐平兄虽病情日重，还是力疾开了"宋诗"专题课，并写成一本关于宋诗的专著。溯其本源，都应归功那一年多积累下的学术资本。在这里，我愿把深藏于心底多少年的真心话坦诉给读者。上世纪八十年代初，一家出版社正酝酿出版拙著《古典诗文述略》，同时香港中华书局还邀我撰写有关宋诗的专著。在《述略》里，诗歌部分我仅谈到唐代为止。香港书约后来也被我婉言谢绝。我当时的想法是，在一定时期内凡有关宋代文学的内容我一字不谈也不写；如果要谈要写，就由齐平去谈去写，这样可以把他培养成治宋代文学的专家。直到八十年代中期以后，《全宋诗》正式上马，而齐平亦已病入膏肓，我才"破"了讲宋诗的"戒"。齐平的肾病本已难医，而当时的中文系，却因另一名教员无缘无故不完成其本职工作，而由于时间紧迫，主政者竟强行让还在住院的赵齐平出院，在极有限的时间内赶写出本非他职责之内的大量讲义。这一下子把他彻底拖垮，从此再无法康复，不足六十岁便溘然长逝。听说当前各高校（包括北大）因退休者多，接班者少，师资都相当艰难，北大中文系宋元明清文学史这一段当然也不例外，且矛盾显著。古人说"不在其位，不谋其政"，孟子更说过风凉话："我无官守，我无言责也，则吾进退，岂不绰绰然有馀裕哉！"（《公孙丑下》）像我这样垂死的老人，也只能以说不尽的感慨与无可奈何的失落感，来怀念远在沪渎的王水照兄和逝世已逾八年的赵齐平兄了。

辛巳中伏大病初愈写于北京
原载 2001 年 8 月 25 日《文汇读书周报》

芝兰玉树谢家风

谢国桢先生字刚主，是我国著名的明清史专家。谢氏为河南望族，与谢老同辈以"国"字排行的本族昆仲今犹遍及海内外，而谢老居长。我寄居天津时，曾结识国彦（字午生）、国捷（字戌生）、国权（字甲生）和刚主先生本人。今略记与他们过从的往事，也算是居津时的雪泥鸿爪吧。

我最早结识的是午生先生。那是1937年，我还是中学生。当时午生先生住在天津河东，他作为青年学者，曾访晤过家父玉如公。不久我代表父亲回访，到过他河东的寓所，一度过从较多。午生经常爱说一句话："平生治碑不治帖。"听他闲谈，我学到不少金石方面的知识。他很欣赏先父的书法，唯认为先父在抗战前写的行草缺少"金石气"。卢沟桥事变后，我们全家避居马场道，先父杜门不出者年余，每日以摹写篆隶遣日。后来午生又见到先父写的字，认为已无不足之处，乃更加叹服。此事我已写入《吴玉如书法集》"前言"中了。午生后迁居马场道邻近佟楼地段，但我们交往反而少了。当时戌生先生在天津教中学，寄居午生寓所，我有时去午生家，倒是为了同戌生聊天。午生结婚较晚，夫人姓何，我未见过。不久午生即病逝，天不假年，十分可惜。戌生面部小有疾，但很健谈，对《庄子》尤多胜解，使我得益匪浅。后戌生入河北大学（其前身为津沽大学）任教，我已调来北京，故久不相见。未几河大迁至保定。七十年代初，北大中文系师生赴三十八军"学军",驻地在保定近郊。当时部队准备写关于《红楼梦》的文章,需要向河大借资料,而我是唯一在河大有相熟者的人,于是派我前往公干。当天因我在河大午饭,居然邂逅戌生一面。寒暄数语,遂即道别。从此便再未见到戌生。去年冬天,河大校史组曾有同志来电话询及旧事,问起谢国捷先生,知已仙逝。而河大熟人如李鼎芳教授等也都先后辞世,闻之不胜怃然。

自 1941 年至 1943 年,我曾肄业于天津工商学院(津沽大学前身)商科,与谢国权同志同班同学,朝夕相处,过从甚密。后来国权决心去延安,我是事先知道的人之一。国权走后,我还特意到他家中面慰他的老母。大约在 1950 年,我在南开大学教师宿舍忽遇国权,遍体戎装,精神抖擞。惜他与多人同行,无暇叙旧,仅告知我:"现已改名言彪,经常出国。"1951 年我来北京任教,从报纸上经常读到言彪的大作,当时他已是新华社驻国外记者了。不幸的是,言彪竟患上一种脑病,不得不长期疗养。"文革"结束不久,我曾到北京医院去探视他,畅谈了一个下午。他当时的症状是,两眼目睫均无法睁开,只能闭着眼睛谈话。前几年听说,他终于病逝。言彪才华横溢,文笔亦好,只恨久病无法工作,如一颗光彩夺目的流星,一瞥即杳,太可惜了。

我认识最晚的是刚主先生。五十年代,他在南开大学任教,恰与老友华粹深先生比邻而居。我每访粹深,必到谢老寓中小坐。刚主先生本是我的师辈,但他因我与国权(言彪)同学,故坚持以平辈相待。其后谢老调到北京,在历史所工作,偶然亦在城里见面。记得有一次在绒线胡同四川饭店门口与谢老相遇,他问我:"在天津搞戏曲的是令兄还是令弟?"我答:"是舍弟。"过了一两天,我们又在一个座谈会上相逢,他高兴地说:"巧极了,前天我在路上见到令兄了!"我答:"舍弟仍在天津,您先后两次遇到的都是我!"相与拊掌大笑。"文革"后期,谢老迁居永安里,与俞平老寓所相去不远。我同粹深每谒俞平老，总要顺路去看望谢老。有一次谢老兴致极高，把他珍藏名贵碑版悉数取出，供我赏玩，使我眼界大开。"十年浩劫"后，谢老曾独自布衣布履，到一家餐厅吃饭。由于店大欺客，服务员十分不礼貌。谢老要吃海参，服务员竟怕谢老付不起账。谢老乃大声说："我要吃鱼翅！"事后谢老撰一文在《人民日报》发表，专谈此事，署名"刚主"。这与吴晓铃先生陪外宾吃烤鸭，因受冷遇而亮出"红牌"，真是无独有偶。

　　我从刚主先生及他的几位介弟那里，都学到不少知识和学问，堪称良师益友。"既痛逝者，行自念也"，写此小文，聊志不忘。

原载 2001 年 8 月 10 日《天津日报》

六十年前的"红楼"梦影

流连光景，追昔怀旧，一度是作为"小资产阶级"的情调来批判的。过去不少朋友撺掇我写回忆文字，我因兴致阑珊而谢绝。最近看到报上连续报道袁可嘉、金隄这两位远在大洋彼岸的老熟人先后病逝，我情不自禁悲从中来。如果我不写点什么，真有点对不住当年几乎每天见面的这两位早已"陌生"的老朋友了。

话要从自己说起。1947年，我宁可迟一年毕业，以清华中文系三年级肄业的学历毅然转学到北大中文系三年级来。原因是在沈从文师的提携和关爱下，我可以边读书边找副业以贴补家用。那时我已娶妻生子，上有老母，不得不想办法自食其力。说也奇怪，我是中文系一个学生，交往的人多一半却是学外文的老师。前辈的有常风先生，同辈的则有夏济安、袁可嘉和金隄。除济安年龄稍长外，袁、金两位只比我大一岁。得以结识他们有外因，更多的是内因。当时常风先生协助朱光潜先生编《文学》月刊，可嘉协助杨振声先生（其实杨先生只是挂名）编《大公报》的"星期文艺"，金隄则编《经世日报》的副刊。在这些园地，我都发表过文章，几乎全是书评。后来从文师也把一个"文学副刊"交给我编，于是我和这几位外文系的师友交往更加密切，经常在稿件方面互通有无。而真正把我们联系到一起的是由于有共同语言。当时夏、袁、金诸公都住在现已成为被保护的文物的"红楼",我是他们单身宿舍的常客。我和袁、金两位所以谈得来,主要因为我们都是新诗爱好者。那时我是"汉园三诗人"的崇拜者,尤爱读卞之琳先生的大作。已经快进入二十一世纪了,周一良先生竟发现我曾给《穆旦诗集》写过书评(穆旦也是治外国文学的)。我说,我不但喜欢他的诗,而且我们都是沈从文先生的学生,是同门师兄弟。至于夏济安,则除谈文学外,我还是他看京戏的"顾问"。他是经我建议才开始有的放矢地跑戏院的。

同可嘉、金隄谈诗,他们大抵从"洋"角度看问题,我则从对传统五、七言诗的理解来发表对新诗的看法。但居然经常谈得拢,有些不同看法彼此也都能接受。比如对诗的格律问题,神韵与性灵之类,我们并无多大分歧。我对当时流行的西方诗歌多少有点肤浅认识,都是得到可嘉教导的结果。

我和金隄友情更深一些。除了经常出入从文师门下以及交流报刊编务之外,我还推荐他给我一个亲戚去当英文"家教"。那位舍亲常留我们吃饭。有时酒酣耳热,金隄更能张扬个性。直到有一次他醉后大发狂言,我们才不敢放量饮酒了。偶尔我和金隄也凑在一起打桥牌,但机会不多。

1948年,一位美国青年学者来北大访问,由金隄组织了一次小小聚会,座上有可嘉、济安等。金隄把我也拉去了。与会者都能讲英文,只有我是穿长衫的,"土头土脑"。金隄在逐一向洋人介绍时,因我专写书评,便封我一个"批评家"的头衔。那位洋人一个劲儿用惊诧的眼光上下打量我,金隄还当众吹捧了我几句,我忸怩得几乎想溜掉。事后金隄对我说:"你太见不得世面了,这个来者又不是什么大人物,何至于如此胆怯!"我说:"下次再有这样的事,我决不参加了。"

上个世纪五十年代,金隄在一家西文杂志任编辑,约我写文章,由他译成英文发表,不久便因"反右"中辍。到上世纪八十年代初,金隄在天津外语学院做英语系主任,想拉我到天津去教书。后来才知道,当时有不少西方汉学家来华访问,如果我去那儿,主要工作是由我"送往迎来",专门应酬洋人。因为在天津外语学院懂中国文史的人太少了。我最不善于此道,只能婉言谢绝。接洽事务当天,金隄留我在他家午饭,这是我们最后一次见面。

1949年以后我一直未再见到袁可嘉,但一直关心他的行止。听邵燕祥兄说,有一次他们结伴旅行,可嘉因车祸受伤,一时未能回北京。我曾动念去看望他,但因长久没有联络,终于未敢冒昧前去。后来听说他到美国去了。如今幽明永隔,想见也见不到了。即使他健在,可能也早已忘掉我们六十年前促膝谈心的情景了。

俱往矣!袁、金两位先生在他们各自的学术领域里都做出了值得骄傲的贡献,我却至今一事无成在混日子。这篇小文也算是逝者给我以得附骥尾的一次机会吧。

2008年除夕写于京郊
原载2009年1月22日《文汇·笔会》

我所知道的中关园

拜读刘超先生《寂寞中关园》(载8月26日《笔会》),忍不住有些话要说。这篇文章是追忆已经逝世三年多的哲学大师张岱年先生的,而我是张老的学生,从上个世纪四十年代就从张老问业;同时我又是中关园的老住户,对中关园的寂寞与沧桑我应该有发言权。

1952年院系调整后,张岱年先生从清华园,我从现已属于北大校产的承泽园,先后都迁入新建好的中关园平房宿舍。那时的中关园有一条已经干涸了的小沟,虽无水而沟上的小桥犹存,因此园中住户依习惯分为沟东、沟西两大块。沟西的人家又以一块广场分为两片,广场北面称一组,南面称二组。当时张先生住在一组,我住二组。刘超先生文中所引的许多名教授,如朱光潜、翦伯赞、周一良诸先生,根本都没有住进中关园。只有钱锺书先生在文学研究所未划归社会科学院(当时只称科学院)之前住过中关园一组,而川岛先生则住在沟东迤南,与周祖谟先生是邻居。这些先生的家(包括不住在中关园的)我都去过。当然这些平房现在早已拆光了。

关于张岱年先生痛哭的事,我只耳闻过。但我却很明确地知道,当时梁漱溟先生并不在北大,而且似乎也不可能跑到北大来看张先生。

至于张岱年先生迁居的情况,刘文语焉不详,好像张先生一直住在一处固定的狭窄的地方。其实老先生搬过好几次家。"文革"开始,我们在中关园的平房宿舍一律把连体的两户人家改成三户，即每家勒令腾出两间房屋把隔墙打通，硬挤进一户来。这样一搞，原本居住面积已经不大的住房就更加狭隘了。于是岱年先生被迁到中关园二公寓靠西侧的一层楼的两间小屋，除了床就只能把藏书顶天立地地胡乱堆放着。我曾去看望过先生，真是"无立锥之地"。"文革"结束，岱年先生一度迁往蔚秀园所谓"新居"，也是极小的仅能容膝的两间小屋。直到上个世纪八十年代初，中关园公寓楼建成，老人才又迁回中关园四十八楼；而我则到1989年，由于校党委直接过问，才从科学院宿舍迁回中关园。2002年蓝旗营高层宿舍楼建成，张老以准院士资历被照顾再一次迁居，房间面积总算扩大得比较合理了，可是没有住到两年，先生和师母就都病逝了。我则由于缴纳不起近三十万的人民币，至今仍住在中关园的蜗居。这里寂寞则有之，整个中关园并没有空，只不过十之七八都是空巢老人而已。至于我和岱年先生的师生之谊，2004年曾写过一篇悼念老人的小文，这里不再重复。

2007年8月
原载2007年10月10日《文汇报·笔会》

卖书大有学问

五十年前，我还是一个十七八岁的中学生，有一次到天津绿牌电车道光明电影院旁边的商务印书馆去买书，曾被一位穿着笔挺西装的男售货员抢白了几句。我觉得这位售货员太目中无人了，便声称要见他们的经理。果然，一位姓施的副经理（后来升任经理）出来接待我，除解决当时柜台上发生的矛盾外，并且同我一见如故，仿佛忘年交似的，大谈其生意经。所谓"生意经"，实际是介绍商务出版的各类书籍，专业性很强。我们从大部头丛书谈起。就是那一次，我知道商务出版的丛书除《四部丛刊》、百衲本《二十四史》《万有文库》《丛书集成》初编外，还由王文濡编纂过一部《清文汇》。后来我才知道，中华书局出版的由王文濡编选的《清文评注读本》就是王在编《清文汇》时的副产品，而被中小学课本长期选为教材的彭端淑《为学一首示子侄》，也是由王文濡发现并选出的。施先生还谈及，吴曾祺为商务编了一部《涵芬楼古今文钞》（线装一百册），中华书局为了竞争，就请张相（《诗词曲语辞汇释》的作者）选了一部《古今文综》。后来商务只出《文钞》简编，而我却终于买到了百册的原书，而《古今文综》我也买到了。此后我每次到商务买书，都由那位施老接待，我感到很荣幸。因他身为商务经理，不仅以平等待人，而且每次总或多或少灌输给我一定的图书知识，这就对像我这样的穷顾客产生了极大的吸引力。至今，寒斋所藏的一本《丛书集成初编目录》，还是当时施老所赠。深有纪念意义。

说到北京琉璃厂的旧书商，昔有孙殿起，今有雷梦水，不仅对他们所经营的业务谈起来如数家珍，而且都已著书立说。孙氏的《贩书偶记》且成为治版本目录学的重要参考书。可见书店售货员是同样可以成为专家学者的。

但今天的新旧书店我却不大想去了。仅从上架书籍分类的颠倒错乱便已使人倒了胃口。康骈的《剧谈录》原是唐人笔记，由于书名有个"剧"字，便摆入"戏剧类"。有人买《花间集》，售货员请顾客上"花卉类"书中去找。吴组缃先生新出版了一本小说论文集《说稗集》竟被列入"农业"书籍当中。我建议今后大专院校的图书馆学系毕业生，应先到书店售两年书，再进专业结构，或亦属于改革之一道乎！

原载 1989 年 11 月 27 日《今晚报》

《项羽拿破轮论》及其他

《文汇读书周报》近期发表了周劭先生的大作《"破伦"》,开头一段提到法国皇帝拿破仑,并引述了一段掌故。这一传闻与我所听到的有出入,我是听一位旗籍老人佟厚斋先生说的,那年我虚岁十三。

当时我和舍弟均在北平汇文一小读书,我读五年级,舍弟读三年级。先父由朋友推荐,并带有惜老怜贫的同情心理,为我们把这位佟老先生请来做家庭教师,每周老先生光临舍下约四五次,教我读《孟子》,教舍弟读《龙文鞭影》。老先生在授课督诵之余(我们读的书是要背诵并向老师复讲的,老先生很有学问,并不让我们读死书),爱同小孩子谈清末民初的掌故,因此我在书本以外也学到不少知识,颇广见闻。

佟老先生谈到清末光宣之际皇室为了杜百姓之口,搞了一阵子形式上的"君主立宪"和"洋务维新",废除考八股文的制度,科举改试策论。有一位试官略通"洋务",知道西方的拿破轮与我国秦汉之际的项羽颇有近似之处,便出了个策论题,曰《项羽拿破轮论》。考生中有根本不知西方历史为何物者,当然更不知拿破轮是人名,是法国皇帝。于是按照写八股文的框架,写了一篇研讨项羽为什么专门手拿破车轮的策论,一时传为笑柄。若周劭先生所谈,则作策论者尚知拿破轮其人,且以之与秦武王、项羽攀比,还算不上笑谈也。

佟老先生还谈及他年轻时作为八旗子弟被勒令学英文的情景。彼时的英语课本，从 ABCD 直到 XYZ，每个字母的旁边都注有汉字译音，其中以 W 的注音汉字最多，共五字，为"达不儿衣乌"，照此五字读去，仍读不出英文字母 W 的标准音来，故来学者皆视读洋文为畏途。但佟老先生在彼时大约确是高才生，他在讲"孟子见梁惠王"之外，居然还告诉我："W"是"double u"的合音，故如今读。我之所以懂得 W 读法的道理，却是从一位家塾老夫子（其外表俨然是一位道貌岸然的老学究）的口中学到的，也该算得上一件奇闻了。

天津小说家刘云若

久居京津两地的人，鲜有不知张恨水与刘云若者。张恨水成名较早，《春明外史》《金粉世家》皆长篇巨著，而《啼笑因缘》则于三十年代初红遍大江南北（这部小说最初连载于上海《新闻报》，故云）。刘云若亦于三十年代初崛起于沽上，始而为天津著名小报《天风报》副刊主编（该报社长为沙大风，亦当时报界闻人），不久便专以鬻小说稿为生。他的成名作是《春风回梦记》，其次则《红杏出墙记》。除此两部为已完之作外，它如《春水红霞》《歌舞江山》《小扬州志》《旧巷斜阳》《情海归帆》《换巢鸾凤》《粉墨筝琶》诸作，都没有写完，可称有始无终。就我所知，其已完作品尚有一部《酒眼灯唇录》，其中主角实影射天津的文人王伯龙与王敏父女。距今亦近六十年矣。

刘云若生于1903年，卒于1950年，终年仅四十七。他和张恨水一样，旧学根柢都很深，能写旧体诗，工于刻画市井人物。亡友刘叶秋先生自三十年代即与刘云若有交往，1980年曾写《忆刘云若》专文，记云若事颇详，兼论其小说诸作，并以哭刘之挽诗冠于篇首。诗云："世态都从腕底收，声名久溢小扬州。仅传说部宁初意，早识襟期异俗流。纵酒仲容贫是病，健谈彦辅死缘忧。春风此日难回梦，瞑目堪怜未白头。"

我识叶秋于1945年抗日战争胜利之后。叶秋屡欲介绍我认识刘云若，惜我当时在北京时多，在天津时少，总未能找到机会。我彼时常用"少若"笔名撰写评论京戏文字，而刘云若固亦京剧爱好者。记得一位熟人转告我，说有人问刘云若，对张恨水有何看法。云若答：自视不比张差。又问他对京戏评论的看法，云若答：如谈京戏，则云若不如少若。其实彼固不知"少若"为何许人也。我听后颇自汗颜。

五十年代初，偶与叶秋同过津郊一处公墓附近，见一木制墓牌（非石碑），赫然写着"诗人刘云若之墓"。云若实小说家而非诗人。然黄土一抔，斯人已杳。后来市区扩建，此墓早夷为平地矣。

高宝寿先生的遗物

在黄钰生（子坚）先生关于南开校史的一篇遗作中，曾提到牺牲于张作霖屠刀下的一位南开校友高宝寿先生。他是李大钊烈士就义后约半年左右在北京天桥刑场遇害的。宝寿是高先生读书时的学名，故南开校友一直称他高宝寿；他字仁山，因而北大同仁都称他为高仁山。1945年，周作人曾写过一篇题为《红楼内外》的长文，是回忆北大旧人的，其中用了一节篇幅专门谈到高仁山先生就义经过。今节引如下：

关于高仁山的事，我知道得不多。最初在北大出版的刊物上，大概是史学季刊吧，看到有一篇介绍美国人房龙所著《人类的故事》的文章，觉得很有意思，署名高宝寿，这是我知道他的第一次。后来我在孔德中学教国文，高君以北大教育系教授的资格来担任中学的指导工作，于开会时见过几次，也记不得是哪一年的事情了。"三一八"之后，北大教授星散，多数南行，只剩若干肯冒点险的留在北京，高君也是其一。听说也是在做党务地下工作。大概也是在李君（小如按：即李大钊）遇难的那一年，他终于被张作霖的部下所逮捕，关了不少日子。有一时传说有什么人疏通的关系，可以没有什么事（小如按：这情况在钰生先生文中也提到过)。忽然有一天，内人……回家时慌张地说道，高仁山先生不行了！据说她在路上看见有一队军警簇拥着一辆大车往南去，知道是送往天桥去的。及至看大车上面，却见高仁山一人端然坐着。记得那时内人说，高君戴着一顶皮帽子。那么这当是民国十六年（一九二七）的冬天或十七年（一九二八）的春天吧。大概这时候北伐军节节胜利，张大帅的形势日非，所以老羞成怒，便又把高君杀害……

周氏在这一节文章结尾处说："古人云，履霜坚冰至，'三一八'正是冬初的严霜，而李高二君则成了以后众多牺牲者的先驱，此所以值得纪念，初不仅为他们个人的关系也。"（见《知堂乙酉文编》第一二一至一二二页，1960年香港版）

高宝寿这个名字，我最初是在先父玉如公旧藏的一本字帖上看到的。这是一本夹有木板的旧式字帖，木板正面用毛笔写着每字径寸以上的三个行书字：高宝寿。这原是一本苏东坡行书石刻的影印件，而在字帖的另一面却粘着赵孟𫖯楷书《寿春堂记》的拓本。我在十一二岁时曾临摹过一个时期这本帖上的赵字。当时我曾怀着好奇心问父亲："怎么家里的藏帖却写着高宝寿的名字？"父亲看了一眼，当即长叹一声，说："不要再提了！"感情激动得说不下去。过了好半天，父亲才告诉我，这人是革命烈士，同李大钊是熟人，北伐时期被张作霖杀害的。高宝寿先生原是先父在南开学校读书时的同学，由于喜欢书法，同父亲很谈得来。这本字帖是父亲借来浏览的，后来两人分手，宝寿先生说："这本帖就送给你，留个纪念吧。"父亲十九岁到东北谋生，此后再没有见到宝寿先生，但彼此的消息还是时有所闻的。"九一八"以后，1932年从东北迁到北平，未几又定居天津，这本字帖一直在父亲身边。我因知道这是烈士遗物，便不愿轻易使用，长期以来一直珍藏在父亲专门摆碑帖的一个书橱里。1937年卢沟桥抗日战争爆发，我们从南开大学撤居租界，这本字帖也竟未丢失。

"十年浩劫"中，先父和舍弟的藏书被洗劫一空。后来虽发还了一些，大抵是断简残编，几无完璧。1982年先父病逝，我和舍弟清理遗物，居然在乱书堆中找到这本字帖；但前后两块木板已被拆去（高宝寿先生的名字自然也不见了），字帖本身也残缺不全。因我曾临过此帖，记得它确是一件有纪念意义的文物，便携回北京，至今仍留藏在寒舍敝箧中。很早就想写一小文纪念这位先烈和父执，苦于所知太少。最近到德国海德堡大学汉学系讲学，在图书室中无意间读到《知堂乙酉文编》，知道了仁山先生遇难的经过，乃成此文以志敬慕之忱。听说上海书店已将《文编》影印发行，只是书中错字太多，读起来未免吃力耳。

1992年12月写于海德堡寄庐

关于袁寒云

4月17日《读书乐》专刊发表了朱谷忠先生谈袁克文的大作，题为《众眼是秤》，读后很受教益。这里只想补充几件琐事，以飨读者。

袁克文不仅能诗善书，而且能粉墨登场，擅演方巾丑。他的拿手戏是《一捧雪》中的汤勤。尤精昆曲，在梨园界颇受内行推崇。他的确是个才子。他很狂，但对他的老师方地山却很尊敬。方地山号称"联圣"，即以作对联擅胜场，而袁亦才思敏捷，每不让乃师。

袁后来加入帮会，故市井细民多拥戴之。朱文说及他死后送葬者达数千人，实缘身在帮会影响所致，此不可不知也。

袁克文以"贵公子"沦而为帮会头目，晚境靠卖字为生，落款多署"寒云"。"云"字每作古文篆书"〇"形，而其卒年恰为四十二岁，人多以为谶。

袁在其兄弟辈中确属鹤立鸡群，先姑丈何静若先生与袁有姻戚关系，又同是戏曲和书法爱好者，故过从密迩。我对袁略有了解，多闻自先姑丈也。

原载1996年5月8日《新民晚报》

我的父亲吴玉如

先父玉如公名家琭,后以字行,天津市政协委员、中国书法家协会名誉理事,天津市文联委员,天津文史研究馆馆员。1898年4月12日生,1982年8月8日在天津病逝。原籍安徽泾县茂林人,故早岁号茂林居士;晚年自署迂叟。平生以书法为世所称,实则辞章与小学造诣皆极深。早年长期在哈尔滨中东铁路工作,曾随莫德惠、刘泽荣等出使苏联,为代表团成员之一。"九一八"后携家入关,冒险为刘泽荣携回机密文件,置于痔血污衣裤中,幸未被日寇察觉。

先父本南开学校校友,与周恩来总理同班同学,且为同庚。1936年春返母校工作,任南开大学经济研究所秘书兼文学院教席。抗日军兴,先父于1938年只身赴渝,应张伯苓校长聘,任国民参政会秘书。1939年北返,执教于天津工商学院。工商学院后改津沽大学,先父任中文系主任。1948年,周总理令弟彤宇先生一度被捕,先父偕南开校友多方奔走营救,终获释放。但先父从不与人谈及此事,故知者极少。

新中国成立以来,久居京津两地之朱启钤先生、周叔弢先生、章士钊先生、张学铭先生、黄琪翔先生、叶圣陶先生、俞平伯先生以及张伯驹先生等,旨与先父有往还,且每有诗篇唱和。朱启钤先生的女公子湄筠与洛筠女士(即学铭先生的夫人)及学铭先生最小的异母兄弟,四十年前皆曾问业于先父。1982年五一前夕，民革天津分会为了庆祝国际劳动节，特由先父及门弟子严六符先生（南开校董严范孙先生之侄孙）专诚把先父接去，请他当众挥毫。当时先父已卧床多日，由于豪兴不减，力疾前往，并写条幅一帧，这就是他的绝笔。五月八日，以病危入院抢救，历时整三个月。终以年老体衰，肠胃及便溺出血不止而与世长辞。

1982年4月24日，先父在天津寓中曾写"炎黄子孙盼统一，遥寄张大千"条幅一件（已刊在同年8月11日《人民日报》第四版）；至临终以前，犹频从收音机中收听廖承志同志致蒋经国信全文广播，可见他对祖国完成统一大业是一直关心的，《人民日报》在刊布先父逝世消息时，以"老人归道山，希望留人间"十字为新闻标题，正说中了老人久藏于衷怀的心事。

我虽年逾六十，殖学无根，但为了继承遗志，愿努力工作，并矢志为祖国完成统一大业略尽绵薄。谨为此文致孺慕之哀，兼以自勖。1982年8月下旬作。

原载《香港新晚报》1982年8月28日"人物志"

学诗忆旧

2001年在《笔会》曾发表过一篇《读诗忆旧》，现在要写的是我一生学作旧体诗的经过。

我从小喜读旧体诗。自懂事起，看到父亲经常写诗，当然他写的是旧体诗。因此到了读初中时，我亦颇思染指此道。但我对写近体诗的格律和韵脚一概不懂，只知有五、七言诗而已。有一次，我一口气写了好几首所谓"七言绝句"，拿给父亲看。诗的平仄不调是不消说了；父亲写诗是恪守"平水韵"的，而在我写的"诗"中，有一首三个韵脚竟用了三个不同韵部的字。父亲一看就生了气，在大段训斥的话中有一句我至今还记得十分清楚："你根本不是作诗的料！"当时舍弟同宾还在读小学，偶然也跟着父亲学作诗，于是父亲就把舍弟的两首近作读给我听，我不禁大为叹服。诗曰："碧水映红日，轻烟缕缕飞。春风吹陌上，独自抱书归。"俨然是小学生傍晚放学回家的神情和口吻。又一首是："独步荷池畔，绕花到四更。疏星衬明月，万籁尽无声。"父亲一面读，一面赞不绝口。我又惭又气，只能默不作声。不过我并不气馁，更不甘自暴自弃，便暗暗从读过的古人作品中归纳每句诗的平仄次序，并默记韵脚常用的字。只是再不敢轻易尝试写出整首诗句了。

1937年抗日战争爆发，我所就读的南开中学被日寇轰炸，父亲任教的南开大学也成了一片瓦砾场。我们全家避居租界，我被迫休学一年。在这一年中，每天除至少背诵一至二篇古文外，还有机会翻阅了《诗韵合璧》和《佩文韵府》，最大的收获是把"平水韵"上、下平的韵部依次熟诵，至今不忘（1947 年我在北大中文系从周祖谟先生（燕孙）读"声韵学"必修课，课上要求学生背诵《广韵》韵部，我因熟悉"平水韵"占了不少便宜，此是后话）。与此同时，同门冯普光、卞僧慧诸先生来向父亲求教，学作旧诗，父亲定期授课，我跟着旁听，对近体诗的格律要求和韵脚的限制也明白了许多。到 1939 年我读高中二年级，国文老师是朱星先生。他在作文课上硬性规定要学生每人写三首七言绝句。我还约略记得两首，现在记录在这里："薄雾迷茫晓日初，霜如宿粉月如梳。西风吹起九秋思，百尺楼台寒到无？""词人旧陟西山巅，感慨今时想昔年。黄叶黯然红叶好，岭头同是一秋天。"虽似不无感慨，毕竟是"遵命"之作，并非真情流露。

真正促使我下决心学作旧体诗，是 1943 年我开始教中学国文之后的事。当时国文教材有相当比重的古典诗文。一学期教下来，感到自己如果没有作旧体诗和写文言文的实践经验，则讲授古人作品毕竟隔着一层，宛如雾里看花、隔靴搔痒。于是乃认真从事古体诗歌习作，并与冯、卞诸先生时相切磋，写出诗来也敢呈送给父亲批改了。正式执笔写诗是从 1944 年开始，由于诗思蹇涩，只能从五言、七言绝句写起。现就记忆所及，录五绝、七绝各一首如下：

云注新蟾没，风拖细雨来。
影寒襟袖瘦，吟际一徘徊。

落花微雨梦中身，燕迹空悲梁上尘。
吟到当时明月在，平生不负负心人。

五绝一首不过是即景描写，空洞无物；七绝一首则因正值初恋失败，有感而发。事后追思，不过把晏几道那首有名的《临江仙》拆卸改装，除末句外了无新意。可见"少作"本无价值，且底稿久佚，这里仅凭记忆默诵下来，"立此存照"罢了。

自1941年拜识林宰平老先生，1945年投拜于俞平伯先生门下，受师长们的影响和鼓励，自己写诗的信心总算树立起来，兴致也日益增长。到上个世纪六十年代，自己积累的旧体诗词之作接近千首。1965年"四清"归来，凭感觉已嗅出气味不对，乃将存稿扫数付之一炬。虽然少了一批文字把柄，但"十年浩劫"中仍不免吃尽苦头。遗憾的是，自1976年以来，由于小资产阶级知识分子的积习难除，遂致故态复萌，偶尔又濡翰操觚，率意涂抹。终以日益衰惫，渐入颓唐，虽童心未泯，"产量"却大不如前了。回顾平生，自己有三样业余爱好，即作旧体诗，写毛笔字，看皮黄戏；而前两者都是受父亲影响，耳濡目染所致。至于儿女一辈却无一人能传承"衣钵"。故1977年曾有一诗示小儿云："髫龄长忆松江水，汝寄龙荒亦十年。能读父书垂几世，好从新变说薪传。"首句指自己出生于哈尔滨，十岁时因"九一八"事变随家人入关定居；次句谓小儿到黑龙江兵团开荒劳动达十余年之久。后两句则不免慨叹世殊事异。幸有孙女，竟毕业于北大中文系。尽管她未必能尽读吾书，总算后继有人。只是她未必有闲情逸致去学写旧体诗耳。

2002年7月13日《文汇报·笔会》

吴玉如先生课徒法的补充

读1996年7月14日《今晚报》载韩嘉祥君短文,谈到先父玉如公教学生学诗的一种带有创造性的方法,即把每一句诗的文字颠倒排列,让学生把诗句理顺。这个方法他也用来训练过子女。不过我认为用此法课徒必先有一前提,即从学者本人多少得有点关于古近体诗的常识。如果对旧体诗的格律、对仗、韵脚、词汇诸方面的基本知识一无所知,则用此法将使学生无从措手。

其实先父训练学生学习古汉语的方法很多,远在三十年代他执教于南开大学时,即经常让学生标点或句读一段古书,或拟作信稿与电稿。记得1936年鲁迅逝世,先父在"应用文习作"班上命题测验,让学生拟作唁电。其中有个学生竟致电给已故的鲁迅先生本人,电文中有"不知尊意如何"的句子,一时传为笑柄。此外,从一首旧诗或一篇古文中抽出几个关键的词汇让学生填空的办法也曾多次用过。四十年代,先父面试几个学生,也用填空法。其中有一句是"一叶落□天下秋"。测试后由我助阅答卷,最后交先父评定甲乙。记得这一句最理想的答案是填虚词"而"字,填"知"字为及格。其中有一卷填"地"字,先父说,这个学生没有什么出息,根本缺乏文学头脑。

在各种训练中最难的是缩写古文。这大约是从欧阳修的"逸马杀犬于道"的故事借鉴来的。记得有一次先父竟抄录了一段《世说新语》，让学生先标点后压缩改写，看能否把文字写得再简短些。这实在是难题，因为《世说新语》的语言已是简短得再无可简的了。我当时尚未成年，因病休学在家，便也参加了测试。彼时我还未读过《世说新语》，竟不知天高地厚作起压缩文字的功夫。结果比原文还少了一个字。当然我的答案是在家里完成的。事后先父对人说，看来我的孩子还不算笨，比有些大学生更有希望。

　　1946年我结婚前夕，先父在家里给几个学生出了一句四言的上联（原句已忘），教大家对对子。我这时正要出门，随口说了一句"红杏出墙"便离开了。父亲说："人的心情很重要，遇上高兴的事，想藏也藏不住。"屈指算来，已经整五十年了。

手校先君吴玉如先生诗词钞题后

　　右先君玉如公诗词遗作凡八百余篇，以量言诚不为少，诚藏钞诸君子之无量功德，敬谨中心藏之，泥首谢之，不敢忘也。仆自1932年侍先人入关，渐谙世事，每见先君有诗作，辄思录存，而屡为先君阻禁，盖意不欲传世也。今就记忆所及，遗佚者实多。如五古，1937年甫徙居马场道时，即有"城市馀秽恶，郭外倾压轴"之作，题曰《馀秽恶》。如七古，1936年追忆1935年秋偕蒋君昂先生游杭州西湖，有长歌寄赠，首四句云："我生本是江南人，此来翻作江南客。三十年中几度归，归来蹭蹬头欲白。"其后尚有"相将同谒岳王坟，庙貌至今神奕奕"诸句。当时先君以工楷誊写数通，分赠相知，而全诗竟佚。又如赠费振甫先生首二句云："我识振甫三年前，相逢不知几洞天。"盖与振甫先生结交，始于小洞天棋社。今亦无传。而七律所佚尤多。1936年寄蒋君昂先生首二句云："去年秋半访杭州，过憩君家熟黍留。"同年在南开大学寓庐，有《书窗》一首，字句屡加斟酌，前四句云："书窗晓坐浮生静，天外高雷触耳鸣。瘦叶枝头随雨陨，大云屋角卷风行。"惜后四句不复省记。1950年赠廖辅叔先生首二句云："头白难移事孔丘，外身贵势等云浮。"寄舒璐昆明头联云："兴到千言如注水，意枯只字胜移山。"全诗皆不存。至于1930年在莫斯科所作，1938年至1939年在重庆所作，今几全佚。倘自初到哈尔滨即有意存诗，至易箦之前所成，皆一一录存，则传世之作视今何啻倍蓰。手校遗篇，不禁泣下。夫为人子而不能董理先人遗编，自知不肖；然仆已八十有七，虽常耿耿，而力不从心矣。谨录片鳞，聊志哀思。补过无由，徒增愧赧。戊子秋分小如谨跋。

母亲的家世（上）

我母亲是满族人，且有过煊赫的家世。我身上当然带有满人血统，但我从来未对人说过外祖父家里的情况。原因是自新中国成立以来，家庭出身与自身命运，包括自己的子孙后代有密切联系。如果祖上是三代贫农，当然值得夸耀；如果父母有一方是剥削阶级出身，即使没有人揪辫子，自己也觉得无光彩，故宁可讳莫如深。最近子女们偶有以我的祖母、母亲的家世相询者，因思自己年已七十有四，我如不就所知略作陈述，等我骨灰冷时便再无人能追记了。因此先从母亲的家世写起，以后再陆续追忆祖母和其他姻戚中之有可记述者，也算"立此存照"吧。

母亲姓富察氏，满洲镶红旗人，后来改用汉姓，全族都姓"傅"了。母亲的曾祖父名魁玉，字时若，是镇压太平天国的功臣，卒谥果肃，《清史稿》有传。母亲的族人都称魁玉为"老将军"。他在南京、成都、荆州等地都做过官，由于长期驻防在今荆州、沙市一带，故直到二十世纪三十年代还有母亲的族人在江陵、沙市等地定居。魁玉的儿子名穆克登布，字少若，是我母亲的祖父，长期在江宁任候补道，所以母亲这一支就定居南京了。当然，有的族人进京应试并做了京官，就成为北京土著。就我所知，我的表兄傅和孙先生（和孙的祖父表字子和，故他的字取和孙）是这一支唯一的后嗣，"文革"中犹健在。他长我十岁，三十年代我在北京读书时，经常同他一道看戏。如果现在他还活着，已是八十四岁高龄。可惜"十年浩劫"后便失去联系。以上就是我母亲娘家人分布于全国各地的大致情况。

关于魁玉，有几件事可述。一是这位将军虽是武人，却喜作诗。"文革"前我还保留着他的遗著《翠筠馆诗集》，凡二册，木刻本，是和孙先生赠我的，可惜早已丢失。二是他在南京时，江南总督马新贻被张文祥刺死，魁玉曾参与调查案件的善后工作，后因调任成都而未竟其事。但魁玉事后对幕僚透露，马之死是由于夺人之妻引起，故每告诫属吏，千万不要贪恋女色。谢兴尧先生在他最近出版的《堪隐庐随笔》中还有专文记其事，并述魁玉之言。谢老认为魁玉的话是可信的。

穆克登布在南京做官多年。李伯元在《官场现形记》第二十九回中说的一个名叫乌额拉布的，正是我母亲的祖父。李伯元在书中是这样写的："还有旗人叫乌额拉布，差使顶多，上头亦顶红。……"证以母亲生前对我讲的关于她祖父的话，这是完全属实的。到第三十一回，李又写到乌额拉布与另一候补道田小辫子互相打骂事件，可能有夸张渲染之处。《官场现形记》中只有这两回提到乌额拉布（即穆克登布），从乌与田小辫子打骂的具体描写看，我以为这实际上是写满族与汉族官僚间的矛盾，是写满人中世家纨绔子弟（乌）和汉人中暴发的地主老财出身的官僚之间的矛盾。如与全部《官场现形记》中所描绘的诸般人物和世态相比，乌额拉布还不算是最"现形"的，故其被丑化的程度也未到淋漓尽致的地步。在这里我要说明一件事，我过去写文章曾长期使用笔名"少若"，以避父母的耳目。他们之所以没有怀疑到我头上，乃是因为他们认为我是最讲道理的，不会用外曾祖的表字做笔名，而我恰巧就钻了这个空子。当然纸里包不住火，我的笔名终于公开。母亲是1960年病逝的，在她临终前几年曾对我说，用外曾祖的表字作为笔名，未尝不是一种纪念。最初我用这笔名，是怕父亲看到我所写的剧评，他是反对我写这种"非学术性"文字的。但新中国成立后，我在参加北京市第一次文代会和全国性的关于《琵琶记》的讨论会上，用的就是这个名字。父亲事后知道，也就不说什么了。"十年浩劫"后，我决定在任何场合都用本名，所以"少若"这个名字也只是一个带有纪念性的符号了。

原载 1996 年 6 月 7 日《天津日报》

母亲的家世（下）

我的外祖父是穆克登布的次子，大排行居十一，在本房则行二。从他这一辈起，开始用"文章华国，经济匡世"八个字嵌入名中，作为排辈分的标帜。外祖父名文锦，字蜀生，晚年居南京大中桥，利用旧宅开了一家公寓。我1928年随母亲归宁，就住在那里。当时我六周岁，已稍谙世事，听到人们称外祖父为"文二爷"或"文十一爷"，才知道满族人以名字的首字为氏，平时是不大称姓的。正如称爱新觉罗·溥仪之只呼其名。其他如溥雪斋、溥松窗、溥心畬等，都与溥仪同辈，而一般人却以为他们姓溥。今犹健在的启功先生，也是爱新觉罗家族中的一员，而人们只称启老或启先生，亦以名之首字代替了姓氏。这种满族人的称呼方式，我是从见到外祖父时就知道了。

外祖父还有几位同父异母的弟弟，我只见过排行最小的一位叔外祖，名文焯，字景苏。我将在另一篇文章中专门提到他。我的舅父们则为"章"字辈。外祖父的儿子名玖章，大排行第九，在本房则行大，我开始称他为大舅，后来则径称九舅。景苏先生的长子宪章，在本房行二，我一直称他为二舅；听母亲说，他大排行已在第十五六名上了。上文说到的和孙表兄，名华茂，是"章"字辈长房（我的舅父辈中年龄最长的一位）的儿子。因他父亲早逝，我只见过和孙的母亲，称她为大舅母，亦即我母亲的堂嫂。

和孙的长女名国钟，很早就参加革命，五十年代初我在和孙家见到她，身着解放军的军服，已是一位飒爽英姿的大姑娘了（记得她很礼貌地称我为表叔，我是看着她在襁褓中长大的）。如果母亲的同族人仍按原有的八个字排辈，可能"国"字辈的人现在都有第三代了。

我母亲是庶出。因她的生母早卒，便过继给我的十四叔外祖（外祖父的同父异母兄弟，是景苏叔外祖的胞兄）。不幸的是，十四外祖夫妇都死得很早，外祖父不得不把我母亲领回，从此她就长期生活在外祖父的身边。外祖父视母亲如掌上明珠，出外也经常带着她。即使外祖父从南京到上海、天津和北京，母亲也不离他左右。当时还在清末，女孩子出门不方便，所以母亲到十几岁时还是男孩子打扮，人们称她"小爷"而不呼之为"大小姐"，或"大姑娘"。

我六岁那年随母亲归宁省亲，在外祖父家住了大半年。当时外祖父唯一的生计来源就是靠他开的那座大中公寓。公寓是一栋旧式"四合楼"，楼高二层，外观是木结构的，四面是楼，中有一极大天井，大小介于足球场和篮球场之间。公寓大门坐南朝北，一侧是账房，另一侧即为客房。外祖父一家住在坐北朝南的楼上，其他三面楼上下都是客房，租给长期滞留南京的客户。我在南京的大半年中，曾在外祖父的客室中听过盖叫天清唱汪派老生戏《文昭关》（他每到南京总要去看望外祖父），还趴在老人的书桌上描过红模子。有时外祖父高兴，自己也哼唱几句老生。当时听着很吃力，母亲却说，他哼的全是孙派唱腔，因为外祖父同孙菊仙是极好的朋友。母亲结婚后住在天津，有一次为人祝寿，坐着马车去拜寿，下车时正遇上孙菊仙进门（当天有堂会戏）。孙见了母亲急忙过来打招呼，口称"大小姐"。当即表示，为了见到"大小姐"，要多唱一出戏，而且不要"戏份儿"。当时的主人为此事还特意向母亲表示感谢。

当时在大中公寓中的住客是一个演文明戏戏班的全部演员。班中虽有女性，却是演员的眷属，演员则一律为男性。即使是扮女角的，也是今天通称为"男旦"的演员。演员中最红的是一位男旦方艳萍，他在台上扮演的女性几乎没有人看得出是"男人扮"（鲁迅语）的。方也能唱京戏，有一次和他们班里一位眷属（女老生）合演一出《武家坡》。我从三岁即开始接触京戏并逐渐着迷，所以这次清唱我记得特别清楚。不久这个戏班移出南京，公寓登时变得萧条，我也随母亲北归。而转过年后，便传来外祖父逝世的消息了。

原载《金陵晚报》

跋叶国威藏俞平老手书诗笺

公元1936年岁次丙子，余就读于天津南开中学，授国文课者为陶重华先生。陶先生本名光第，字重华，后自署陶光。毕业于清华大学中文系，为先师俞平伯先生高弟。后与同门华粹深先生皆任教于南开中学，故余得从而受业一学年。翌年丁丑，抗日军兴，陶先生辗转至昆明，闻与某戏曲女演员结婚。1945年日寇败降，始与先师及余有函札往还，并以诗文寄呈先师求教。余是时已忝列俞门，且获交于粹深先生，然于陶先生仍执弟子礼，盖师道不可废也。1947年岁次丁亥端阳，先师为陶先生写寄五律七首，陶先生皆有和章，并以副本寄余，惜已尽失之矣。后陶先生应台湾大学聘，致余函有"台湾濒海，便于北归，把晤匪遥"之语。然自1949年以来，海峡两岸消息阻绝，遂失音问。既经"十年浩劫"，粹深先生得老友张充和女士自北美来书，告以陶先生已于六十年代初，以断炊仆毙于台北市街头矣。公元2002年岁在壬午之上巳日，忽得台北叶国威君（字君重）来示，并附以先师昔年七诗写件复印本，开缄洛诵，真恍如隔世矣。至先师遗诗七首，唯卒章于诗集中未检得，余六首，字句或有异同。如其六，今集中题作《杜公》，前四句云："秋水涵空照，能居众妙先，称情遗佞曲，因物感华妍。"视写件每句皆有异字。而先师初稿，第六句实作"官应老病传"，与老杜原句仅异一字，故定稿首二字改作"身堪"。睹物追思，倏逾四纪。虽韶华易逝，然先师手迹得叶君宝而藏之，又征题于余，是亦有夙缘在也。壬午谷雨吴小如谨跋于古都西郊寓庐，时年八十有一。

　　附：俞平伯先生1947年（丁亥）端阳写赠陶光先生五律七首之第六、第七首：

　　　　秋水澄空照，云居众妙先；
　　　　称情无阿曲，即物感华妍。
　　　　地以曾经重，身堪老病传；
　　　　犹思忆陶谢，争不杜公贤！

　　　　洒落庭前树，无缘待斧柯。
　　　　辙鱼方乐沼，矰雁更愁罗。
　　　　天冷成葭苇，风严折芰荷。
　　　　清秋高兴尽，一语感予多！

原载2002年11月3日《文汇报·笔会》

题重刊本《古槐书屋词》

  1980年岁次庚申，承先师俞平伯先生以重刊本《古槐书屋词》一册见赐。平师旧有许宝驯先生写本词集刊行问世，经"十年浩劫"，版毁词佚。至1978年岁次戊午，乃由耐圃师母再度手写，并补入新作若干阕，重刊于海外。前有叶恭绰先生序文及先师1979年岁次己未春三月自序，皆师所手录；后有短跋，则戊午腊八日（是日为先师诞辰）师母所书之手迹也。小如既什袭以藏，随即信手成诗三首、词一阕，题于是册首尾纸之余白处，忽忽已逾十年，都不复省记，即当时亦未尝录呈先师与师母也。1982年师母仙逝，至1990年10月，先师又以久病归道山。小如先后撰写纪念文字三数篇，诚不足以彰先师之道德文章于万一。今夏酷热，伏处读书，因重读《古槐书屋词》，而庚申旧作宛然在目。然距先师辞世，匆匆已六年矣。爰录副而公之于世，用感先师与师母之恩谊，且以当先师之六周年祭也。读者鉴之。1996年岁次丙子寒露节小如谨识于北京大学。

耐圃师母手写平伯师长短句敬题一绝

  秉烛新誊劫后词，
  簪花腕底忆前时；

门人卅载欣沾溉,

眉寿无疆颂小诗。

庚申感旧七绝一章,集《古槐书屋词》句

吴仙头白羿妻嬬,

留得兰熏衣袂香。

红烛挎蒲争赌胜,

闲眠滋味一思量。

题重刊本《古槐书屋词》

三十六年梦未消,

重逢如见画无憀。①

多情自古成多事,

任踏杨花过谢桥。

采桑子·题重刊本《古槐书屋词》

卅年世事关情梦,

露浥轻尘,

钟送黄昏,

何必他生证夙因。

古槐书屋知犹在,

珠玉阳春,

淮海清真,

---

① 此平伯师昔年执教清华大学时《词课示例》中名句也。

一代新词迹未陈。^①

原载 1996 年 11 月 3 日《文汇报》

---

① 晏殊有《珠玉词》，冯正中有《阳春词》，秦观有《淮海词》，周邦彦有《清真词》——皆平伯师词法之所祖也。

跋顾羡季先生手临智永千字文复制本

予获识顾羡季先生于抗日战争胜利之初，心仪先生苏辛之学，而未尝执弟子礼，不敢妄列于门墙，而先生固以忘年交视予也。时予方肄业于燕市，先生居前海南官坊口，故能不时往谒。1951年予入都中，未几而先生移寓津门矣。先生既归道山，高熙曾、孙正刚二君广征先生遗墨，予藏先生手札十余通，悉数赠之。中经"浩劫"，高孙二氏相继辞世。迨1981年叶嘉莹女士自加拿大来都中，重搜先生遗著，予乃片楮无存，惜哉！顷老友卞僧慧先生以所藏羡翁手临智永千文复制本见惠，沧海横流，终余一粟，亦足慰已。聊志数语，企鸿泥之不灭耳。辛未冬至前三日小如跋于燕郊。

缅怀顾羡季（随）先生

远在上个世纪四十年代，那是抗日战争胜利前后（1944年秋至1945年冬），由亡友高庆琳兄领着我，分头到当时的辅仁大学和中国大学去"偷听"诸多名教授讲课。而我最感兴趣的是听俞平伯先生和顾羡季先生讲古典诗词。后来因亡友刘叶秋先生介绍，曾到厂桥附近的南官坊口羡老寓所专诚拜谒，从此得识荆州。羡老为人谦和诚挚，奖掖后进不遗余力，对我从不以晚辈相待，而视之为忘年小友。我自然不敢妄自攀附，故始终未列羡老门墙。但在1949年我迈出北大校门到天津教书时为止，却经常是羡老座上客。每亲謦欬，获益良多。1951年秋我重来北京入燕京大学任助教，正赶上"忠诚老实"运动，接着又是"三反""五反"深入开展。当时各高校教师无分老、中、青，几乎要人人"过关"。因此我再无余暇和勇气进城探望师友，与羡老自然更缺少亲近机会。未几院系调整，燕京、辅仁两所大学分别合并到北大和北师大。羡老则受河北大学聘（河大前身为津沽大学，我于1949年至1951年在那儿教了两年书），去了天津。最初每逢我回津探亲，还到河大宿舍看望过羡老。1957年"反右"以后，舍弟亦被"加冕"，我凶心存戒惧，绝少与人往来。于是同羡老之间的师友情谊，可以借用两句古人的词来形容："从此隔音尘"，"相见更无因"。

自"文革"结束后，我曾写过几篇回忆羡老的短文，以示对长者的怀念。遗憾的是，我所珍藏的羡老寄我的若干封长函，在"文革"前即被高熙曾、孙正刚两位扫数征集了去，手头早无只字片纸。故最近《中国书画》杂志向我索稿，我实无词以对。

就在此时，"柳暗花明又一村"，竟从老友周汝昌先生处喜获羡老当年的诗稿手迹。周先生把它寄给羡老的女公子之京先生，又由《中国书画》的冯令刚先生把复印件转到我手中。其中有几首诗竟提到了我。捧读之下，由衷感动。原来五十年前，尽管我没有趋谒羡老，而长者竟时时想着我这个后生小子。这种知遇的深恩厚谊，简直无法用言语来表达描述。羡老的诗是赠我和孙正刚两人的，不知何故，正刚当时并未转给我看。这么多年我竟一无所知。倘非汝昌先生存此手迹，我纵有愧疚之情亦无从倾诉，更不能以"不知者不怪罪"的理由来推托。今将羡老遗作中几首涉及我的诗摘录出来，并略加诠释，聊表我对羡老的感激和怀念之情。异日倘得见羡老于泉下，庶不致赧颜汗下了。诗前后凡六首，前有题云：

久未见少若、正刚二君，连日得小诗数首，不复铨次，即写奉焉。（十月十二日、十三日）

小如按："少若"是当时我常的笔名。羡老每赐函札，皆以此名呼之。从日期看，当作于1952年。因这组诗中有涉及汝昌先生处。而周先生自1952年暑假从燕大研究院毕业后，即到成都工作。羡老诗中有"川西更有射鱼人"之句，并自注云："兼寄玉言（汝昌先生字玉言）锦城。玉言尝自署射鱼村人。"故知为1952年也。其中第一、第四、第五首皆提到笔者，谨依次录出：

昆山玉复桂林枝，少若才华大类之。青眼高歌竟谁是，乌纱想见"进宫"时。作者自注:"'青眼高歌'袭杜(甫)语而稍变其意。江西社中人常用此法,不自山翁始也。少若尝与孙正刚合演京剧《二进宫》,故末句及之。"

小如按:1951年我到燕大教书,时孙正刚主持教职员工会工作,成立业余京剧社,为抗美援朝曾举行一次义演。由我承乏演出《大保国·探皇灵·二进宫》,我扮杨波一人到底,正刚只演《进宫》一折,扮徐彦昭。故羡老言及。第四首诗前另有题云:"再寄少若。"诗云:

青莲醉写嚇蛮表,顾曲当年见若人。少若何妨歌一遍,宫花颤颤软唐巾。作者自注:"卅馀年前尚在北大读书,曾于第一舞台见高子君爨《金马门》,恨其无书卷气。焉得少若一演之。"

小如按:高子君,即著名老生"三大贤"之一高庆奎。高字子君。"爨",宋元杂剧专用语,即"演出"之意。以笔画过繁,今乃以"串"字代之。第五首云:

委地珠玑散不收,两君才调信无俦("无俦"旁注"难酬"二字)。万言倚马等闲事,贫道更烦相打油。作者自注:"乞二君和作。'相'者,《礼记》'相舂'义。'相'与'和'意近。又舂用杵,疑'相'字从木所由来也。"

小如按:"两君"指我和孙正刚。《礼记·曲礼》与《檀弓》两篇,皆有"邻有丧,舂不相"之语。"相"之义,即劳动者在舂米时彼此相应和之声,如扛大木者之邪许声。故羡老释为与"唱和"之"和"意近("相"与

"和"皆读去声）。"贫道"，羡老自谓，谐语兼谦词。"打油"指打油诗，亦羡老自谦之词。末句盖谓拟烦正刚与我作诗以和羡老也。只缘昔年未读此诗，今更不敢追和矣。至于诗中对我种种溢美之词，当以提携后进之语视之。时至今日，读之犹惭汗不已。年逾八十，一事无成，深负长者之期望多矣。

最后想谈一下羡老的法书。我所见者，只有老人赐我的函札和此纸所书的诗稿。窃以为羡老法书笔力遒浑苍劲，虽出之以行草，却兼有汉魏章草与敦煌写经之长，既融会贯通，又神而化之。诗稿字迹虽甚小，且多涂改，而落笔处犹锋棱多古趣，其精光四射于不经意处时时可见，令人百观不厌。拙文之作，虽旨在对长者之怀念，实亦有凭借羡老遗墨得附于骥尾之意。故乞读者但赏羡老之法书，而遗其褒美之词，则笔者幸甚。岁次壬午大寒节，于沪郊写讫。

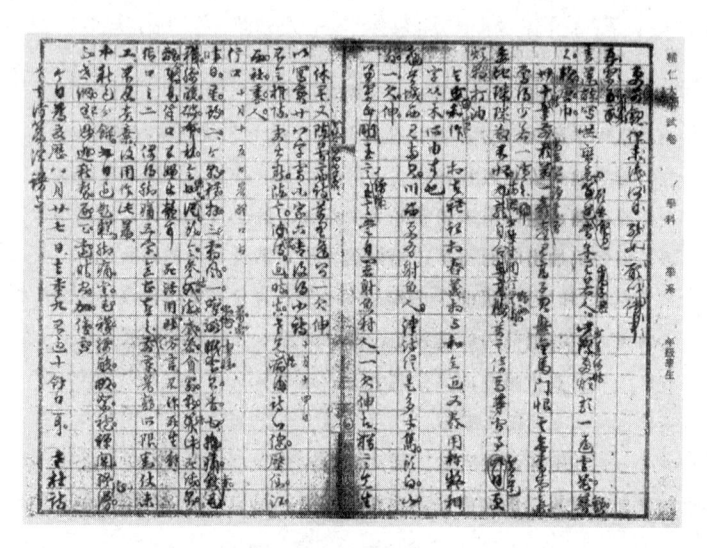

随先生诗稿手迹

我所认识的沈从文

1946年西南联大复员，沈从文先生回到北京（当时还叫北平）。我第一次见到沈先生，是在林宰平老先生的寓中。后来我就到原北京大学附近（今沙滩汉花园一带）的中老胡同去拜访沈先生，真心诚意地希望他收我做学生。同年十月，我考入清华大学中文系三年级做插班生，由于要补修大一、大二的公共必修课，感到很紧张，但我仍抽出时间写了一篇题为《废名的文章》的综合书评，把废名先生当时已出版的全部作品逐一进行评价，寄给沈先生。先生亲自批改，并把他用红笔改定的校样寄给我，征得我同意，不久发表在天津《益世报》的文学副刊上。这是从文师给我修改的第一篇习作。

1947年，我听从文师的劝告，转学到北大中文系。不久先生便把一家报纸的文学副刊交给我编辑，每出一期，可以拿到一笔编辑费，这样可以解决我的部分经济问题。当时我已成为沈先生家的常客。

1949年初，沈先生因精神受刺激一度住院，出院后我还到先生家里看望过他。这年暑假后，我回天津教书，同先生的联系就少了。直到五十年代初，我调到原燕京大学国文系当助教，才又回到北京。不久便开展了"忠诚老实"运动和"三反""五反"，原来北大的几位同我关系较近的老师几乎都受到冲击和批判，我自己也整天投身于运动之中，根本没有机会进城。直到北京市第一次开文代会，才在会上遇到沈先生。记得沈先生当时指着汪曾祺和我说："我们是不行了，今后要靠他们这一辈人了。"

院系调整后，沈先生改行去研究古代文物了。我在北大教文学史，遇到问题写信向沈先生求教，先生总是每信必复，可惜这一批很有文献价值的信件在"十年浩劫"中全部失去。大约在五十年代末或六十年代初，北大中文系全体教师进城参观历史博物馆陈列的历代文物，沈先生热情地招待了我们，戴着双重眼镜引导我们重点参观，边看边讲，使大家饱享眼福，大开眼界。临别时，我对沈先生说准备去看望他。先生不知出于什么考虑，竟回答我："我们还是暂时不来往吧。"这一别，直到1981年，我才又见到沈先生。

在"文革"中，沈先生的处境十分艰难，竟与沈师母分住在两处。先生局促于北京西单堂子胡同的一间斗室里，但他仍一直在忘我地夜以继日地工作。每天中午，沈师母送饭给先生，有时吃不完，先生便留到下一顿再吃。当时条件太简陋了，剩的饭菜时间一长，就会变质。可先生舍不得扔掉，还是把它们吃光。但在临吃这些变质的食物以前，先生竟想出一个"好"主意作为预防手段，那就是服消炎片。向我谈起这个故事的朋友是把它当笑话讲的，我在听到之后，心里却泛起一阵说不出的悲哀。我认为，无论在现代文学史上，或在近半个世纪对古文物的研究工作中，沈从文的名字是应当占有很大篇幅的。而在"十年浩劫"中，他竟过着这样一种畸形生活，恐怕在全世界的文化人中也属罕见的吧。

沈从文先生的章草

曾敏之先生最近在《文汇报·笔会》版发表了一篇谈沈从文先生书法的文章，勾起我一些联想。今撰此短文，姑且算是掌故吧。

沈从文先生于上个世纪二十年代只身从湘西浪迹北京，住在一家小公寓里，靠写文章维持生活，手头十分拮据。而他最早的一位知音，是梁启超的挚友林宰平老先生。林老名志钧，字宰平，曾任教于清华大学。梁氏病逝，遗著《饮冰室全集》就是经林宰老亲手编定的。宰老读报，发现有一位署名"休芸芸"的作者文章写得很好，很想与他结识，便通过报社，打听到这个作者的住处，亲自去寻访。而这位作家就是当时尚未崭露头角的沈从文先生。从此林宰老便同从文先生结为忘年交。宰老不但在熟人中对从文先生大事揄扬，而且在经济上也时予援助。当时诗坛领袖人物徐志摩，后来成为从文先生的至好，最初即是通过林宰老介绍而彼此认识的。我第一次见到从文先生，是在1946年从文先生从西南联大复员，返回北平之后，于林宰老府上相遇的。1960年宰老病故，由陈叔通先生赞助出版了林宰老的遗著《北云集》，从文先生还为之写了《后序》（此文沈先生的《文集》未收，最近出版的《全集》不知收入否）。以上所谈，有些是林宰老亲自对我说起的，有的则由宰老的哲嗣林庚先生（林庚先生字静希，是我的老师）转告。而从文先生对林宰老的提携奖掖恩情，也是终身不忘的。

林宰老不但是哲学家、教育家、诗人，也是一位著名书法家，最擅胜场的是章草。我曾见过宰老遗著的手稿，用毛边纸作毛笔字，写蝇头章草，字体极小而笔笔有锋芒，极具神韵。先父玉如公曾有诗与宰老唱和，有"细字飞毫精力满，古稀庸独美于诗"之句，便指的是宰老的章草。而从文先生的写章草，窃以为实受林宰老的直接影响。从文先生给我写的信，也都是"细字飞毫"的章草，锋芒所及，一笔不苟。可惜这些珍品，都在"十年浩劫"中全部丧失，使人遗憾无穷。我曾求得从文先生一幅法书，下款署"××年从文四十六寿"，以年代推断，当是1947年写成；而我是1948年春节后到沈府拜年时，由沈师母当面交给我的。可惜这幅墨宝也毁于一旦了。

　　曾敏之先生得到的从文师的手迹，是他七十五岁高龄时写的。曾先生虽对其书法加以赞美，却未谈及从文师写章草的渊源。故就记忆所知，略述其梗概。这段掌故，大约除了今已九秩有三高龄的林庚先生之外，已罕为人知了。

伉俪情笃的见证

——为纪念从文师百年冥诞和悼念兆和师母而作

2003年2月16日，同沈从文老师一生患难相依、甘苦与共的张兆和师母，以九十二岁高龄与世长辞了。前不久刚过了从文师百年冥诞，还没来得及与师母和虎雏师弟取得联系，噩耗即已传来，深感突兀，不觉悲从中来。我远在上海，不能到师母灵前亲致唁忱。写此小文，谨向最敬爱的老师和师母献上一瓣心香，略抒我这老门生的一缕哀思。

自1946年忝列师门，那三数年间，我一直是从文师府上的常客。当时两位师弟还小，师母整天忙于家务，看到我们这些熟面孔的学生，总是热情招呼。有时从文师不在家，由于熟不拘礼，师母也不特意招待，只嘱我们小坐，一任来人兀坐书房静候从文师回来。有一次我在书架上看到一本女作家的短篇小说集（署的是笔名），以为是师母的大著，便冒昧地问了一声："这是师母写的书吗？"师母笑答："不是，我是从来不写东西的。"我曾面求从文师为我写一幅字，不久写就，嘱我去取。记得是春节刚过，我去拜年，那件条幅是师母当面交给我的。清楚记得下款是："××年从文四十六寿"。从时间推算，当时是1948年。可惜这幅墨宝连同其他珍贵的文字材料都在"文革"中被"一网打尽"，"扫地出门"了。

1981年我到崇文门内新侨饭店旁边一座小楼上去谒见从文师，畅谈良久。临别时问候师母,从文师说:"你师母正在帮我看书稿校样,不要去打扰她了,我替你说一声吧。"后来从文师因病住进协和医院,我陪常风先生去探视,因时间不对我们不能上楼进病房,师母便下楼来向我们简单谈了一些从文师的身体近况。从文师出院后,我不想去打扰病人,只从荒芜先生和萧离兄那里不时了解老师的起居。及从文师病逝,我怀着悲恸而歉疚的心情到老师灵前致哀,并再三请师母保重身体。1998年夏秋之交,我把从金克木先生处取回的从文师名片(上有老师给金先生的亲笔信)寄给兆和师母,师母亲自回信,原文如下:

小如同志:

收到您寄来的从文当年介绍同宾同志到武汉亲笔书写的章草名片,确实是富有史料价值的文献。我同龙朱、虎雏看了都非常高兴,十分感谢。

希望能早日看到您的文章。

此颂

撰安

兆和

一九九八·九·二十四

师母笔力遒劲,思路清晰,不像是年近九十高龄老人的手笔。师母还嘱虎雏师弟把金先生当年在印度时写给从文师的一封长信还给金先生,在金老逝世后,他的女儿曾找我辨识过原件上难认的字,并对沈师母深表感激。师母一生待人接物,不仅温蔼平易,而且总是那么细心周到。这样一位慈祥的老人如今竟离我们而去了。

眼前摆着的是十年前岳麓书社出版的廿卷本《沈从文别集》。这是兆和师母亲自策划并编订成书的。每本书前附有师母写的《总序》，说明编选这套书是从文师的遗愿。序文篇幅虽短，却充满了永不磨灭的一片真情，同时还表达了对读者认真负责的态度。谁说兆和师母不能写文章呢！当年师母回答我的话，不过是谦虚之词。为了使从文师的遗著流芳千古，这套《别集》终于把《文集》所未收的《记丁玲》也选入了。这完全体现出师母肯从大处着眼，从爱护从文师出发，才做出如此决定。经过精选的这套《别集》虽非全豹，但其特点乃在于作品以类相从，使读者对从文师创作时的心路历程有了进一步的理解。在每册书前加上去的少量未发表过的遗作，更如画龙点睛，给人以深省反思的警示。在从文师逝世后的十几年里，兆和师母几乎无时无刻不在想着从文师的未竟之业，并为搜求整理从文师散佚的遗著耗尽了心血。这才是真正的伉俪知己。如今两位老人又在泉下携手重逢，从文师如果知道这套《别集》是兆和师母用心血凝成的结晶，并永为后人留下了不朽的遗泽，亦当感到欣慰，彼此相视而莞尔一笑吧！

2003年2月22日写于沪郊寓庐

祝林庚先生健康长寿

林庚先生字静希，原籍福州，1910年生，到壬午年春节后，已满九十二岁高龄，称得起北大元老一辈的人了。在先生的弟子中，我可能是最年长的一个，我们的师生情谊已逾半个世纪。今年新正初一，我到先生府上给老师拜年。先生虽在病中，但仍起床会客，在书桌前正襟危坐，精神矍铄，谈锋犹健，喂略显清癯而已。记得先生往时曾向我介绍养生之道：一要胸无尘滓，二要率性任自然，三要遇事提得起放得下，四要甘于清贫寂寞，在世俗追名逐利的大潮中能保持读书人的"布衣感"。近年北京夏日天气不断增温，住户多装空调机。先生始而拒绝安装，后来不忍拂两位师妹之意，寓所也装了一台，但先生卧室中还是坚决不用。理由是：自己应生活在自由自在的环境中，如门窗紧闭，形同禁锢，精神受到无形桎梏，与率性任其自然之道不合。于此可见先生诗人气质之一斑。

静希师终身以教书育人为己任，凡听过先生讲课者，无不心悦诚服。记得先生退休前在北大办公楼礼堂做过一次大型讲演（所谓"告别讲座"），谈到教师在课堂上给学生讲课，不宜过于枯燥，应多少含有水分。他举例说，《红楼梦》写贾母把贴身丫鬟鸳鸯调理得越来越漂亮，"跟水葱儿似的"。这个"水"字万不可省。举座品味斯言，人人忍俊不禁。有一次我在先生座上陪先生闲谈，说及一位颇有知名度的诗人，考证今天所放的烟花爆竹乃始于唐代。证据是：李白《送孟浩然之广陵》七绝，中有"烟花三月下扬州"之句，故云。先生拊掌大笑，对我说："原来李白为友人送行，是点了爆竹的。"前几年我因写文章反对今日作家在小说创作中多有男女做爱描写，认为这不适于作为写小说的主流，借用了"主旋律"一词。结果招来北大中文系一名研究生撰文，对我大肆攻讦，认为我是为当轴者"帮闲"。先生听后，对我表示理解并加以抚慰，说道："像你这样人微言轻的教书匠，即使想给大人物当'帮闲'，你帮得上吗？"我亦随之莞尔。先生妙语解颐，大都类此。

先生早在二十多年前退离讲坛，我亦于1991年退休。但每次与先生晤对，只要谈到学问，我总有不少收获。有一次我谈到从先秦到魏晋时代，诗人每以夫妇之亲昵关系与兄弟手足之情谊相比，可见古人视手足之情胜过夫妇之爱。先生听后，未假思索，便对我说："这可能与汉代流传的伪苏武李陵诗有关。"一语中的，使我茅塞顿开，大受启发。可惜我因老妻久病，不能时亲謦欬；而先生年事已高，作为老门生，更不忍常去干扰。我时存幻想，倘定期趋谒师门，事先准备好一些问题向先生请益，一如半个世纪前听课时情景，不唯先生的绝学可传，而且对我本人也会有很大提高。然而这只是一厢情愿，很难成为现实了。

静希师早年在清华大学读书时，与季羡林、吴组缃、李长之三位先生过从最密，人称"四剑客"。今吴、李两位先生墓木已拱，林、季两位先生今犹健在。犹忆数年前在吴组缃先生追思会上，林、季二位先生追忆昔年往事。静希师发言未毕，竟抑制不住自己的感情，悲从中来，潸然泪下，举座为之动容。即此一事，便知先生为性情中人。亦唯有真性情者才是真正诗人，才是真正学者。窃以为我们应该虚怀潜心向先生学习的，实不仅为先生的思想与学问也。

近时《人民政协报·春秋专刊》连载北大中文系1955年入学的校友钱

文辉君回忆文章，文中提到林静希师和我本人，充满了怀旧之情。于是引发了我撰写此文的意愿。钱君远在江南，对我们这几个老人至今拳拳不忘，隆情厚谊可感。此文所记，多为钱君离校后琐事。一以祝静希师健康长寿，二以向钱君略表心意。足见北大师生虽南北暌违，彼此的心却始终是相通的也。

2001 年春节写于京郊寓庐

忆吴组缃先生口述二事

组缃先生逝世转眼已两周年。北大出版社于1995年夏天出版了《吴组缃先生纪念集》，收录了不少缅怀先生道德文章的亲切感人之作。在捧读之余，回忆起昔时同组缃先生闲谈中他讲的两件小事。现在写下来作为拾遗补阙，也是对先生逝世两周年的怀念。

人们都知道组缃先生对"文化大革命"的评价是"令人毛骨悚然"；但他还常说，"文化大革命"令人"啼笑皆非"。

他举"十年浩劫"开始时的一事为例。当时他的哲嗣葆刚先生在天津工作，也被揪斗批判。但那些揪斗葆刚的人只是"闻风而动"，对文艺界现状和高校内情仅凭传闻一知半解，并不确切知道。由于吴组缃和吴祖光这两个名字读音差不多（我当时戏对组缃先生说，"组""祖"双声，"光""缃"叠韵），便把两位误认成一个人。而祖光先生的夫人新凤霞是著名评剧演员，乃人所共知，因此便认定新凤霞女士是葆刚的母亲。葆刚矢口否认，并辩解说："你们搞错了，我母亲姓沈，不是新凤霞。"后来实在纠缠不过，葆刚便说："请你们调查一下，我多大年纪，新凤霞多大年纪，看看她是否能做我的母亲！"组缃先生讲到这里，对我说："遇到这样的事，你能不啼笑皆非么！"

组缃先生原名祖襄，后改今名。两字皆从"糸"，而不知者往往误写作"祖湘",或"组"字不误而"缃"字以罕见而经常被人写错。组缃先生对于人们给他写信而名字总被写错十分恼火。他认为,既想与人交往,就应先认清对方姓名,连名字是哪两个字还未搞清楚,即使信里写得十分谦恭有礼,也还是对收信人不够尊重。有时先生甚至不高兴地表示:"凡来信的封面所写姓名同我本人的名字不符,我根本不看。"这话我亲耳听他说过不止一次。所以他的学生后辈包括与他多年相知的朋友,都比较郑重其事,不敢掉以轻心把他的名字写错。偏偏刚出版的《吴组缃先生纪念集》,书脊上的"湘"字就印错了。这不能不说是一大憾事。现在我特意指出,希望做校对工作的同志,今后能慎重从事。

回忆浦江清先生

1946年秋，我考上清华大学中文系三年级做插班生。有一天在系主任办公室，朱佩弦先生郑重地指着一位文弱瘦小的戴眼镜的老师，对我说："这位是浦江清先生。"看上去朱先生对浦先生是非常尊重的。我向浦先生行过礼，朱先生对浦先生说："他是新考来的三年级插班生，是俞平伯先生的学生。"随后我办完事即离去，没有多同两位先生盘桓。我在清华的一年里，没有选浦先生的课，因此直到1952年院系调整三校合并，我才又见到江清先生。

真正同浦先生有密切接触是从1954年开始的。当时我不再教公共基础课，调到文学史教研室，分配给浦先生当助手。浦先生担任宋元明清文学史这一教学小组的负责人，只有我一个"兵"。按浦先生的决定，诗词散文和戏曲部分由先生自己主讲，小说部分由我去给学生上课。于是我着手备课，第一篇学术文章就是1954年8月发表在《新建设》上面的《吴敬梓及其〈儒林外史〉》，后来又陆续写《中国小说讲话》，从1955年开始分期发表在《文艺学习》上。平时就经常到浦先生家中，为先生办一些杂务，如印讲义、给学生调配指定参考书和上辅导答疑课等。浦先生对我很客气，总是说："你虽在清华读过书，却没有上过我的课，你只是我年轻的同事，可不是我的学生。"我说："我给您做助手，主要是向您学习，实际上就是您的学生。您有事尽管找我办，有意见也不妨直接提出，我一定努力把工作做好。"时间长了，我发现浦先生人很慈蔼谦虚，没有架子，有时也爱说笑话；我因之也不那么拘谨了。

先生曾问过我读了哪些书。我如实回答："读过《诗经》、《左传》和《四书》，《楚辞》《庄子》《荀子》，都读过一部分。"并且承认："戏曲虽是业余爱好，并没有下过功夫。古典小说虽当作闲书看过，也没有研究。"先生随即对我讲到学习的步骤。他说："现在人怕艰苦，不爱读先秦古书，喜欢从小说戏曲入手。可是小说戏曲毕竟是流不是源，迟早总要由魏晋唐宋上溯到先秦，这就形成了'仰攻'的局面。'仰攻'就是居于低洼之地向高处进攻，那肯定很难，因为爬上坡路是很吃力的。你既然读了些先秦古书，实际上已攻克了难点；现在读宋元以后的书，数量虽大，却是顺流而下，那会容易得多。"先生还说："古人作诗文词曲都爱用典故，用典故当然是指引用古人古事。如果读书人从先秦古书一路读下来，自然容易知道典故的出处，这比读书时处处离不开类书词典要省很多事。这就是'顺流而下'的好处。"浦先生这番话我一直铭记在心，有时也用来告诫学生，还把先生的这层意思写在一篇小文章里当作治学经验推广过。

浦先生讲戏曲时，有时兴致很高，在课堂就高歌一曲。我听过先生在课堂上唱《宝剑记·夜奔》的［点绛唇］和［新水令］，是南昆唱法，与杨小楼的路子不一样。事后同先生闲谈，先生说："知识要结合实践。讲古文古诗，如果自己能写几句古文，懂旧诗格律，讲起来就会有更深的理解和体会。"我说："先生的意见我非常赞同。我就是在教中学时学过写古文、作古诗，讲起课来才比较有体会。"先生说："我喜欢唱昆曲，因此对曲文经常琢磨，就比不会唱的人理解得多一些。"这个"知行合一"的辩证观点，我一生信奉；在我听到浦先生的教诲之后，对于"实践出真知"的道理恪守得更坚定了。

1956年，作家出版社出版了冯至先生编选、由浦江清先生和一位名叫吴天五的中学老师合注的《杜甫诗选》，浦先生赠我一册，至今珍藏敝箧。浦先生在赠书的题款上很费了一番踌躇，过了将近一星期才题写了款识把书交给我。我在一篇小文中曾追记此事，今照录如下：

> 五十年代初，我一度给浦江清先生做助手，但我并不是受过浦先生亲炙的弟子。浦老在称呼上很讲究礼貌，当他注释的《杜甫诗选》出版要赠我一本时，在题款上曾大费斟酌，并跟我本人商量。浦老说："你不是我的学生，我们只是年辈不同的同事。我送给你书，照理应写'小如兄'；可是你现在是我的助手，也算半个学生吧，写得太客气了反而显得生疏。你看我怎么题款才好？"我答："我现在就是您的学生，您千万不要同我客气。"最后先生是这样题的："小如学弟惠存指谬，江清。"此书我至今珍藏在箧，永远铭记浦老对我的厚爱。[①]

1957年初，浦先生胃病发作得很重，组织上决定请先生到北戴河长期疗养。文学史的课程由我一人承担。记得我是从《三国演义》讲起的，原在我备课范围之内，所以浦先生完全放心。没有想到先生在疗养中突然胃穿孔，未等手术做完就与世长辞。如果当时先生仍在北京，医疗条件当然要比北戴河好，肯定不会出意外的。这对北大，对中文系，对青年一代包括我本人，都是无法弥补的遗憾。先生仙逝，转眼已四十年。当年坐在燕东园小楼的客厅里听先生谆谆教诲，至今犹历历在耳。所幸先生的外孙女彭牧已在北大中文系执教，后继有人，先生也可以慰心于泉下了。

1998年3月在北大

[①] 拙著《读书拊掌录》第四五二页，山西教育出版社1998年1月出版。

读其书而知其人

——周绍良先生印象

我和绍良先生相识已逾半个世纪。他长我五岁,谊在师友之间。彼时我们都在天津,我经常到南开大学去拜访华粹深先生。粹深与谢刚主先生(国桢)比邻而居,绍良先生常去看望谢老,顺便也到粹深处小坐。我每次去看粹深,总要去问候谢老起居。久而久之,便同绍良先生也熟了起来。1951年秋我调到北京西郊工作,先母住西单附近,我常进城看望先母。绍良先生住东城,但他的尊翁叔迦老先生住西城,所以他也经常到西城来。记得一个夜晚,我和绍良先生曾在公共汽车站邂逅立谈,竟忘记了时间。几十年来,我们虽不常见面,却一直来往不断。见面时海阔天空,无所不谈,无论文章学问还是世态人情,都有共同语言,十分投契。绍良先生每有大著出版,必找一位熟人题写书名。但找过一次便不再找,所以给他的著作题端的人从不重复。而我却特蒙垂青,破了惯例。几年前绍良先生八十大庆,亲友与及门弟子为他编了一本纪念论文集,弟子们为这本书的封面题签人选颇费踌躇。及征询绍良先生的意见,他毫不犹豫地说:"找吴小如写。"而他的另一本大著《唐传奇笺证》,也是由我题写书名的。

绍良先生是一位洒脱、坦诚的学者。他做学问,可以用一句龚自珍诗来概括:"但开风气不为师。"他和朱南铣先生联手编著的《红楼梦书录》

（署名"一粟"），至今仍是治"红学"的必备参考书。而绍良先生却从不以"红学家"自居。而这种"开风气"而"不为师"的高尚风格，更体现在他所编的《敦煌变文汇录》上。《汇录》所收变文当然不够全备，但在他之前还没有一个人想到做这样的事。后来的《敦煌变文集》和《敦煌变文集补编》，内容的丰富全备肯定超过了《汇录》；可它们的成书却可以说都是从《汇录》的面世引出来的。人们每用"抛砖引玉"这一成语作为自谦之词，其实肯把自己的"砖"抛出，并且果真引出"玉"来，这块"砖"抛得并不容易，更不简单。又有两句自谦的话，叫作"珠玉当前，瓦砾无色"。既然看到了"珠玉"，人们也就忽略了当初"抛砖"的人抛出的"砖"，甚至还被人视同瓦砾，却忘记了这块"砖"的历史作用和首创价值。《敦煌变文集》的编纂人都是著名的专家学者，在书上都有署名。这里特别应该指出的是，这部书的责任编辑恰是当时正在人民文学出版社供职的绍良先生。而彼时的责编，尽管出了很大力气，甚至是使一部出版物能公开问世的关键人物之一，却按照规定并不署名，成为一位无名英雄。而绍良先生是甘愿做无名英雄的。这才是真正的"但开风气不为师"。

《唐传奇笺证》是绍良先生的一部力作。这部书体例很新颖，同时又很"传统"。所谓"笺证"，并不等同于一般对文本的注释，而是搜集了大量史料来印证唐人传奇的内容。这既是作者的研究成果，又为此后研读传奇故事的人提供了重要资料和研究方法。另外，绍良先生在不久以前还出版了上下两册《清墨谈丛》。藏墨玩墨，是收藏家的事；而在绍良先生则是他的业余爱好。我在半个世纪前就知道他的这一爱好。当年他在谢刚主先生座上，每谈到他获得一锭罕见珍品时，其眉飞色舞与侃侃而言的表情神态，简直天真烂漫得像个孩子。及至读了他的这部《谈丛》，才感到他对"墨学"是下了一番真功夫的，可以说狮子搏兔，亦用全力。我对此道完全外行，但我却佩服两位藏墨专家的功力和素养，一位是老一辈自然科学家张子高先生（他是我的父执），另一位便是绍良先生。尽管他们藏墨玩墨看似"小道"，实际上他们的研究成果是对我国民族传统文化做出了贡献的，同样可以彪炳千秋，功在后世。盖玩物而能"高尚其志"也是一件艰辛事业呢。

十年前我在欧洲曾听到这样一句话："史学即史料学。"照我的理解，这句话的含义是，研究历史离不开史料，没有史料依据而侈谈历史研究，无疑只是空话。但西方汉学家每把傅斯年、陈寅恪等前辈学者称为史料学家，我却不敢苟同。统观绍良先生治学，乃是一切皆从史料出发，史料是论点的基础。无论他研究敦煌文献、唐人传奇，还是研究清朝的墨，都据史料立论，绝不"徒托空言"。但当前有的人却把"史料"本身当成"史学"（即把上引的话倒转过来，认为"史料"即"史"），只纠缠于"史料"本身而忽视了研究历史的发展规律，这就背离了治学目的。建议世之读绍良先生各种著作的人，切不要对他产生这样误解。盖绍良先生是同样反对只停留在史料本身而忘记了做学问的终极目的的。

附记：写此文讫，还想对我国文房四宝中的"墨文化"说几句。随着时代迁移，我们传统的制墨方法已几乎失传。我曾到"墨乡"安徽歙县买过几锭价格昂贵的新墨，研出来既无香又无色，反不如用质量精致的墨汁。因此旧日生产的墨锭便成了用一块少一块的"绝品"。于是有关墨的知识也就成了"绝学"。这是我在读《清墨谈丛》时的一点感想。附识于此。

原载 2003 年 3 月 7 日《文汇读书周报》

宁静地永生

我结识祖光先生是近些年的事，但远在半个多世纪前，便已对他的才华横溢由衷钦慕了，那是由于读了他的成名剧作《风雪夜归人》。从读小学到上中学，我同祖光一样，也是富连成科班的长期忠实观众，对刘盛莲的表演艺术（从他坐科时崭露头角到出科后艺术日臻成熟）也特别欣赏。我并不认识刘盛莲，但读了祖光的剧本便立即在脑海中浮现出这位英年夭逝的艺术家形象。通过剧本，我从感性上认识到祖光是一位具有悲天悯人思想和正义感的血性男子。1961年，有一件事把我和祖光联系到一起，但祖光却未必知道，在我们相识后我也未同他谈过。当时中国戏曲学校想把郭沫若的话剧《武则天》改编成京剧。校方先草拟了一个剧本，由萧长华先生通过钮骠找我对它进行全面加工。后来乃请祖光先生正式执笔改编。首场演出，我是座上客。印象中有少量未经删汰改动的唱念台词还是我的原稿。事后萧老在东来顺设宴，邀我参加，作为酬答，在座的除萧老和他的哲嗣盛萱先生外，还有徐兰沅、姜妙香、史若虚诸位先生，以及钮隽、钮骠昆仲。曾几何时，老成凋谢，如今知其事者大约只有钮氏兄弟和我本人了。

上个世纪七十年代末，我始与祖光相识，而且一见如故。每次晤对，我们谈话最多的内容是关于戏曲表演艺术。记得有一回我谈到演员如在盛夏演出，倘规定剧情是数九寒天，风雪交加，则演员在台上一定不许出汗。祖光当即举他夫人凤霞女士为例。他说："凤霞有两个绝活：一是热天在台上不出汗；二是只要剧情需要，她在表演时能够真流眼泪。"祖光还说："前者是凭有幼功，能潜气内转把汗屏住；后者是认真入戏，用剧中人物的真实感情把泪水催下来。"然后我们共同慨叹，演戏生涯是多么艰难辛苦，必须狠下功夫。而今天的中青年演员却未必人人能体会得到，更未必人人能做得到了。

为了纪念凤霞女士逝世一周年，以祖光为主，至亲挚友们曾有过一次较大规模的聚会，我是从报纸上看到这条消息的。不久祖光见到我，向我致歉，说一时没有找到我的电话号码，来不及邀我参加。而我想得更多的却是祖光对凤霞女士的伉俪情笃。又有一次，谢蔚明兄自沪旅京，召熟人聚饮。座中有杨宪益先生、黄宗江学长，也有祖光和我。祖光是由一位年轻姑娘陪着来的，我不知是何许人。问及祖光，那位女孩子抢先坦率地说："我是吴老家的小保姆。"祖光随即向我解释："凤霞生前，请了两位小姑娘照料她日常起居。凤霞走了，这两个孩子同我家感情很深，我遵照凤霞遗愿，决定供这两个孩子读书，把她们培养成才。"从这件小事更看出祖光夫妇是多么重感情、讲道义的人。一晃又是几年，这两位女青年想必都已走上她们理想的工作岗位了吧。

祖光晚年每好说"生正逢时"，也常写这四个字赠送熟人。其实这四个字内涵深远，不宜只从表面上等闲视之。祖光病逝后，不少熟人写悼念文章都说他言行一致、表里如一，是一位敢说真话的人。而我则从昔日仰慕他的学问和才华进而更服膺他晚年的肝胆照人，有着过人的胆识和节操，他不怕干时忌，敢于"捋虎须"。我最后见到祖光是在送别萧乾先生的追悼会上。我们正在休息室中倾心谈话，一位青年人大约怕祖光体力不支，急走过来裹挟着他先去行礼了。我连一句"多多珍重"的话也没有来得及说。

彼时祖光思维如常，动作也不迟缓，没想到他最终竟得了老年痴呆症。我自步入老年人行列，每到一次八宝山便想到了曹子桓的话："既痛逝者，行自念也。"我想，如果祖光的夫人能带病延年，与祖光相濡以沫，也许祖光还能硬朗地活下去。而当一个人先走了，另一个人内心的忧伤悲痛，外人是无法体会的。谨以一瓣心香，祝祖光伉俪在另一清凉世界里宁静地永生！

原载 2004 年 2 月 1 日《文汇报·笔会》

怀念张岱年先生

张季同老师（岱年先生字季同）以九五高龄遽辞尘世，这无疑是我国学术界一大损失。1946 至 1947 年，我曾在清华大学中文系做三年级插班生。由于公共必修课学分缺的很多，我便大量选修一些著名教授开的基础课。我听过金岳霖先生的"大一逻辑"，吴晗先生的"中国通史"，李继侗先生的"大一生物学"，还有季同师的"哲学概论"。事后回想，这真是千载难逢的机会。盖自 1952 年各大学院系调整，尽管全国知名教授云集北大，但教学模式却全仿苏联，凡高知名度的教授大都不再讲授全校性的大课了，而我当年在清华能听到那么多名教授的公共必修课，实是三生有幸。

但我忝列季同师门墙却还在清华听课之前。原来八年抗战期间，不少困守北京的著名学者大都在燕京、辅仁和中国大学这几座尚未受到日寇直接干扰的高等学府里任教。即以哲学系而论，像邓以蛰先生（字叔存）、严群先生（字孟群）和季同先生，都在中国大学讲过课。老友王维贤兄（与我同庚）即是在中国大学哲学系毕业的本科生。我由维贤介绍，曾专诚晋谒季同师向先生请益。因此在清华时，我经常去谒见季同师并面聆教诲。有时缺课，先生还把讲稿借给我让我把笔记补全。从那时起，师生间情谊已十分融洽了。

人们都知道季同师是治中国哲学的大师。其实先生对西方哲学亦有极湛深的研究。"哲学概论"这门课，主要讲的是西方哲学。先生从柏拉图、亚里士多德讲起，一直讲到罗素、杜威，包括马、恩、列的经典著作，都做了深入浅出、扼要中肯的评述。我的那一点点肤浅的西方哲学知识如康德、黑格尔、叔本华、休谟等人的基本观点，都是在季同师班上学到的，先生确是我这方面的启蒙老师。尤其难得的是，季同师敢于在班上公开讲授马、恩哲学，并详细介绍《反杜林论》和列宁的《唯物主义与经验批判主义》。这在当时国统区的高压政治和反动气焰下，听课的人都敬佩先生过人的胆识。我认为，作为一位博大精深的哲学家，必须学贯中西，对东西方哲学都有独到的见解，才是真正的大师。现在有人自命为哲学家，却连《庄子》都没有读过，却借口自己是研究西方哲学的，可以不读《庄子》。我想，这样的人对西方哲学究竟知道多少，看来也是大可怀疑的。

院系调整后，我和季同师都住在中关园平房，时有过从。1957年"反右运动"突如其来，季同师被错划为"右派"分子。但每逢有全校性报告，"右派"分子也必须参加。记得有一次北大全体教师冒雨到清华听彭真同志做报告，大家三三两两结伴而往，只有季同师一人踽踽凉凉，专找偏僻胡同穿行，好像也未携雨具。我便赶上去陪先生一道走，只听先生自言自语说了一句："我懒得跟他们搭伴儿。"报告听完，我一直陪先生回到中关园。先生一路无言，只任我扶持他坎坎坷坷地往前走。分手时，先生只说了一句："谢谢你陪我。"看来季同师当时已相当寂寞了。"文革"中，北大不少人都下放到江西鲤鱼洲，季同师因年事已高，比我早回校一年。临别时留下来的人列队给返校者送行，先生看到我，握住我的手久久不松开，连说"你要保重"。我一时不知该说什么，先生又紧握了我一下便随着队伍走了。

"文革"结束，我和季同师先后迁入中关园的公寓楼，彼此相距不远。有相当长的一段时间，我经常在菜市场和邮局遇到先生。有时先生买了菜拿着吃力，我就分一部分替先生拿着，送先生到他住的楼门口。我曾写过一篇题为《买菜》的小文，特意提到德高望重的张岱年先生也要亲自买菜。自先生年逾八十，便很少独自出门。我曾写过一张条幅祝贺先生八十诞辰，写的是苏东坡"年抛造物陶甄外，春在先生杖履中"两句诗，先生高兴地收下了。

季同师对于学生提出的问题，总是有问必答；如提出要求，也一定有求必应。一次在路上遇到先生，闲谈间我问先生："《庄子·养生主》里'为善无近名，为恶无近刑'两句，到底应怎样理解才对？"先生不假思索脱口而答："你去翻一下张文虎的《舒艺室随笔》，他把'无'讲成'无乃'，最妥帖不过。"我求先生为我释疑解惑的事不一而足，而这一次我记得最清楚。

先生几次迁居，住屋都很狭窄，房间里到处都堆满了书籍。有时我去看望先生，走进书斋，真是"坐无隙地"。而先生每次总要留我小坐，于是只好把椅子上堆积的书移开一点，勉强坐下。先生米寿以后，体气日衰，也很少出门。我担心常去打扰，影响先生工作和休息，去的次数因之也少了。记得有一次在先生书斋里谈到陈寅恪先生所坚持的"独立之精神，自由之思想"，先生讲了一句十分精辟的话："独立和自由也得有个限度，不能忘了自己是个中国人，不能'独立''自由'到中国以外去。"我感到，这正是季同师的人格魅力所在。

自先生迁住蓝旗营，彼此距离远了，而我又有很长一段时间离开北京，从此便没有再见到先生。今天人永隔，已问业无从。幸先生每有新著问世，总惠赐我一本，今后只能从先生的遗著中学习做人和治学的道理与门径了。

2004年5月，在北京写讫

哭林左田兄

五十馀年莫逆交，品歌谈艺梦迢遥。
门前挥手成长诀，从此幽明共寂寥。

惊悉林焘先生于 2006 年 10 月 28 日猝然仙逝，恍如晴天霹雳。痛定思痛，勉强写了四句挽诗，愿他安息。诗题注明"小诗当哭"四字，其实我是在啜泣之后才落笔的。五十多年的老友、好友，就这样说走就走了，不仅出人意料，而且同时也引起自己的忧伤。我比左田小不到一岁，近年来体气也日就衰颓，"既恸逝者，行自念也"，看来人寿修短，并不能随个人意志为转移。我愿引用另一位老友的话：人老了，应该"时刻准备着"！

我是 1951 年暑假中，承陆志韦先生和高名凯先生不弃，调来燕大任教的。一到国文系，就认识了左田。从此一见如故，不同于一般同事关系，而是很快就成为无话不谈的知已。初到燕园，眷属滞留天津，开始住单身宿舍。后来承张伯驹先生把他园中藏书楼两小间空房借给我，在妻儿尚未迁京时，我一度还在左田兄家里搭伙吃饭。左田是个热心肠的人，对我的关心无微不至。我在感谢张伯驹先生的同时，对左田和杜荣伉俪也是心存感激的。只是我和左田夫妇似乎已是交谊很深的老朋友，就没有把感谢的话经常挂在口头上；而左田更是行其所无事，从没有施恩图报的念头。今天回想五十多年前的旧事，我才体会到他们的挚爱之情真是"君子之交"。

我与左田有共同语言，是建立在三个方面的基础上的。首先我们都是传统戏曲的爱好者。我只是个爱看戏的戏迷，而左田夫妇却是一对躬行实践者，不但见多识广，而且能粉墨登场。左田身体好时，能吹笛伴奏，由夫人杜荣大展歌喉。五十年代初院系调整后不久，友人孙正刚在教员工会工作，经常组织业余演出。我看左田伉俪最精彩的一次彩唱，是他们联袂同台演的全部《奇双会》，从《哭监》一直演到《团圆》。不是我阿其所好，左田扮演的赵宠虽不及程继先和姜妙香，却绝对不在俞振飞之下。左田为演这场戏，是有充分准备的。他请叶仰曦先生吹笛，请李体扬先生扮李奇，傅雪漪先生扮保童。这在业余队伍中，都是上乘人选，连业内的名角也心悦诚服的。事后我才知道，左田曾亲自向名小生金仲仁请益问业，同王少卿等这些一流名家也是熟人。可是左田对此从未炫耀过，只当成业余爱好。而左田的眼界远不局限于小生和旦行，他对杨小楼、余叔岩同样有很高的欣赏水平和精辟见解。我们曾反复细听余叔岩《打渔杀家》的唱片，谈彼此看过的杨小楼的戏。到了十一届三中全会后，我又故态复萌，由收藏旧唱片改为搜求罕见的录音带。每有所获，必与左田分享。记得左田听了姜妙香晚年录音《监酒令》唱段，认为调门虽低，却比1929年高亭唱片所录唱的水平高出几倍，这种欣赏水平真是"可为知者道，难与俗人言"。而时至今日，京剧式微，已成为"四不像"的东西，再求一位像左田这样的行家里手，恐怕比周诰殷盘都难了。

第二个方面是由于左田是我真正的诤友。我从十几岁就喜欢舞文弄墨写剧评，到二十岁前后更是一发而不可收，一直写到1948年。新中国成立初期，我停了笔；院系调整后，由于认识了马少波同志，看戏的机会多了，不禁技痒，于是死灰复燃，又写了一些谈戏的文字。在知识分子思想改造过程中，有些人批判我的个人主义名利思想，往往只向我头上扣大帽子，而左田对我曾说过一番语重心长的话。大意是：不要认为你懂一点戏，动不动就写文章拿去卖钱。这话使我终身铭记。尽管我仍不断写评论京剧和其他有关戏曲的文字，但思想上却给自己设了一道关卡，即写文章求言之有物，如只是为了图名谋利，为了无聊的吹捧和自炫，无论谁找我写我也不动笔。这一点只有我心里明白，连左田本人也未必记得了。孔子说"益者三友，友直友谅友多闻"，左田平生待人宽厚平和，却对我能直言不讳，足见他是把我当成真正的朋友看待的。左田晚年，对京剧的看法也敢于讲真话。为了做2006年春节晚会的节目，上海东方电视台邀左田和我去谈京剧的发展历程和对"四大名旦"的看法。左田公开发表独到见解，认为在五四以后，京戏已被当时的先驱人物看成封建糟粕，而广大观众却公认"四大名旦"是顶尖的艺术家，这很令人深思。他又说，"四大名旦"并不在同一水平上，梅兰芳是最高水平，程砚秋是另一个水平，其他两位又是一个水平。我也认为，梅是全能冠军，其他三位是单项冠军。这后一段意见尽管节目中都未能播出，我却认为左田和我说的都是实事求是的真话。这正是我们有共同语言的明证。

　　最重要的一个方面是，左田在声韵学和语音学方面是我的良师。我对声韵学是外行，尤其对古音十分隔膜。在中古音中的不少上声字，到了近古时代却读去声，这个规律应如何掌握，我曾专诚请教左田，他教给我"阳上变去"的辨认方法。原来古三十六字母（即声纽）是分清浊音的，而四声中不独平声字分阴阳，上、去、入声字同样也分阴阳。具体举例，即"端、透、定、泥"或"知、彻、澄、娘"各声纽中的第三纽如"定"母和"澄"母中的上声字，多属阳上声，它们的读音到近古音中变为读去声了。如"交代"的"代"是去声，而"等待"的"待"本读上声，后来才变为去声。明乎此，我们在汉语中写"交代"一词，就不会写成"交待"了。左田同时也说及去声字变为上声的问题，可惜当时没有细问如何掌握变音的规律，今天已成为永远的遗憾，只能靠自己摸索了。记得张伯驹先生几次对我谈过昆曲和京戏里的韵白及其读法的问题，如"脸"为什么读"俭"，"盟"为什么读"明"等，伯驹先生认为这种读法就是依据南宋时代临安（今杭州，当时是南宋首都）的官话。我从《集韵》中找到不少例证，同时也向左田请教。我们逐一分析了潮州汉戏、滇戏、桂戏以及徽戏、汉戏的韵白，并结合高腔、昆曲和京戏近几十年的舞台上演员们的念字，认为张伯驹先生的结论是正确的。由于我没有参加由王力先生牵头的研究京戏字韵的小组，不知左田是否提出了京剧韵白基于南宋时杭州官话这个观点；但我和左田在这一点上是有共识的。到二十一世纪初，我还向左田请教，"士"字在先秦时代能否作为"齿"字的通假字，左田当时不假思索地冲口而出："当然可以！"可惜我们未就此事深谈下去，如果确能通假，则《小雅·祈父》中的"爪士"乃与上文"爪牙"相对，应释为"爪齿"了。记得周一良先生仙逝后，我和熟人们经常感叹，今后如有日文方面的问题，再也找不到一位名师请教了。如今左田兄又先我而去，关于古声韵方面的难题，我将向何处咨询请教呢！这不仅使我感到痛失良师益友，而且也为我们面临日就荒芜的学术领域忧心忡忡，断层裂变的危机已逼近于我们的眼前了。

　　近二十年，由于杜荣先生多病，老妻也病了很久，彼此自顾不暇，我和左田见面的机会少了，这就使彼此更增加了不少牵挂。但我每逢佳节，总要到燕南园去看望林静希师，同时也到左田处小坐，互叙离情。2006年国庆前夕，我茕茕一人走进燕南园，不想竟迷了路。好不容易才找到左田的寓所，并说明来意，想去看看林庚先生。左田陪我同往，见到了静希师，左田还勉慰静希师，说超过百岁不成问题。怕老人劳累，我们小坐便辞出。左田见我面色不好，坚邀我再到他府上小憩，于是我们又快谈良久。天色渐晚，我也稍苏喘息，左田仍不放心，便嘱他弟林宁兄帮我找了一辆出租车，一直把我送到车边，目送我离去。不想10月4日，静希师竟安详辞世，我和左田不久前的拜访，竟成了最后一面。10月12日，在八宝山为静希师送别，我因在11日已到静希师府上对遗像行过礼，翌日便未到八宝山，而左田却亲自参加了送别仪式。中午时分，左田打电话给我，说他十分疲倦。因为送葬者大都是我们教过的同学，一一向左田打招呼，八十五岁的老人当然吃不消。不想10月15日，一九五六级同学纪念入学五十周年，而当初教过他们的老师只有左田和我两个人了，于是我们又被邀去坐了两个多小时。我在散会时已感体力不支，而左田谈笑风生，心情还比较愉快。当时有同学用车送左田和我回家，车到左田门口木栅边，左田下车时向我频频挥手，我说过几天再来看望，然后匆匆离去。没想到这就是我们的永诀。后来听说，10月20日左田主持了一个规模较大的会议，还致开幕辞，坚持了一整天。当晚左田即感不适，拖到22日才送入北医三院，至28日即溘然长逝。左田一生多病，先后切除过一叶肺和一个肾，晚年虽心脏血压都有些问题，但由于他心情开朗，敢与病魔周旋，不明底细的人只看表面，总把他当成一个健康的老人。而左田又一向热心，有事找他，每因盛情难却，往往事必躬亲。就在他临终前的一个月里，他实在太忙太累了，终于拖垮了重病的身体。我们后死者似乎从这次变故中应吸取经验教训，对老人要更多地关怀照顾。因为像林焘先生这样卓有成就的前辈学者，短时期内已不易培养得出来了。

2007年2月，写于林焘先生逝世百日后

怀念吕德申先生

这几年北大旧相识陆续离开了我们。德申先生和我是同龄人，比我出生月日还略晚一点，却先我而去。我由衷感到悲伤，我们这一代人有共同语言的好友愈来愈少了。

德申来自西南联大，复员到北大已由研究生转任助教，而我当时因一再蹉跎，本科尚未读完。虽同在沈从文师门下，他已是师辈。即使算平辈，论资历他也是我的师兄。当时在北大灰楼（红楼后面的文科所在地）的课堂上，德申有时也去听课。从联大来的同学指点我，他是吕德申，是杨今甫先生和沈从文先生的高足。当时我们并未交谈过。

院系调整后我们成为同事，"文革"后我们一度还是紧邻，交情愈久愈深厚。遗憾的是，他从中关园乔迁后身体愈来愈衰弱，后来竟长期住院，终于传来了噩耗。在他住院前在家疗养时，我曾去看望过他。他过于拘礼，一定要从病床上起来端坐在客厅里亲自陪来访者谈话。

我目睹他那坚忍病痛而仍保持着读书人的礼貌，心里难过极了，一告辞出门就不禁泫然欲涕。后来只好通过他夫人李一华同志不时打听他的病情，不忍再去打扰他。现在反而感到追悔莫及了。

古人对读书人（今所谓知识分子）的要求，最高标准是立德，其次是立功；像我这样的教书匠最大的愿望与可能，无非是想在"立言"方面出点成果。如果执此准则来评价德申，尽管他在北大中文系为教学和行政工作付出了许多心血，学术上也有不朽的成果，而我却认为德申的一生，乃是一位真正的立德者。特别是他在担任北大中文系总支副书记的一段时间里，表现得真是平易近人，始终坚持党性，从不用极"左"的思想和态度对待周围的朋友和同事。我同德申相过从的几十年中，回想起来，有一点最突出，那就是我从未见他对人疾言厉色过。对于我们这样的党外同事，即使他心情有时也很沉重，却永远保持着友善而冲淡的微笑，永远体贴对方，从来没有摆出过领导的"架势"。"反右"后期，我弟弟无辜被扣上"右派"帽子。德申曾找我谈话，尽管态度严肃郑重，语气却充满了善意和体谅，这使我终身不忘。过了没有多久，他迁入中关园公寓，我向德申借书，他一如平时把我引到他那间狭长的书房，耐心地找出我想借的书。就在彼时，我向他谈过我在"肃反"运动中被审查批判的事，德申立即劝我不要往心里去，说："'肃反'时人们的批评意见不一定都正确。"这话出诸党内领导同志之口，当然我的感受就不一样。这也是后来我们能够无话不谈的友情基础。

　　我还想借此机会表达一下我对德申病情发展的看法。德申曾患过严重胃病，一个胃被切除了三分之二。不想若干年后他的胃病又犯了，这说明当年的手术做得不彻底（德申曾亲自对我谈过医生不负责任的情况）。德申不慎骨折，经医生手术，竟把折骨接错了位，导致他长期不良于行。德申的意志是很坚强的，那些年我们同住中关园，我陪久病的老伴每晨散步，德申也一直坚持步行锻炼，几乎每天都见面。从那时的情况看，德申的健康应该不成问题。后来屡次发病，病情日益加重，我认为这是我们的医疗道德远未到位给他带来的严重后果。一华同志为了德申的病奔波得头发都白了，自己也犯过心脏病，她也曾委婉地吐露过医院的陋习和医德不到位而使她烦心。我诚恳呼吁，医疗部门对我们这些年老体弱的病人能更关心一点，更负责一点，这应该是构建和谐社会的一个重要组成部分。

德申的尊师重道更是我们的楷模。他对杨振声先生和沈从文先生，还有其他老北大的师长，都有深厚的感情。院系调整时，好几位老师调往东北，有的老师竟离开了教育界，德申是十分关注并有他自己的看法的。沈从文和俞平伯两位老师先后病逝，德申都很悲痛。他得知从文师病逝的消息，随即到沈先生府上去吊唁，慰问沈师母；然后立即通知我，我才匆忙赶去。平伯师逝世的当天，我闻讯便偕德申同到平伯师府上，一齐向老师遗体行礼送别。德申在北大复员的第一年，曾给平伯师当助手，师生感情很深。后来德申去看望平伯师，竟吃了他家人的闭门羹。从文师逝世后，在出纪念文集时竟没有找德申和我这两个老学生写悼念文字，而从文师确是我们的恩师，因此我和德申一直引为遗憾。因为在我们这一辈人的心目中，老师不仅传授给我们知识，指引我们读书的途径，提携我们上进，更重要的是教我们怎样立身处世，为人师表。德申今天离开了我们，我义不容辞地应把德申一生中闪光的美德昭告世人。这不仅为悼念逝者，也希望后来者以德申先生为尊师重道的榜样。

愿德申宁静地安息！

远逝的风铃

相交逾半个世纪的老友，真的愈来愈少了。今年新春伊始，久居沪上的谢蔚明先生又先我而去。蔚明年逾九十，已属高龄。他前年整寿时，我还写小诗祝他能活到一百二十岁。从他的体质看，他可以活得更长久些。回首前尘，如果他不经过北大荒二十年颠沛流离的苦难生涯，很可能活到一百岁。造化弄人，原不以个人意志为转移，愿他在泉下安息！

蔚明和我是皖籍大同乡，长我五岁。我们订交于上个世纪五十年代初，当时他正在《文汇报》驻京办事处当记者，借住在办事处。我们就在他寓室中见了第一面。我的第一本小书是由蔚明介绍，交上海出版公司出版的。彼时我们尚无深交，而他却为一个普通年轻教书匠出书的事殷勤奔走，仅从这件小事就可看出他是一位性情中的热心人。当然我们的友谊也很快地建立起来。上个世纪九十年代初，蔚明出版了一本回忆录，书名叫作《岁月的风铃》。拜读之后，我随即写了一篇小文，倾吐了我们经久不衰的深厚友谊。有些话这里不再重复。在他年近九十时，还说要写出一系列回忆文章，然后收辑成书，结果只出了一本《杂七杂八集》，便因记忆力衰退，愿望无法实现了。由此可知，蔚明不但经历过许多带传奇性的事，而且交游之广也是惊人的。作为新闻记者，交游广本不足为奇。但与一般人不同的是，同他有交往的人最初虽只是通过约稿组稿关系而相识，而最终却大都成为真正相知的好朋友。特别是蔚明离休以后，约稿关系早不存在，而友情却愈加深厚了。这应归之于蔚明所独具的人格魅力。他是那样的平易近人，对新老朋友始终洋溢着忠厚执着的热情，真正做到了"善与人交，久而敬之"。在目前以拜金主义为时尚的社会中，不少人都是势利之徒，当一个人在市侩们眼中认为已无使用价值时，乃翻脸若不相识，甚至还有落井下石的。每当闻见及此，我立即感到蔚明这一生为人处世值得学习的地方真是太多太多了，且令人心潮起伏难平。蔚明晚年常说自己提笔忘字，而我在惊悉蔚明溘然长逝的噩耗后，一直想写一点悼念文字，却是提笔不能忘情，总也写不下去。最近我住了半个多月医院，感到自己离终点站也不远了，从而产生紧迫感。尽管构思艰难，还是耐下心来把想说的话匆促写出来，免得留下遗憾。

在蔚明一生交往的友好名单中，有不少位是著名京剧表演艺术家。比如在梅兰芳先生的座上，蔚明一度也是常客。我和蔚明，以及另一位英年早逝的徐士年兄，曾经结伴学过几个月的昆曲。那是五十多年前，俞平伯先生主持组建的昆曲研习社成立不久，从南方请来一位辅导曲友拍曲的笛师。单靠研习社的工资养不活那位笛师，于是俞平老乃动员熟人学昆曲。由我倡议，我们三人合聘这位笛师为我们启蒙。规定每周至少学一次，由我们三人在各自家中轮流接待。记得学的是《长生殿·小宴惊变》一场唐明皇的第一支曲子，"天淡云闲"云云。学了一段时间，老师要我们"汇报演出"。我因自恃会唱几句皮黄，以为比他们两位略胜一筹。遗憾的是，老师表扬了蔚明和士年，却批评我唱得不及格。理由是：他们两位根本没有唱过曲子，老师怎么教，他们怎么唱，虽不到位，却有可造就的希望。而我，正因为会唱几句皮黄，唱出来却根本不是昆曲。老师打比喻说，他们两位都是从"零"起步，让他们往东，他们就跟着往东；而我却适得其反，竟走到西面去了。老师认为我必须从西面退到起跑点即"零"的位置上，把皮黄全丢开，然后再往东走。尽管大家事忙，学曲的事很快中辍，但这一次给我的教训太深刻了，故至今记忆犹新。

蔚明晚年又回到《文汇报》工作。他最大的贡献是与梅朵先生合编了一段时间的《文汇月刊》。这份月刊编得堪称有声有色，光彩照人。刊物上群贤毕至，佳作如林，影响很大。至今有人追忆，还赞叹不已。可惜当时改革开放不久，许多条条框框仍在束缚着办刊物的理念，使它无疾而终。而蔚明已经到了退休年龄，从此成为闲云野鹤。不过他的热心老而弥笃，只要有人找他办事（包括我本人），他总是全力以赴，期在事必有成。这一点，不少新朋友可能对他的印象更深。五年前我由上海回到北京，虽经常通电话，却没有再见面，遂成永诀。

蔚明病逝后，听说他晚景在经济方面比较拮据。我对此亦有同感。我们这一代人，可以说把一生都献给国家和社会，而得到的回报却不甚理想。举个最简单的例子，我的退休金还拿不到我孙女收入的数目，而她是新世纪初刚从大学本科毕业的。我还听说蔚明虽只有一个女儿，但他要不时接济的乡亲父老却不止一位。这也反映了蔚明为人的一个侧面。

我一直没有当面请教过蔚明，他的书名《岁月的风铃》究竟是什么含义。姑以意妄度之，大约是指他一生可回忆的人和事很值得记录下来，好比屋檐下的风铃铁马，微风起处，总要响几下。有时响得声音大些，有时不过微鸣几声。然而他所知道的人和事真是太多了，记录在文本上的寥寥无几。现在斯人已逝，不论风力大小，空气总在流动，而风铃却已哑掉，再也无法听到了。而留在人们心中的印象，却是一位从不知老之将至的、热心的忠厚长者！

2008年3月病中写讫，时在北京
原载2008年4月24日《文汇报·笔会》

怀念王永兴先生

一

1946年暑假,西南联大复员。当时清华大学在北平招收插班生。我以商科二年级肄业的学历报考清华中文系三年级,幸被录取。当时陈寅恪先生为清华文史两系开课,我因课时冲突都不能选修。但陈寅老为从昆明回清华的几个研究生开了一门"唐诗研究",一学年只有两学分。我蒙系主任朱自清先生特批,并征得寅老同意,选了这门课。这门课由学生自选研究课题,题目经导师批准,然后定期去见导师,面对面质疑答疑。记得我当时选的题目是《玉川子〈月蚀诗〉笺证》,寅老认为可以试试。然后约定日期,每周或间周去谒见寅老一次,有问题当面提出。彼时寅老目力已衰,但记忆力惊人。凡我有疑难,寅老随即告知回去检读何书,甚至说明在某书某卷,问题十之七八迎刃而解。到第二学期因着手写论文,见导师的机会少了,但隔一段时间仍须向导师汇报。最后论文写好交了卷。到暑期大考时,我的论文已被通过,学分到手,原卷发回,上有详细批语。我追随寅老只有这短短一年,到1947年我就转入北大,从此再也没有见到寅老。因此,我对外从不提及自己是陈寅老的学生。

但就在这短短一年中，我从陈寅老那里知道了王永兴先生。第一次谒见寅老时，老人便告诉我："有两个时间段你不能来。"原来，一个时间段是由周一良先生来给寅老读英日文资料，另一时间段是由王永兴先生来给寅老读中文资料，这是雷打不动的。而我的那篇作为试卷的论文，是先经永兴先生审阅，然后由寅老决定能否及格，给多少分数，如何加批语，才发回到学生手中的。试卷上的批语，肯定是永兴先生的手迹。我在寅老府上曾有一两次遇到永兴先生，匆匆交臂，并未交谈。在我印象中，虽已认识永兴先生，但先生却未必知道我姓甚名谁，因为我只是一个偶尔谒见导师的青年学生。

从1947年到1983年，一晃几十年过去了。永兴先生在这段漫长岁月里所受的折磨苦难，我事后才逐渐知道。可是就在1983年我刚到历史系，见到永兴先生，先生一眼就认出了我，并亲切地叫我的名字。我当时很受感动，并立即对先生说："您是我的老师！"先生说："咱们是先后同门，你怎么称我老师？"我表示自己在陈寅老门下时间太短，不敢自许为陈先生的学生；而那份作业又经永兴先生亲自评阅，当然自己是晚辈。而永兴先生对我却一见如故，谈起当年在清华的事。先生说："你怎么不是陈先生的学生，你还记得当年你的论文得了多少分数吗？"还没有等我想清楚，永兴先生便接着说："听陈先生的课，考试得到八十分的就是好学生，你那篇论文我是看过的，你得了八十七分，你应该算是陈先生的好学生。"我听了不胜愧怍，但从此我却同永兴先生在感情和道义上十分亲近了。

二

有两件事我应当追述一下。为这两件事，永兴先生都亲莅寒斋，使我心里很不安。第一件事是李锦绣同志的大著《唐代财政史稿》将由北大出版社出版，永兴先生希望我写一篇推荐文字。我认真读了部分原稿，写成一篇小文交了卷。永兴先生对我说："你谈的意见很中肯，应该是推荐书里写得最好的。"而书出版时，拙文并未在书前刊布，看来我的小文也未必说到点子上，只是永兴先生谬赞罢了。不过当时有些闲言碎语，使我很反感。我便另写了一篇短文，把那篇推荐书自行发表，意在澄清一些事实，并隐约地表明自己的态度，为永兴先生说了几句公道话。第二件事是永兴先生的大著《陈寅恪先生史学述略稿》出版，由先生哲嗣陪同，亲自来舍把样书惠赠，并希望我写一篇书评。等我细读全文，发现自己对陈寅老所知太肤浅，永兴先生的大著又旁征博引，要写书评，还须下大功夫读很多书，简直力不胜任。踌躇再三，只好通过李锦绣同志，请她转告永兴先生，不是有意推辞，而是力所不及，请求永兴先生多多谅解。这件事至今引以为憾，实在有负永兴先生对我的厚爱。

三

永兴先生几十年来人生坎坷，一度多病。幸亏先生体质尚好，晚年时病时愈。终因年高体衰，于2008年9月15日不幸辞世，享年九十五岁。虽说已届高龄，但无论从国家社会、学术坛坫、教育领域对青年人的培养种种方面来说，毕竟是无可弥补的一大损失。先生著作等身，学术成果极为丰硕，这有待于身后整理，当以全集形式面世。从我个人肤浅的学识和眼光来看，永兴先生是恪守陈寅老遗诲，最能传承衣钵的最后一位坚定的守望者。不揣谫陋，只从我本身的点滴认识，仰攀寅老一代宗风，斗胆蠡测永兴先生在陈门学术传承中应有的位置。

我初入清华时，并未读过陈寅老的专著，只从刊物上读到他老人家的几篇论文。由于我在中学的国文老师教导有方，我已略窥读书和考证之学的门径，如王静安的"二重证据法"、梁任公对考证中"孤证"不能成立等意见，都曾听说过。对陈寅老，我只知道他做学问是"以诗证史"，又"以史证诗"，所以我在选寅老课时才找了个《玉川子〈月蚀诗〉笺证》的题目。多少年后，除读了寅老几部专著外，还从周一良先生的一篇文章得到印证，"以诗证史"而又"以史证诗"确是寅老的治学方法之一，这才相信当年追随寅老写的那篇不成熟的作业，路子并未走错。不过这只是枝节问题。陈寅老做学问的前提，是建立在"独立之精神，自由之思想"这个基本原则之上的。进一步言之，陈寅老不是为学术而学术，他治学的最大愿望和最终目的是为了弘扬我国几千年来文化传统和固持高尚的民族气节，他是一位真正的爱国主义者。遍检《陈寅恪文集》，这种愿望和目的是贯穿于字里行间的。倘具有这样的前提和目的，再来看寅老著书治学的态度和方法，就比较容易理解和体会了。永兴先生的大部分论著，特别是他的《陈寅恪先生史学述略稿》，主要就着重阐述寅老的这种独立人格、自由思想和弘扬我国文化传统的爱国主义。当然，永兴先生本人把毕生精力都放在唐史研究和发掘、发现敦煌吐鲁番文献的工作上，而贯穿其中的思想与目的，却完全是与寅老一脉相承的。

至于具体的治学方法，寅老最看重第一手史料。因此他研究隋唐史，除新旧《唐书》之外，更重视《资治通鉴》和《通鉴考异》，以及《通典》《唐会要》及有关的各种野史杂著。而永兴先生更注意到新发现的重要史料如敦煌吐鲁番文献等。当然，在寅老的治学道路上，史料是非常重要的，但我不太同意西方汉学家把寅老与傅斯年相提并论的看法，说他们都是史料学家。有人强调，"史料学即史学"，这与陈寅老治学的实际情况不符；更有甚者，有人还把这句话颠倒过来，认为"史学即史料学"，这就与寅老做学问的路数更差得十万八千里了。人们读寅老的著作，每认为他是在做翻案文章，其实并非翻案，而是力求还历史以本来面目。这一点，永兴先生的弟子李锦绣同志对唐睿宗的内禅问题，正是继承了寅老和永兴先生的治学方法，从细微的史料缝隙中找到了突破口，把唐玄宗逼宫的真相揭橥出来，弄清了历史的本来面目。周一良先生在他纪念寅老的大作中曾总结出寅老的治学特点，即"因小见大，见微知著"八个字。也就是说，寅老一生始终在浩如烟海的史料中仔细爬梳，从有矛盾的史料中找到突破口，还历史以本来面目。今天，在我们怀念永兴先生的时候，一方面要把他大量的学术成果加以整理总结，使之成为一笔丰硕而宝贵的财富；另一方面，尤其重要的是，应该从永兴先生手里把陈寅老治学的指导思想和治学方法作为接力棒接过来、传下去，一代代薪火相承，使义宁陈氏之学不至于有断裂之虞，这才是真正有纪念意义的具体行动。既然永兴先生说，我也可以算作陈寅老的一个小学生，那么愿借此机会表达一下自己由衷的期望。

永兴先生，我永远怀念您，愿您宁静地安息！

2009 年 3 月 26 日于北大中关园

邵燕祥及其旧诗

上海《文汇月刊》1982年第七期发表了吴嘉的《邵燕祥印象》，读了很亲切。燕祥小我十一岁，是我卅多年前的老友，我认识他那年，他只有十五六岁。

从1948年1月到同年10月，我在沈从文师的荐引和指导下，曾为一家报纸编"文学"副刊。如果说这期间版面上出现过什么新人新作，那就是邵燕祥写的新诗和抒情散文式的小说。吴嘉的文章一开头就说："听前辈作家说起邵燕祥在几乎可以说还是少年儿童的时代，就发表了不少散文、诗歌、小说。"我就是他这话一个最有力的见证人。

记得第一次收到燕祥投来的稿件，是写在小学生作业本那种格子纸上的，字迹飞动流走，所以我第一次复信就劝他写文章字迹要工整些。准备留用的作品，不是由我一笔一画地代他描改，就是寄还他请他重抄。当时绝未想到他几乎还是个孩子。

燕祥的诗写得有才华，有分量。可是我有个偏见，认为一个作家只写一行行的白话诗，总不免有走捷径之嫌；要想练笔，还须从散文、小说写起。于是我鼓励燕祥应多写散文和小说。他大约体会到了，便在写诗的同时，把一篇篇散文和小说寄来了。我发不完，便为他推荐到其他刊物上发表。有一次我发了他一篇小说《沙果林记》，占了一整版。报社的编辑主任借口"一个无名作家的文章竟然占用一整版,恐怕不合适"而想把它撤换掉,我终于发火了,对他说:"这个副刊究竟是你编,还是我编?"最后还是发表了。

五十年代初,燕祥以《歌唱北京城》长诗一跃而为诗坛新秀。名气大了,年龄长了,人却更加谦和谨重了。六十年代前后他偶然也写旧诗,我在七十年代曾获观其手稿,有些很有意境,格律也较谨严,不像是写新诗的人写的。但他从不发表旧诗,这里我自然不便擅引。记得他有一首在四川观青年演员刘卯钊演川剧《晴雯》后所题的七绝,第一句是"涉江才得见芙蓉",令人心折。盖"涉江采芙蓉"本是古诗,而贾宝玉为晴雯作《芙蓉诔》,则芙蓉实晴雯之代称。这就显得作者构思之巧和用典之切。燕祥对晴雯似有特殊感情,他的两首咏晴雯七绝已流传到美国,我不妨抄出供读者欣赏:"蛾眉亦有横眉日,一女独违众女心;诔到芙蓉眦欲裂,怒书原不作哀音。""暖树争栖入画图,何如振翮下平芜?曹侯辍笔真堪恸,谁破豪门释女奴!"先父曾为燕祥把此二诗写成条幅,并且说:"诗脱胎于鲁迅,而有出蓝之胜。"虽不无溢美,毕竟是搔着痒处的。

1982 年 8 月